Cinétrash Parade
présente

Publicités cinéma
dans les journaux du Québec

Les années 80

Black Flag Pictures books

Publicités cinéma dans les journaux du Québec

Les années 80

Dépôt légal Bibliothèque et Archives Canada
ISBN 978-1-926862-86-6

Publicités cinéma dans les journaux du Québec
Les années 80

Cinétrash Parade a vu le jour en avril 2023. L'idée est partie de rien, en fait, simplement en feuilletant les vieux journaux que j'ai dans mes archives, en bon *ramasseux* de trucs vintage que je suis.

J'ai toujours trouvé les pubs des années 80 jolies, efficaces, créatives. Audacieuses. Parfois même provocantes. Les standards ont pas mal changé en 40 ans! Le cinéma m'a toujours fasciné, c'est comme ça que je me suis retrouvé avec une assez vaste collection de magazines, journaux et autres trucs reliés au cinéma.

Cinétrash Parade devait être, au départ, un simple fanzine avec des pubs de films des années 80. Un *one shot*, imprimé de façon artisanale à moins de 50 exemplaires. Des reproductions de pubs d'époque sélectionnées, tel que c'était dans les journaux (avec la qualité d'impression parfois douteuse). Mais il y avait beaucoup trop de contenu pour un seul numéro, j'ai donc séparé ça en années individuelles. Les copies du premier numéro se sont envolées en quelques jours à peine, après avoir présenté le fanzine sur les réseaux sociaux. L'engouement était réel, et la nostalgie des "80s" chez les amateurs de cinéma était à son comble.

Devant l'enthousiasme, j'ai décidé de poursuivre avec la même formule les années suivantes, pour ultimement compléter toute la décennie des années 80. J'aurais pu augmenter le tirage en cours de route, réimprimer les anciens numéros, satisfaire à la demande, mais j'ai gardé la même recette que le premier numéro, un tirage de 40 exemplaires, plus 10 hors-série destinées aux amis et collaborateurs. Le fanzine artisanal Cinétrash Parade est rapidement devenu un petit objet de collection. La demande est toujours là, mais les fanzines individuels ne seront pas ré-imprimés.

Toutefois, tant qu'à avoir compilé tout ce matériel que représente la décennie des années 80 en pubs de cinéma, et pour satisfaire les amateurs qui n'auront pas pu mettre la main sur certains numéros, j'ai pensé que ça serait une bonne idée de rassembler dans une seule reliure toutes les pages de pubs qui ont été imprimées dans les fanzines individuels. Ça va juste donner plus de valeur aux fanzines de collection qui sont déjà une rareté sur le marché, moins d'un an après leur parution.

Alors voilà, vous savez maintenant comment votre Cinétrash est né, et la vocation *entertainment* du livre que vous tenez entre vos mains. Maintenant, si vous voulez bien m'excuser, j'ai une tonne de journaux des années '70 que je veux aller feuilleter... On se reparle bientôt...

– *Sv Bell*

INDEX

Présentation 3

Année 1980 5

Année 1981 45

Année 1982 85

Année 1983 125

Année 1984 165

Année 1985 205

Année 1986 245

Année 1987 285

Année 1988 325

Année 1989 365

Index des films 405

Une Vision d'Apocalypse
ET SI C'ETAIT VRAI...
18ANS Adultes
L'ENFER DES
ZOMBIES
AVIS: aux personnes sensibles certaines scenes sont vraiment DEGOUTANTES
Des Scenes Chocs, Des Effets Surprises
Plus 2e film aux cinémas suivants:
st-denis 2
le paradis 1
viau LAVAL
omega 1
MASCOUCHE 1

JIMBUCK MARCHAND de MORT
POUR TOUS
JIMBUCK il tue cent fois!
JIMBUCK la mort est un commerce!
JIMBUCK la seule règle, ne pas mourrir!
JIMBUCK le tueur impitoyable!
JIMBUCK
LES HOMMES DE MAIN
BO SVENSON · ROD STEIGER · JACK PALANCE · ANN TURKEL
LE CONTINENT DES HOMMES POISSONS
AUX 2 CINÉMAS!
RIVOLI: 1:30, 4:50, 8:10. LAVAL: sam., dim.: 1:10, 4:25, 7:45. Sem.: 6:05, 7:45
RIVOLI 1
ST-DENIS ET BELANGER 277 3125
LAVAL 5
CENTRE LAVAL
RIVE-NORD
(Repentigny)

CINÉ-PARCS 3 FILMS DANS CHAQUE CINÉ-PARC (ENFANTS GRATUITS)
St-EUSTACHE: route 15, sortie 21, tél.: 472-6660 / 879-1707 / 430-9090
Mont St-HILAIRE: route 20, sortie 115, tél.: 467-3209 / 467-3533
REPENTIGNY: route 40, sortie 100, tél.: 581-7740 / 861-6641
POUR TOUS
AVORIAZ 79
LE FAISEUR D'EPOUVANTES
PLUS! LA FILLE ENOR
JAMES COBURN
DAVID CARRADINE LE CERCLE DE FER
St-EUSTACHE 1
REPENTIGNY 1
«SPECIAL» (Ven. Sam.) «4 films»
VOUS N'EN CROIREZ PAS VOS YEUX?
Un Assassin GIGANTESQUE, Un MONSTRE Marin..!
14 ANS
2e SEM.
CROCODILE
les MACHOIRES de L'EPOUVANTE
FRISSONS
RAGE
L'ILE DU DR. MOREAU
St-EUSTACHE 2
REPENTIGNY 2
STAR TREK
POUR TOUS
PATROUILLE DU COSMOS
L'ÉVADÉ D'ALCATRAZ
CLINT EASTWOOD
PLUS!
KING KONG
St-HILAIRE
St-EUSTACHE 4
2e film à St-Eustache HISTOIRE D'OLIVIER
Un programme sensationnel
WARREN BEATTY
JULIE CHRISTIE
LE CIEL PEUT ATTENDRE
Harold et Maude
POUR TOUS
PLUS!
3e sem.
St-EUSTACHE 5
POUR TOUS
Roger "JAMES BOND" Moore
LES LOUPS DE HAUTE MER
PLUS! Têtes vides cherchent coffre plein
PLUS! Sauvez le Neptune
St-EUSTACHE 3

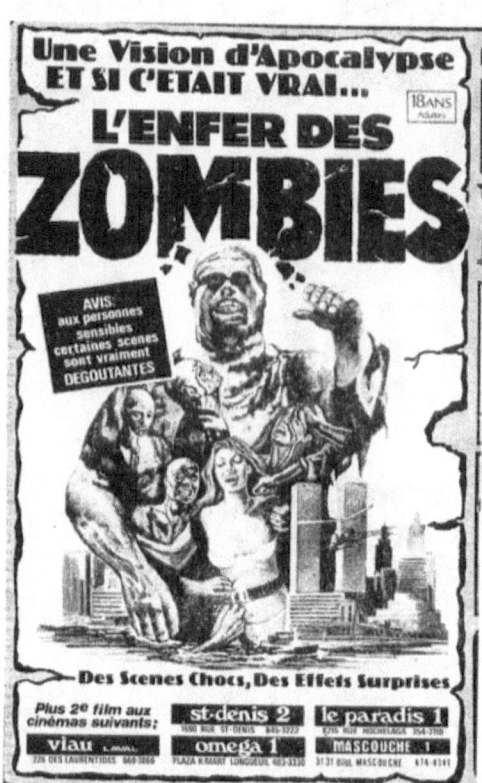

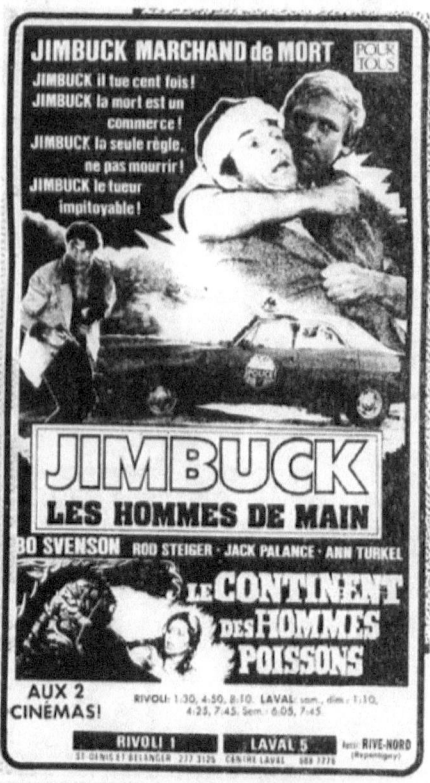

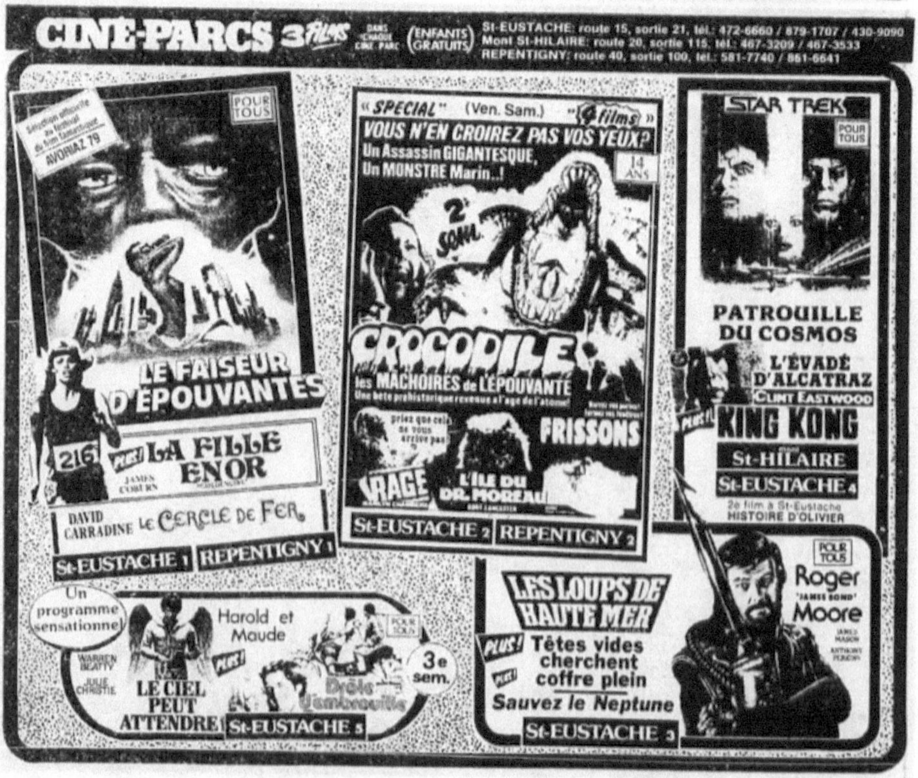

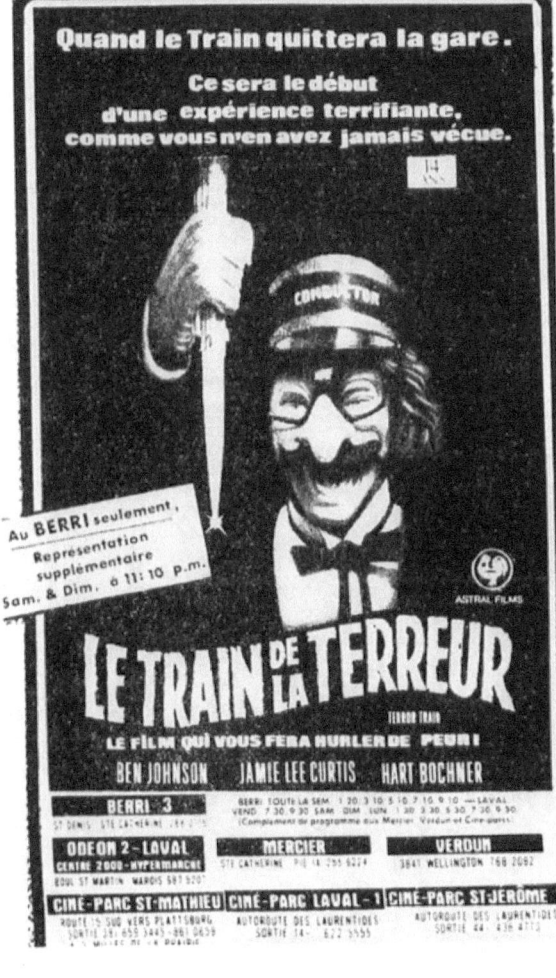

l'invincible corsaire de l'espace
le GRAND
ALBATOR
Sur écran géant
EN PLUS:
compléments de programme en couleurs
4 cinémas:
4 ciné-parcs:
CINÉ-PARCS
LE CHAMPION
MOONRAKER
St-EUSTACHE
REPENTIGNY
L'ENFER
"elle"
Ste-Adèle

des CHATTES SAUVAGES et INDOMPTEES
18 ANS
L'ILE DES FILLES PERDUES
Qui se BATTENT comme des HOMMES et MEURENT comme des GUERRIERS
Découvrez avec ravissement une NOUVELLE VEDETTE d'une beauté incomparable
MICHELLE PERELLO dans
Corps Brûlants
CHATEAU 2
LAVAL 2
VERSAILLES 3

LUNDI OUVERT DES 1 HRE
Roger "JAMES BOND" Moore
LES LOUPS DE HAUTE MER
GRAFFITI (la suite) AMERICAIN
le paradis 1
Viau
faut trouver le joint
LES GUERRIERS DE LA NUIT
6e sem.
le paradis 2
STANLEY KUBRICK
ORANGE MÉCANIQUE
le paradis 3
la Balade Sauvage

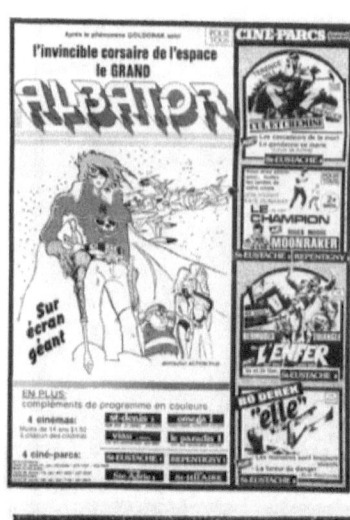

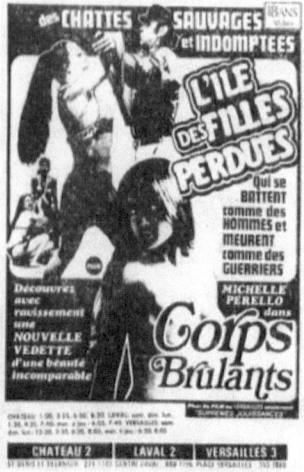

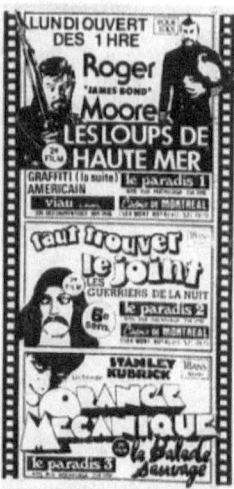

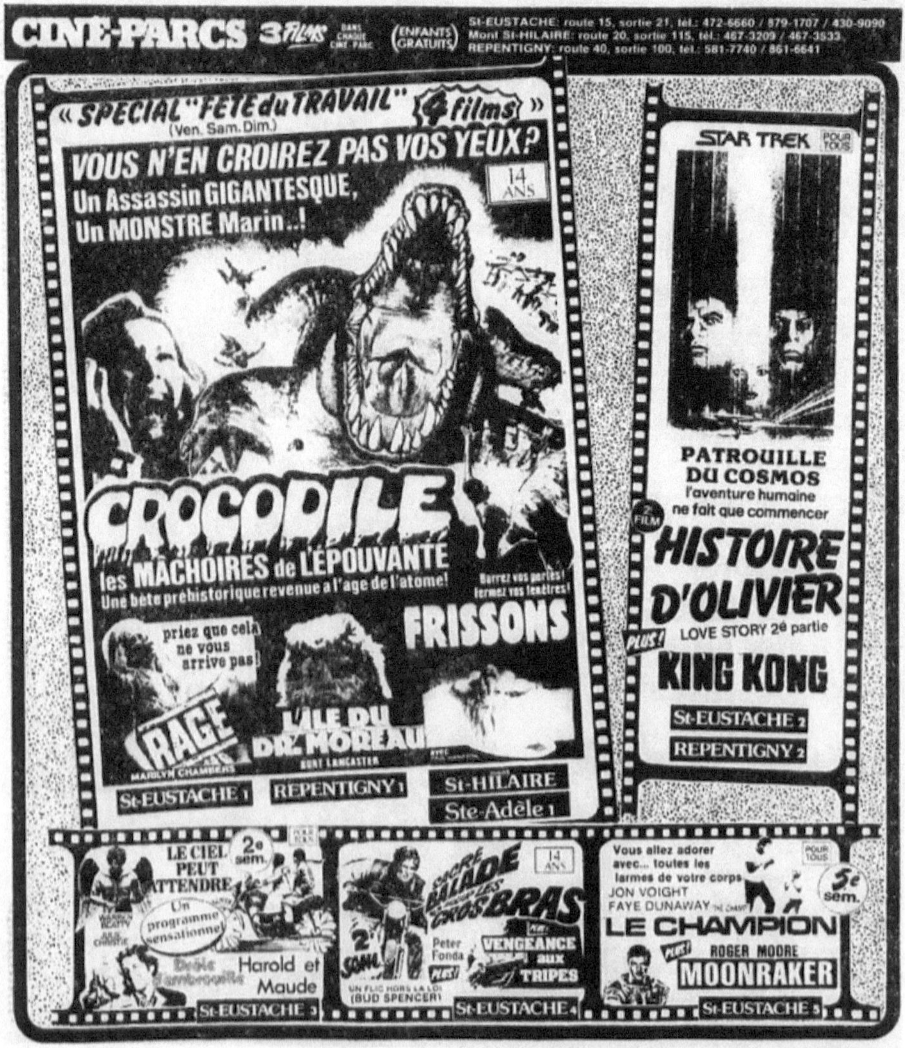
CINÉ-PARCS 3 films DANS CHAQUE CINÉ-PARC
(ENFANTS GRATUITS)
St-EUSTACHE: route 15, sortie 21, tél.: 472-6660 / 879-1707 / 430-9090
Mont St-HILAIRE: route 20, sortie 115, tél.: 467-3209 / 467-3533
REPENTIGNY: route 40, sortie 100, tél.: 581-7740 / 861-6641
« SPECIAL "FÊTE du TRAVAIL" 4 films »
(Ven. Sam. Dim.)
VOUS N'EN CROIREZ PAS VOS YEUX?
14 ANS
Un Assassin GIGANTESQUE,
Un MONSTRE Marin..!
CROCODILE
les MACHOIRES de L'ÉPOUVANTE
Une bête préhistorique revenue à l'âge de l'atome!
Barrez vos portes! fermez vos fenêtres!
FRISSONS
priez que cela ne vous arrive pas!
RAGE
MARILYN CHAMBERS
L'ILE DU DR. MOREAU
BURT LANCASTER
St-EUSTACHE 1
REPENTIGNY 1
St-HILAIRE
Ste-Adèle 1
STAR TREK
POUR TOUS
PATROUILLE DU COSMOS
l'aventure humaine ne fait que commencer
HISTOIRE D'OLIVIER
LOVE STORY 2e partie
PLUS!
KING KONG
St-EUSTACHE 2
REPENTIGNY 2
LE CIEL PEUT ATTENDRE
2e sem.
Un programme sensationnel
Harold et Maude
St-EUSTACHE 3
14 ANS
CETTE SACRÉE BALADE... GROS BRAS
Peter Fonda
VENGEANCE aux TRIPES
UN FLIC HORS LA LOI (BUD SPENCER)
St-EUSTACHE 4
Vous allez adorer avec... toutes les larmes de votre corps
JON VOIGHT
FAYE DUNAWAY
5e sem.
LE CHAMPION
PLUS!
ROGER MOORE
MOONRAKER
St-EUSTACHE 5

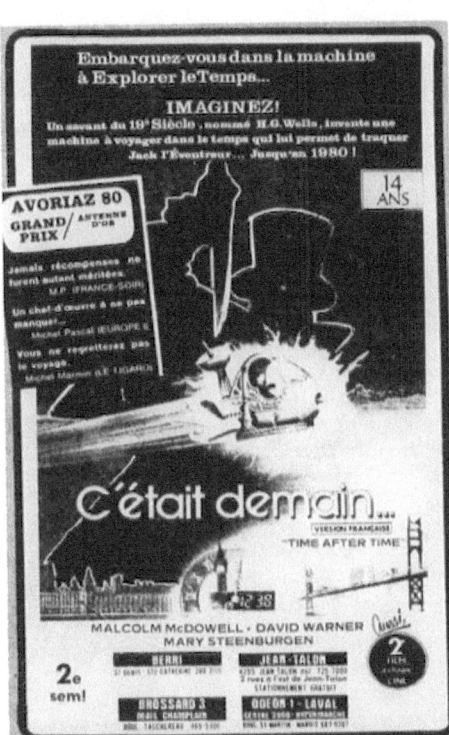

18 ANS
Virginia parvient à maturité devant vos yeux ébahis!
JODY RAY
REBECCA BROOKS
ROBERT FUREY
VIRGINIA
Ouverte aux Passions
Plus:
2e. GRAND FILM en Couleur
2e SEMAINE
GREENFIELD: sam., dim.: 12.50, 3.40, 6.40, 8.10. Sem.: 6.40, 8.10. LAVAL: sam., dim.: 1.20, 4.05, 6.50, 8.15. Sem.: 6.50, 8.15. VERSAILLES: sam., dim.: 1.10, 4.00, 6.50, 8.20. Sem.: 6.50, 8.20
GREENFIELD PARK 3
LAVAL 5
VERSAILLES 3

14 ANS
CINEMAS UNIS
«JE NE SUIS PAS UN ANIMAL!»
JE SUIS UN ÊTRE HUMAIN!
JE... SUIS... UN HOMME!
THE ELEPHANT MAN
AVENUE
SAM. DIM.: 12:05, 2:20, 4:35, 6:55, 9:15.
SEM.: 6:55, 9:15.

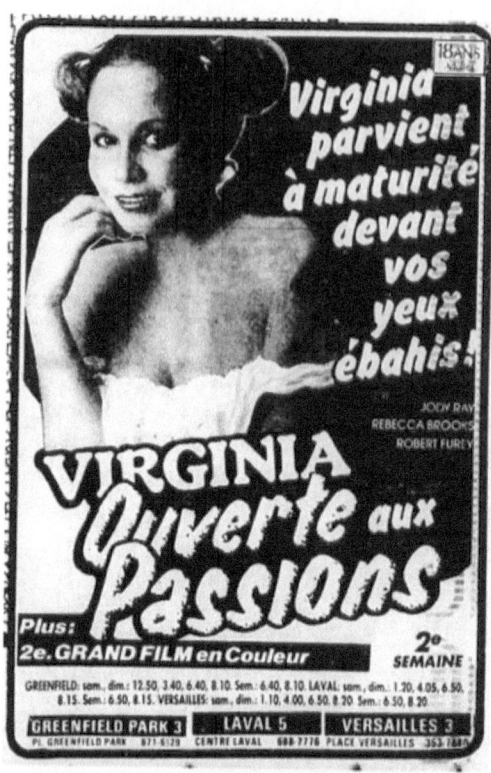

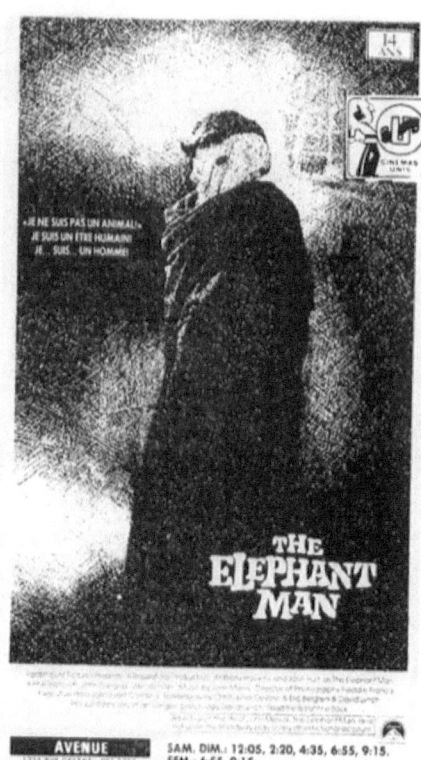

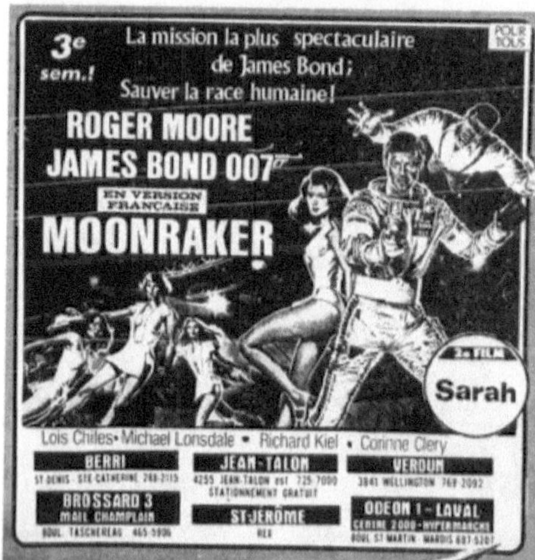
3e sem.!
La mission la plus spectaculaire de James Bond; Sauver la race humaine!
POUR TOUS
ROGER MOORE
JAMES BOND 007
EN VERSION FRANÇAISE
MOONRAKER
2e FILM
Sarah
Lois Chiles • Michael Lonsdale • Richard Kiel • Corinne Clery
BERRI
JEAN-TALON
VERDUN
BROSSARD 3
MAIL CHAMPLAIN
ST-JÉRÔME
ODEON 1 - LAVAL

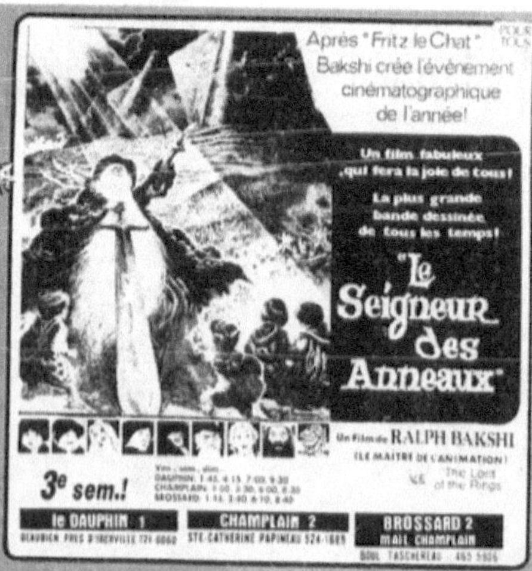
Après "Fritz le Chat" Bakshi crée l'événement cinématographique de l'année!
POUR TOUS
Un film fabuleux qui fera la joie de tous!
La plus grande bande dessinée de tous les temps!
"Le Seigneur des Anneaux"
Un film de RALPH BAKSHI
(LE MAÎTRE DE L'ANIMATION)
V.F. The Lord of the Rings
3e sem.!
le DAUPHIN 1
CHAMPLAIN 2
BROSSARD 2
MAIL CHAMPLAIN

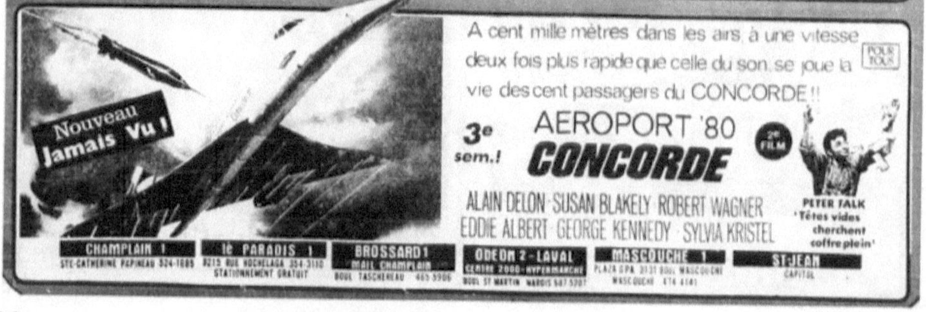
Nouveau Jamais Vu!
A cent mille mètres dans les airs, à une vitesse deux fois plus rapide que celle du son, se joue la vie des cent passagers du CONCORDE!!
POUR TOUS
3e sem.!
AEROPORT '80
CONCORDE
2e FILM
ALAIN DELON · SUSAN BLAKELY · ROBERT WAGNER
EDDIE ALBERT · GEORGE KENNEDY · SYLVIA KRISTEL
PETER FALK
'Têtes vides cherchent coffre plein'
CHAMPLAIN 1
le PARADIS 1
BROSSARD 1
MAIL CHAMPLAIN
ODEON 2 - LAVAL
MASCOUCHE 1
ST-JEAN

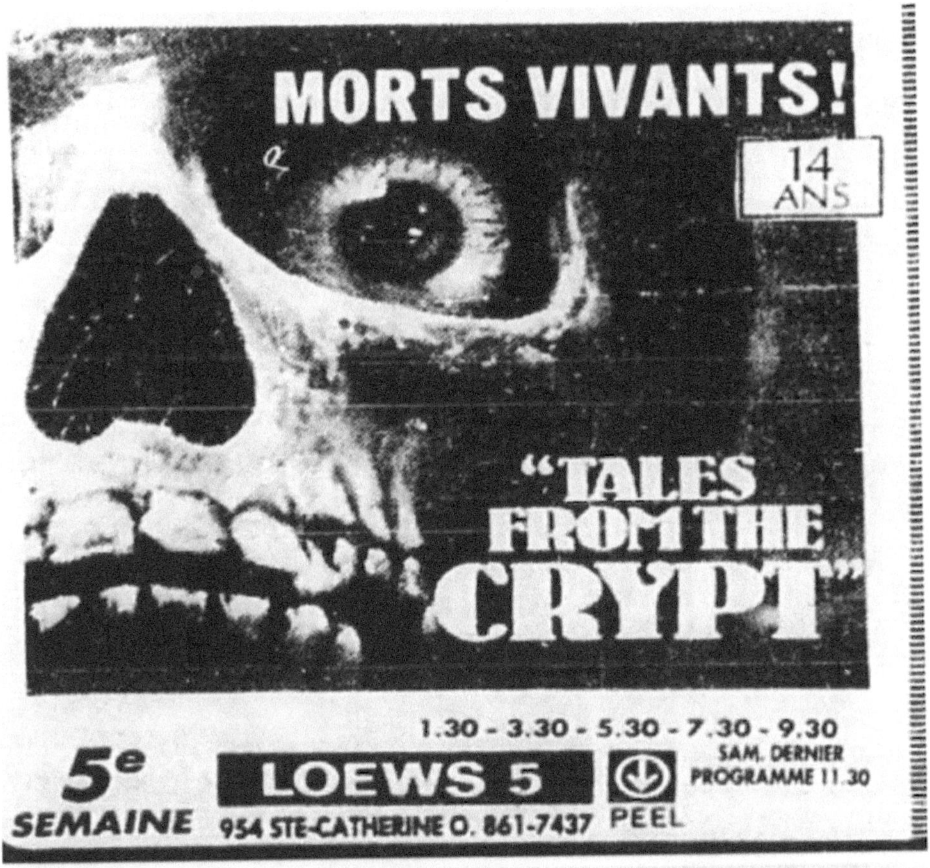
MORTS VIVANTS!
14 ANS
"TALES FROM THE CRYPT"
1.30 - 3.30 - 5.30 - 7.30 - 9.30
SAM. DERNIER PROGRAMME 11.30
5e SEMAINE
LOEWS 5
954 STE-CATHERINE O. 861-7437
PEEL

BRUCE LEE
SES 2 SUPER FILMS RÉUNIS À L'AFFICHE
14 ANS
L'AUTHENTIQUE BRUCE LEE
LE JEU DE LA MORT
FUREUR de VAINCRE
avec l'authentique BRUCE LEE
Cinéma Lumière
1313, rue Bélanger
Tél.: 272-1600

18 ANS
EXPOSE ME, LOVELY!
DEUXIEME GRAND FILM
LE BEAVER
5117 PARK 844-1932

the PUSSYCAT RANCH
18 ans Adultes
L'ÉROTISME À SON MEILLEUR
COULEUR
PLUS: 2e FILM EROTIQUE en couleur
EROS
10h, 12h50, 3h50, 6h45, 9h40

UN NOUVEAU PROGRAMME EN GRANDE PREMIERE
18 ANS Adultes
découvrez le SECRET de ses SENSATIONS ...
les PASSIONS de MONIQUE
PLUS
...j'aime bien la voir!
LA VITRINE DU PLAISIR
PAPINEAU 1
12h, 2h45, 5h35, 8h20

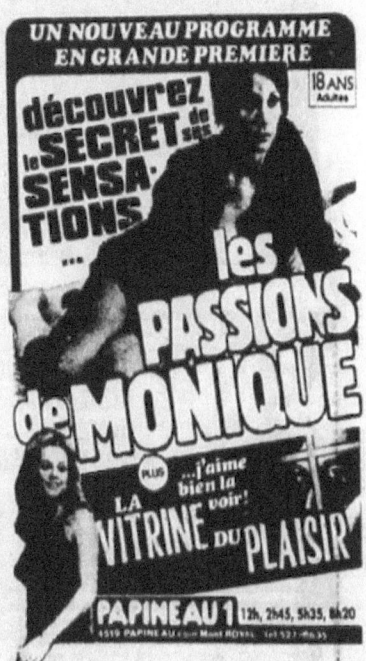

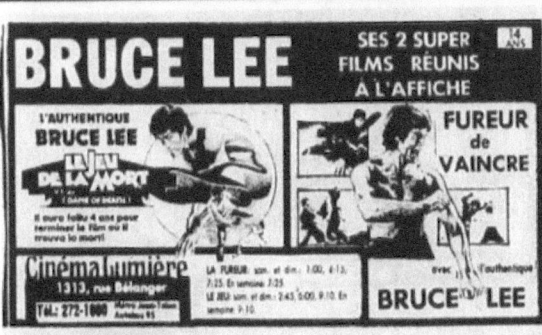

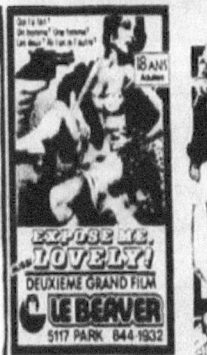

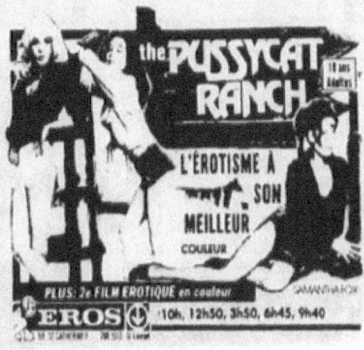

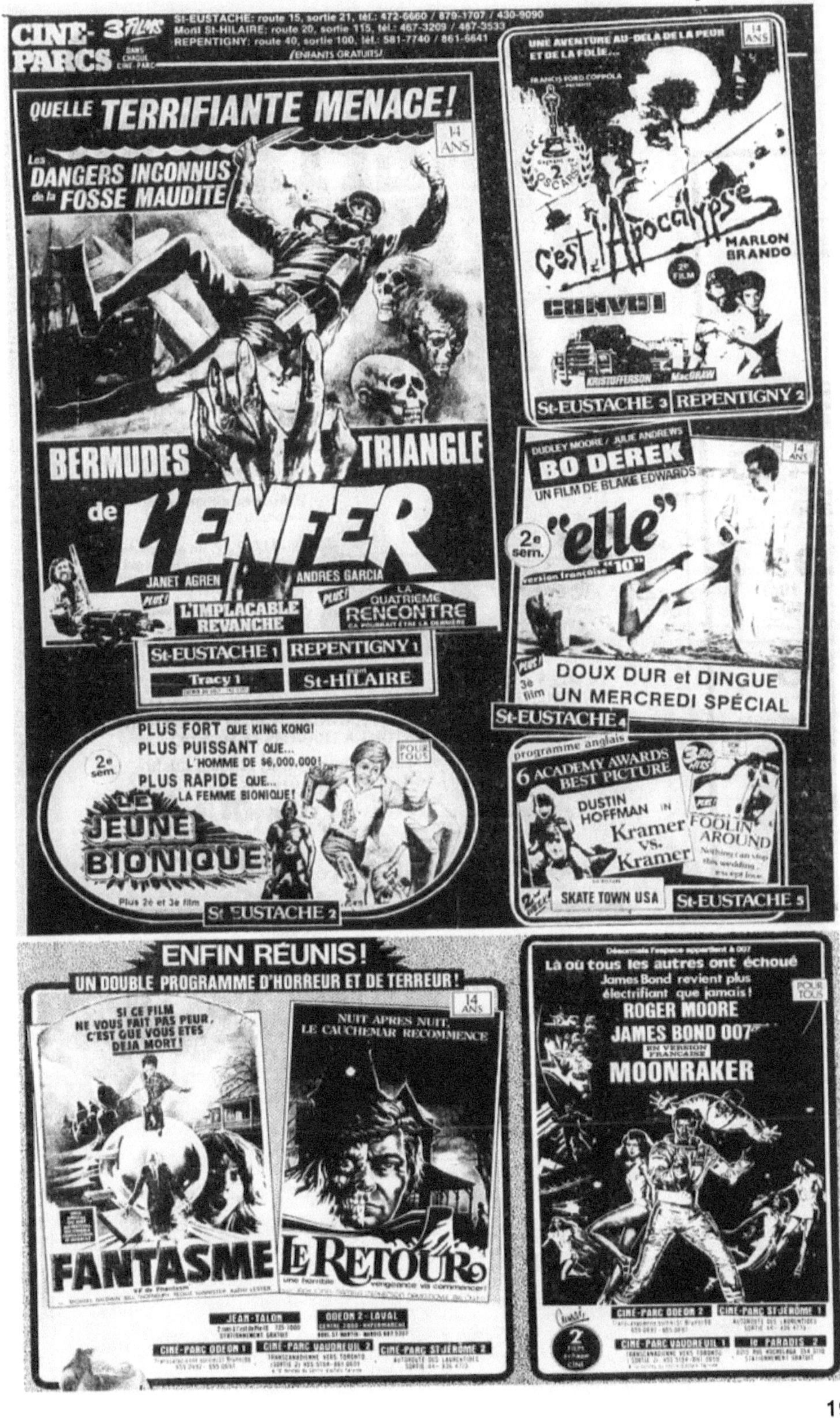
CINÉ-PARCS
3 FILMS DANS CHAQUE CINÉ-PARC
St-EUSTACHE: route 15, sortie 21, tél.: 472-6660 / 879-1707 / 430-9090
Mont St-HILAIRE: route 20, sortie 115, tél.: 467-3209 / 487-3533
REPENTIGNY: route 40, sortie 100, tél.: 581-7740 / 861-6641
(ENFANTS GRATUITS)
QUELLE TERRIFIANTE MENACE!
14 ANS
Les DANGERS INCONNUS de la FOSSE MAUDITE
BERMUDES TRIANGLE de L'ENFER
JANET AGREN
ANDRES GARCIA
PLUS! L'IMPLACABLE REVANCHE
PLUS! LA QUATRIÈME RENCONTRE
St-EUSTACHE 1
REPENTIGNY 1
Tracy 1
Mont St-HILAIRE
UNE AVENTURE AU-DELÀ DE LA PEUR ET DE LA FOLIE...
14 ANS
FRANCIS FORD COPPOLA PRÉSENTE
2 OSCARS
C'est l'Apocalypse
MARLON BRANDO
2e FILM
CONVOI
KRISTOFFERSON
MacGRAW
St-EUSTACHE 3
REPENTIGNY 2
DUDLEY MOORE / JULIE ANDREWS
BO DEREK
UN FILM DE BLAKE EDWARDS
14 ANS
2e sem.
"elle"
version française "10"
PLUS!
3e film
DOUX DUR et DINGUE
UN MERCREDI SPÉCIAL
St-EUSTACHE 4
PLUS FORT QUE KING KONG!
PLUS PUISSANT QUE... L'HOMME DE $6,000,000!
PLUS RAPIDE QUE... LA FEMME BIONIQUE!
2e sem.
POUR TOUS
LE JEUNE BIONIQUE
Plus 2e et 3e film
St-EUSTACHE 2
programme anglais
6 ACADEMY AWARDS BEST PICTURE
DUSTIN HOFFMAN IN
Kramer vs. Kramer
FOOLIN' AROUND
Nothing can stop this wedding... except love.
SKATE TOWN USA
St-EUSTACHE 5
ENFIN RÉUNIS!
UN DOUBLE PROGRAMME D'HORREUR ET DE TERREUR!
14 ANS
SI CE FILM NE VOUS FAIT PAS PEUR, C'EST QUE VOUS ÊTES DÉJÀ MORT!
NUIT APRÈS NUIT, LE CAUCHEMAR RECOMMENCE
FANTASME
VF de Phantasm
LE RETOUR
une horrible vengeance va commencer!
JEAN-TALON
ODEON 2 - LAVAL
CINÉ-PARC ODEON 1
CINÉ-PARC VAUDREUIL 2
CINÉ-PARC ST-JÉRÔME 2
Là où tous les autres ont échoué
James Bond revient plus électrifiant que jamais!
POUR TOUS
ROGER MOORE
JAMES BOND 007
EN VERSION FRANÇAISE
MOONRAKER
CINÉ-PARC ODEON 2
CINÉ-PARC ST-JÉRÔME 1
CINÉ-PARC VAUDREUIL 1
LE PARADIS 2
2 FILMS

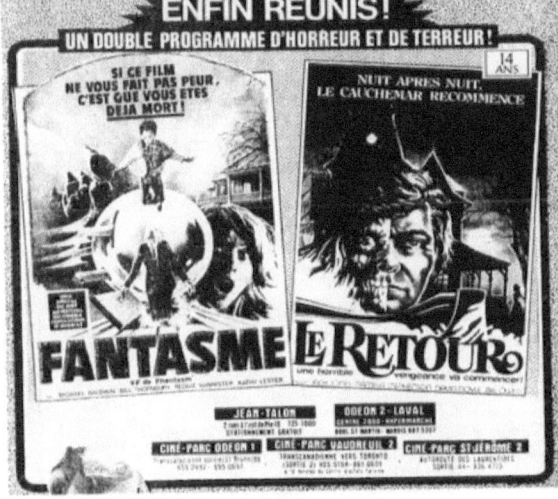

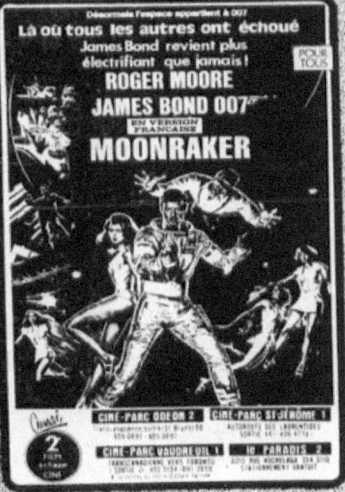

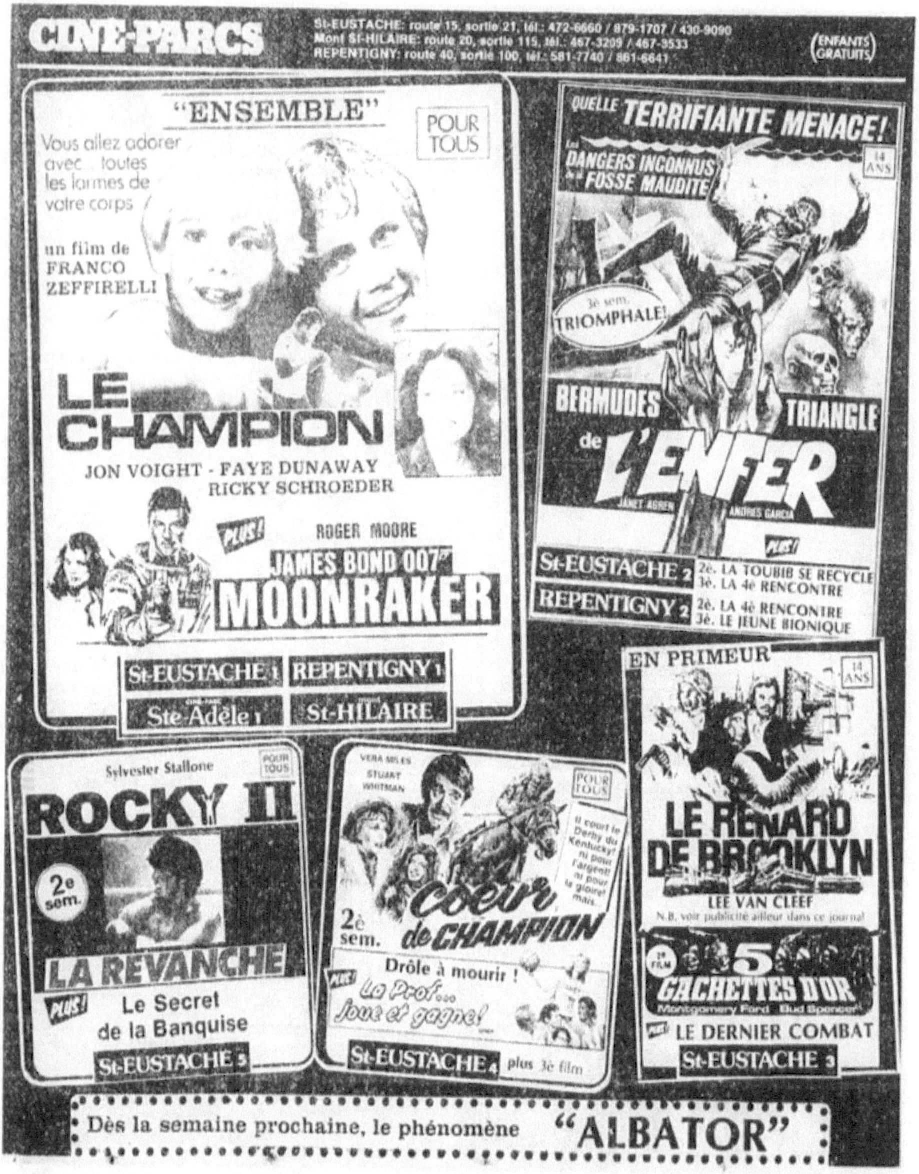
CINE-PARCS
St-EUSTACHE: route 15, sortie 21, tél.: 472-6660 / 879-1707 / 430-9090
Mont St-HILAIRE: route 20, sortie 115, tél.: 467-3209 / 467-3533
REPENTIGNY: route 40, sortie 100, tél.: 581-7740 / 861-6641
(ENFANTS GRATUITS)
"ENSEMBLE"
POUR TOUS
Vous allez adorer avec... toutes les larmes de votre corps
un film de FRANCO ZEFFIRELLI
LE CHAMPION
JON VOIGHT - FAYE DUNAWAY
RICKY SCHROEDER
PLUS!
ROGER MOORE
JAMES BOND 007
MOONRAKER
St-EUSTACHE 1
REPENTIGNY 1
Ste-Adèle 1
St-HILAIRE
QUELLE TERRIFIANTE MENACE!
Les DANGERS INCONNUS de la FOSSE MAUDITE
14 ANS
3è sem. TRIOMPHALE!
BERMUDES TRIANGLE de L'ENFER
PLUS!
St-EUSTACHE 2
2è. LA TOUBIB SE RECYCLE
3è. LA 4è RENCONTRE
REPENTIGNY 2
2è. LA 4è RENCONTRE
3è. LE JEUNE BIONIQUE
EN PRIMEUR
14 ANS
LE RENARD DE BROOKLYN
LEE VAN CLEEF
N.B. voir publicité ailleur dans ce journal
5 GACHETTES D'OR
Montgomery Ford · Bud Spencer
LE DERNIER COMBAT
St-EUSTACHE 3
Sylvester Stallone
POUR TOUS
ROCKY II
2e sem.
LA REVANCHE
PLUS!
Le Secret de la Banquise
St-EUSTACHE 5
VERA MILES
STUART WHITMAN
POUR TOUS
Il court le Derby du Kentucky! ni pour l'argent! ni pour la gloire! mais...
2è sem.
Coeur de CHAMPION
Drôle à mourir !
La Prof... joue et gagne!
St-EUSTACHE 4
plus 3è film
Dès la semaine prochaine, le phénomène "ALBATOR"

Nouveau Jamais Vu !
A cent mille mètres dans les airs, à une vitesse deux fois plus rapide que celle du son, se joue la vie des cent passagers du CONCORDE!!
POUR TOUS
3e sem.!
AEROPORT '80
CONCORDE
ALAIN DELON · SUSAN BLAKELY · ROBERT WAGNER
EDDIE ALBERT · GEORGE KENNEDY · SYLVIA KRISTEL
2e FILM
PETER FALK
'Têtes vides cherchent coffre plein'
CHAMPLAIN 1
le PARADIS 1
BROSSARD 1
ODEON 2 - LAVAL
MASCOUCHE 1
ST-JEAN

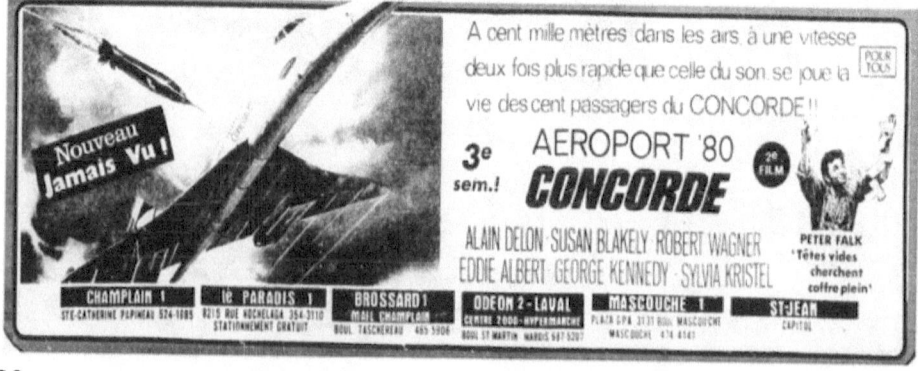

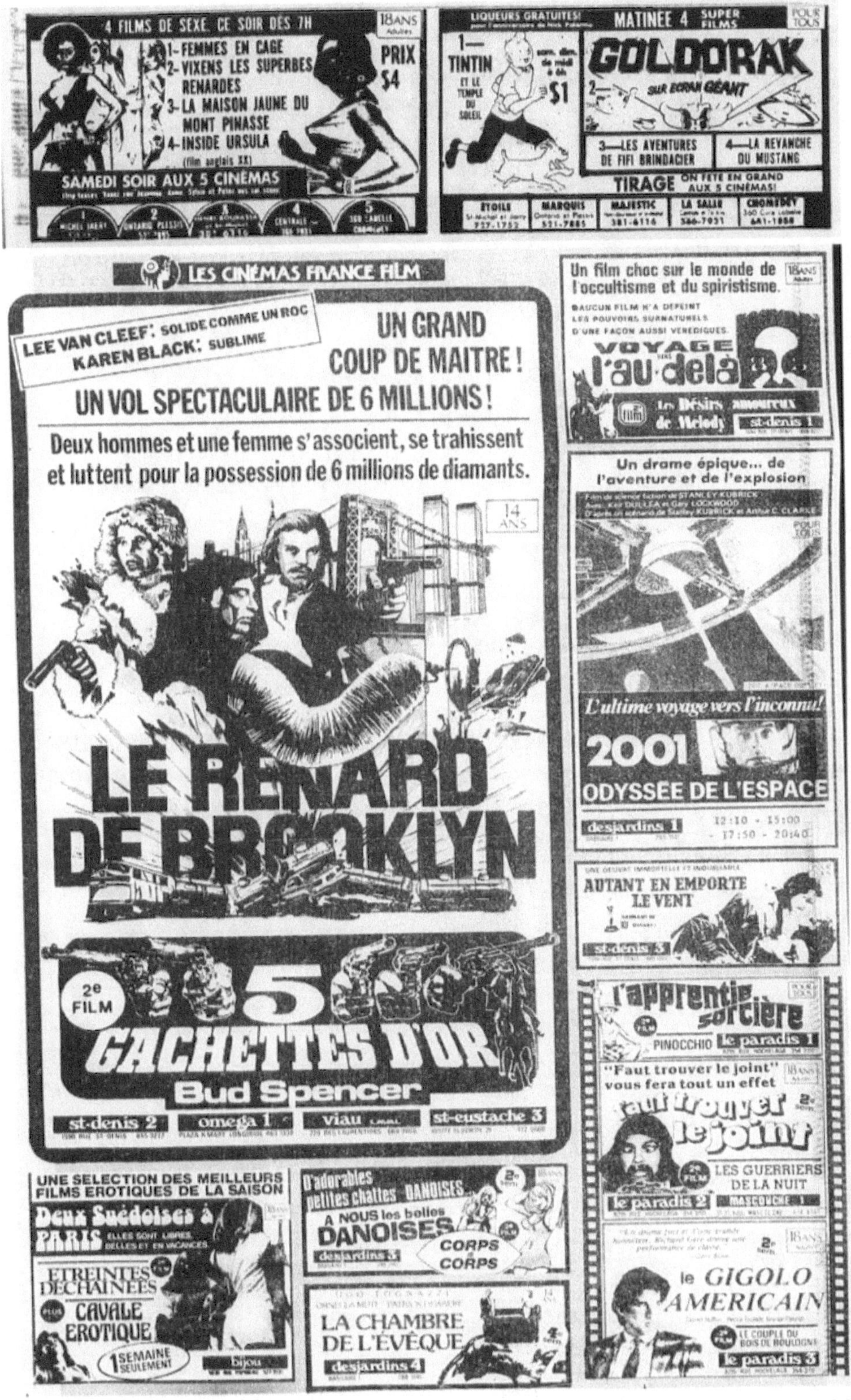
4 FILMS DE SEXE CE SOIR DÈS 7H
18 ANS
1- FEMMES EN CAGE
2- VIXENS LES SUPERBES RENARDES
3- LA MAISON JAUNE DU MONT PINASSE
4- INSIDE URSULA
PRIX $4
SAMEDI SOIR AUX 5 CINÉMAS
LIQUEURS GRATUITES!
MATINÉE 4 SUPER FILMS
POUR TOUS
1— TINTIN ET LE TEMPLE DU SOLEIL
$1
GOLDORAK
SUR ÉCRAN GÉANT
3—LES AVENTURES DE FIFI BRINDACIER
4—LA REVANCHE DU MUSTANG
TIRAGE
ON FÊTE EN GRAND AUX 5 CINÉMAS!
ÉTOILE
MARQUIS
MAJESTIC
LA SALLE
CHOMEDEY
LES CINÉMAS FRANCE FILM
LEE VAN CLEEF: SOLIDE COMME UN ROC
KAREN BLACK: SUBLIME
UN GRAND COUP DE MAITRE!
UN VOL SPECTACULAIRE DE 6 MILLIONS!
Deux hommes et une femme s'associent, se trahissent et luttent pour la possession de 6 millions de diamants.
14 ANS
LE RENARD DE BROOKLYN
2e FILM
5 GACHETTES D'OR
Bud Spencer
st-denis 2
omega 1
viau
st-eustache 3
Un film choc sur le monde de l'occultisme et du spiritisme.
18 ANS
AUCUN FILM N'A DÉPEINT LES POUVOIRS SURNATURELS D'UNE FAÇON AUSSI VÉRIDIQUES.
VOYAGE DANS l'au-delà
Les Désirs amoureux de Melody
st-denis 1
Un drame épique... de l'aventure et de l'explosion
POUR TOUS
L'ultime voyage vers l'inconnu!
2001
ODYSSÉE DE L'ESPACE
desjardins 1
12:10 - 15:00 - 17:50 - 20:40
AUTANT EN EMPORTE LE VENT
st-denis 3
l'apprentie sorcière
PINOCCHIO
le paradis 1
"Faut trouver le joint" vous fera tout un effet
18 ANS
faut trouver le joint
LES GUERRIERS DE LA NUIT
le paradis 2
MASCOUCHE 1
18 ANS
le GIGOLO AMERICAIN
LE COUPLE DU BOIS DE BOULOGNE
le paradis 3
UNE SELECTION DES MEILLEURS FILMS EROTIQUES DE LA SAISON
Deux Suédoises à PARIS
ELLES SONT LIBRES, BELLES ET EN VACANCES
ETREINTES DECHAINÉES
CAVALE EROTIQUE
1 SEMAINE SEULEMENT
bijou
D'adorables petites chattes DANOISES
A NOUS les belles DANOISES
desjardins 3
CORPS à CORPS
18 ANS
LA CHAMBRE DE L'ÉVÊQUE
14 ANS
desjardins 4

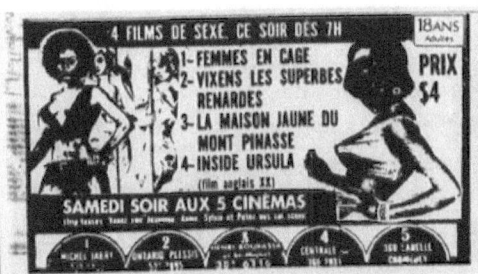

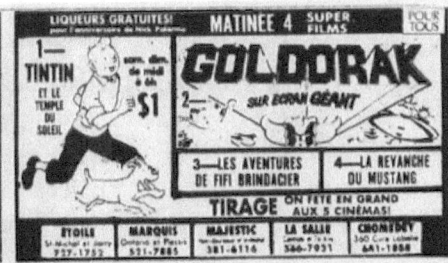

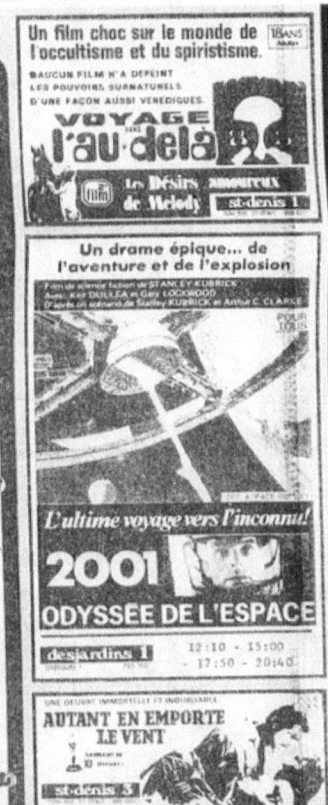

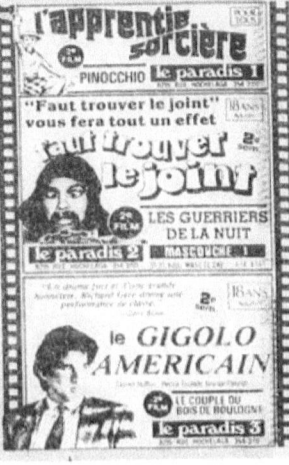

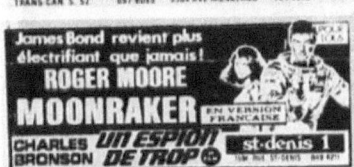

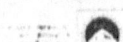

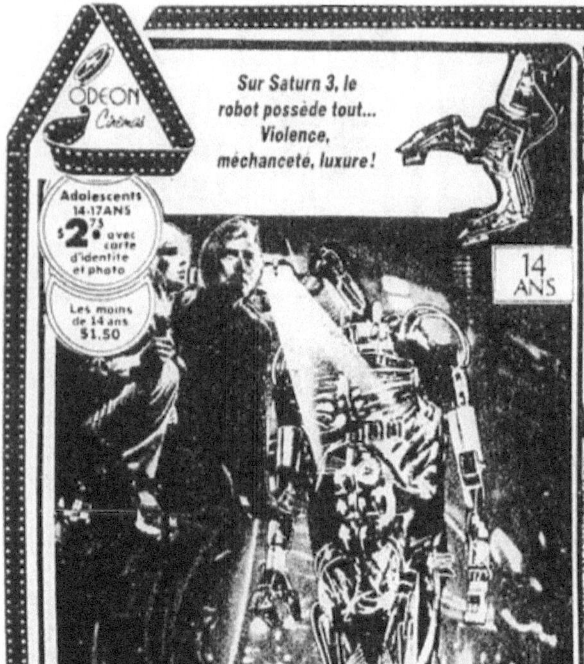

ODEON Cinéma

Sur Saturn 3, le robot possède tout... Violence, méchanceté, luxure!

Adolescents 14-17 ANS $2.75 avec carte d'identité et photo
Les moins de 14 ans $1.50

14 ANS

SATURN 3
LORD SPACE
KIRK DOUGLAS
FARRAH FAWCETT   **HARVEY KEITEL**

Sam., dim.: ATWATER: 1:00, 3:00, 5:00, 7:00, 9:00.
NEIGES: 1:40, 3:35, 5:30, 7:20, 9:15

PLAZA ALEXIS NIHON - 1
ATWATER - NIVEAU METRO
3h stationnement $1.25 935 4246

COTE-DES-NEIGES 1
PLAZA COTE DES NEIGES 735-5527
STATIONNEMENT GRATUIT

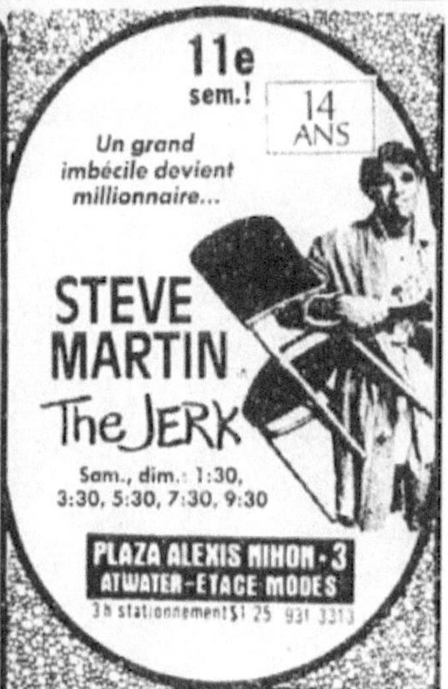

11e sem.!   **14 ANS**

Un grand imbécile devient millionnaire...

STEVE MARTIN
The JERK

Sam., dim.: 1:30, 3:30, 5:30, 7:30, 9:30

PLAZA ALEXIS NIHON - 3
ATWATER - ÉTAGE MODES
3h stationnement $1.25 931 3313

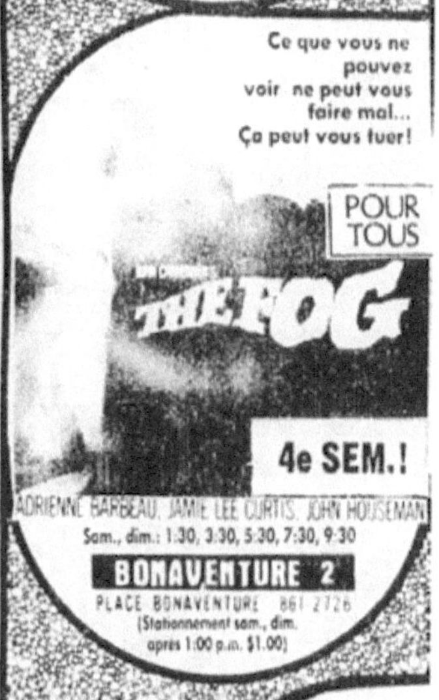

Ce que vous ne pouvez voir ne peut vous faire mal... Ça peut vous tuer!

POUR TOUS

THE FOG
4e SEM.!

ADRIENNE BARBEAU, JAMIE LEE CURTIS, JOHN HOUSEMAN

Sam., dim.: 1:30, 3:30, 5:30, 7:30, 9:30

BONAVENTURE 2
PLACE BONAVENTURE 861-2726
(Stationnement sam., dim. après 1:00 p.m. $1.00)

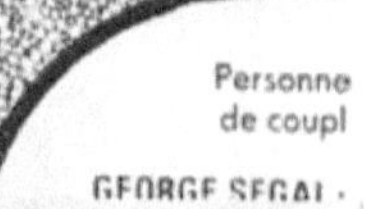

Personne de coupl
GEORGE SEGAL

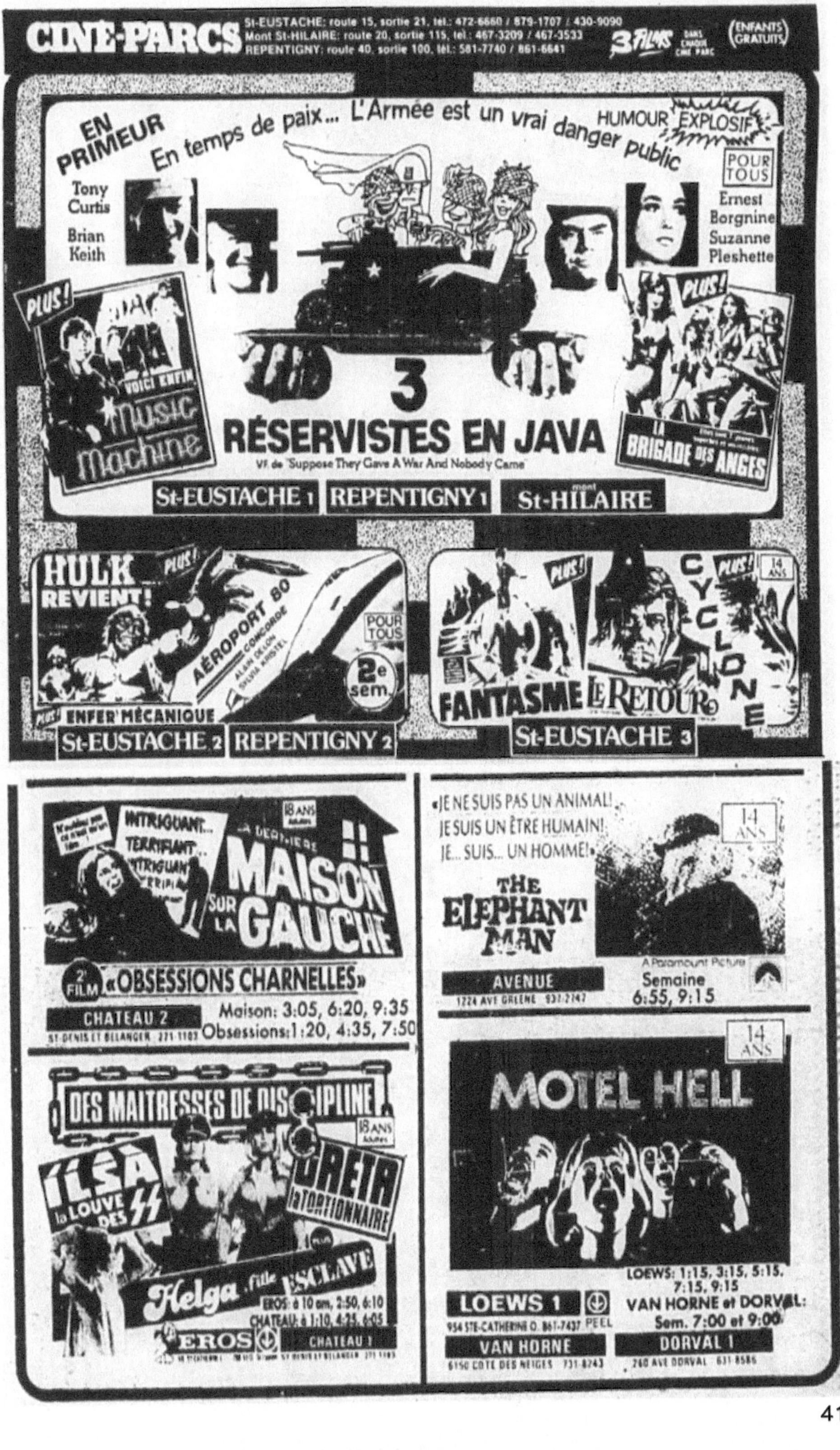

AUX 5 CINÉMAS QUÉBÉCOIS
4 FILMS DE SEXE
CE SOIR DÈS 7 HEURES
1 - LES PUTAINS AUSSI
2 - CONFESSION D'UNE FOLLE D'AMOUR
3 - DOROTHEA
4 - SEX ADVENTURE
STRIP TEASE!
SAMEDI SOIR
1 727-1752
2 521-7885
3 H.-BOURASSA & ST-MICHEL
4 366-7931
5 360 Labelle Chomedey

MATINÉE
4 FILMS PLUS TIRAGE
PRIX $1
1- MAMAN DOLORES dans
2 - SANTOS CONTRE LES MOMIES
3 - LES SOURIES SÈMENT LA TERREUR
4 - QUAND LES CLAMEURS SE SONT TUES
ÉTOILE 727-1752
MARQUIS 521-7885
MAJESTIC 381-6116
LA SALLE 366-7931

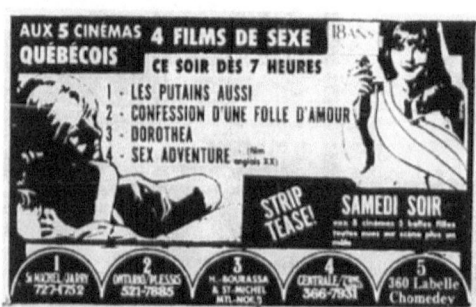

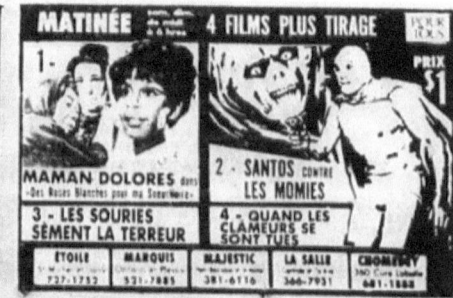

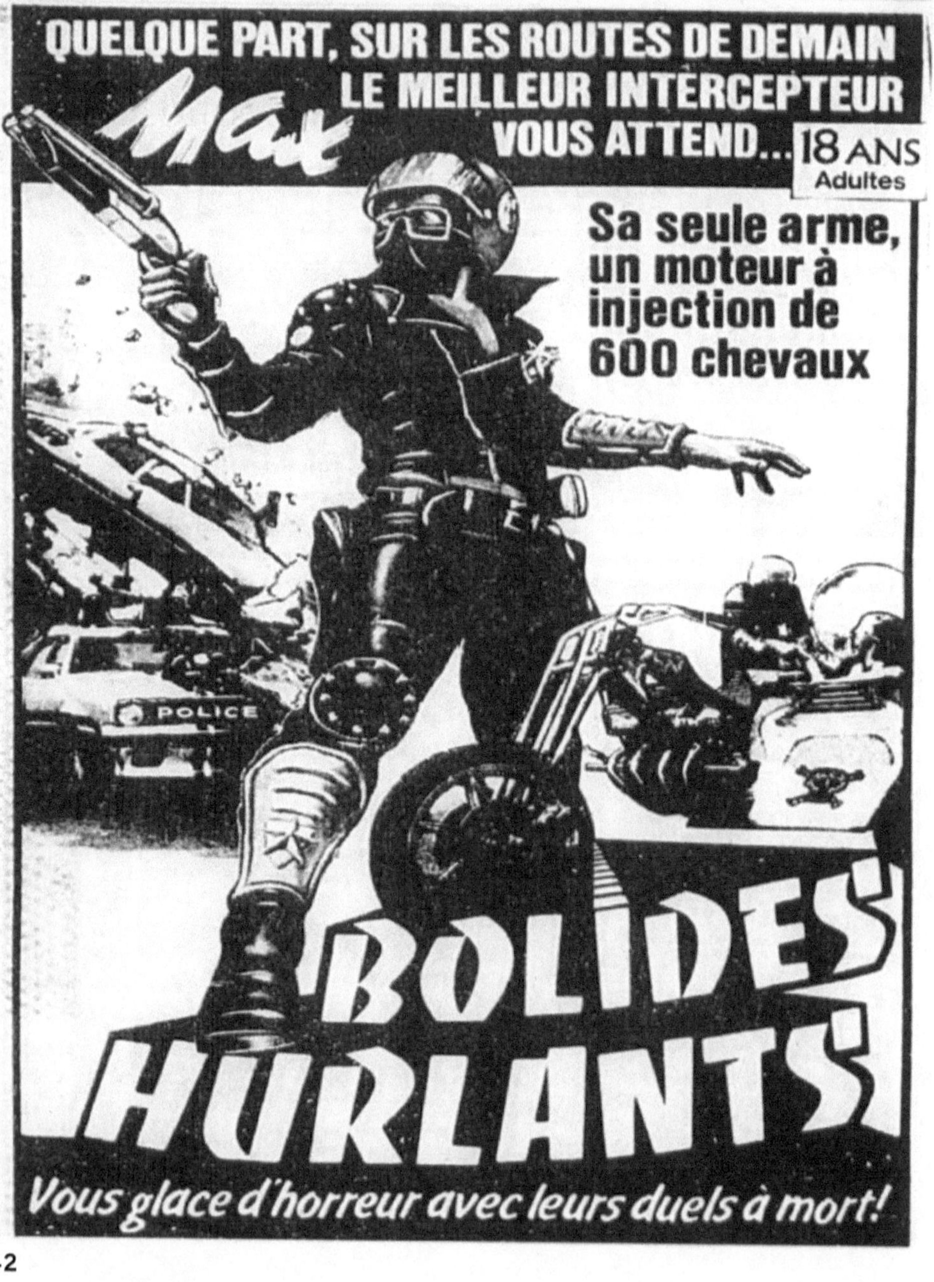
QUELQUE PART, SUR LES ROUTES DE DEMAIN
LE MEILLEUR INTERCEPTEUR
Max
VOUS ATTEND...
18 ANS
Adultes
Sa seule arme, un moteur à injection de 600 chevaux
POLICE
BOLIDES HURLANTS
Vous glace d'horreur avec leurs duels à mort!

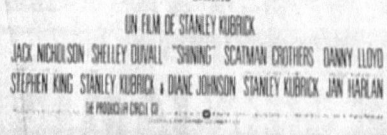

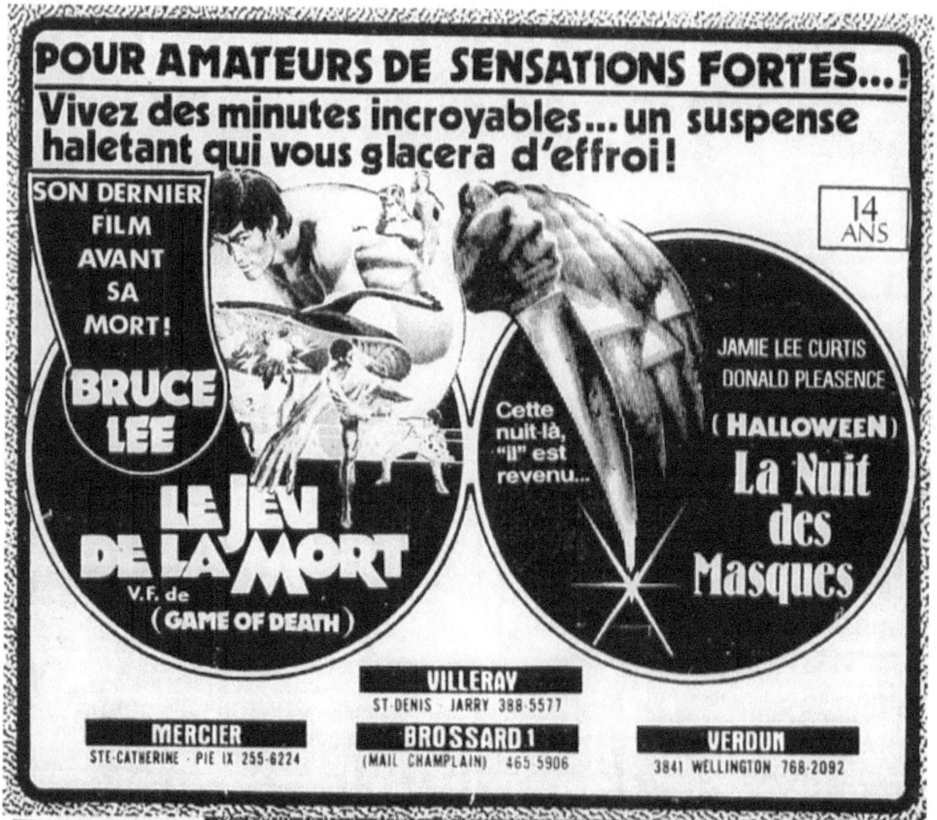
POUR AMATEURS DE SENSATIONS FORTES...!
Vivez des minutes incroyables... un suspense haletant qui vous glacera d'effroi!
SON DERNIER FILM AVANT SA MORT!
BRUCE LEE
LE JEU DE LA MORT
V.F. de (GAME OF DEATH)
14 ANS
Cette nuit-là, "il" est revenu...
JAMIE LEE CURTIS
DONALD PLEASENCE
(HALLOWEEN)
La Nuit des Masques
VILLERAY
ST-DENIS · JARRY 388-5577
MERCIER
STE-CATHERINE · PIE IX 255-6224
BROSSARD 1
(MAIL CHAMPLAIN) 465-5906
VERDUN
3841 WELLINGTON 768-2092

UGO TOGNAZZI MICHEL SERRAULT
la Cage aux Folles
14 ANS
2e ANNÉE À MONTRÉAL!
d'apres la pièce de JEAN POIRET
Le PARISIEN 3
480 STE CATHERINE O 866-3856
1:10, 2:55, 4:40, 6:25, 8:10, 9:50
SAM. DERNIER SPECTACLE 11:30

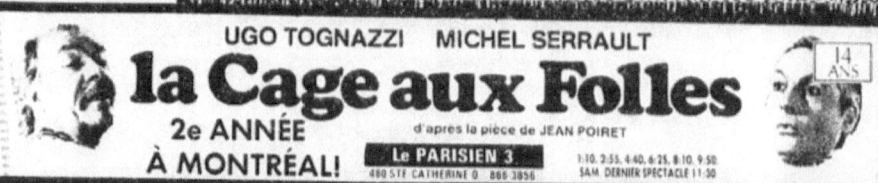

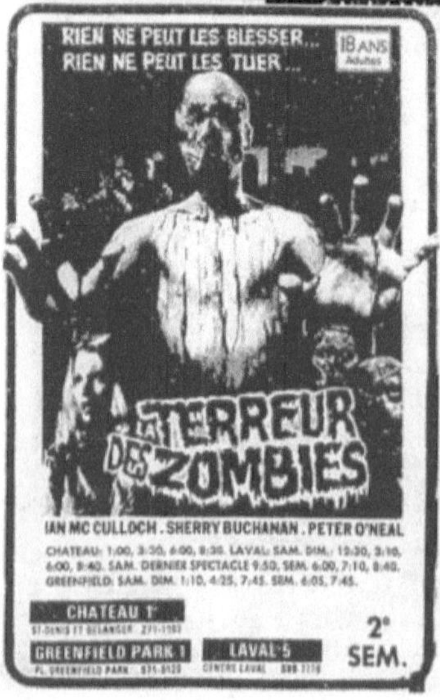
RIEN NE PEUT LES BLESSER...
RIEN NE PEUT LES TUER...
18 ANS Adultes
LA TERREUR DES ZOMBIES
IAN MC CULLOCH . SHERRY BUCHANAN . PETER O'NEAL
CHATEAU: 1:00, 3:30, 6:00, 8:30. LAVAL: SAM. DIM.: 12:30, 3:10, 6:00, 8:40. SAM. DERNIER SPECTACLE 9:50. SEM. 6:00, 7:10, 8:40. GREENFIELD: SAM. DIM. 1:10, 4:25, 7:45. SEM. 6:05, 7:45.
CHATEAU 1
GREENFIELD PARK 1
LAVAL 5
CENTRE LAVAL
2e SEM.

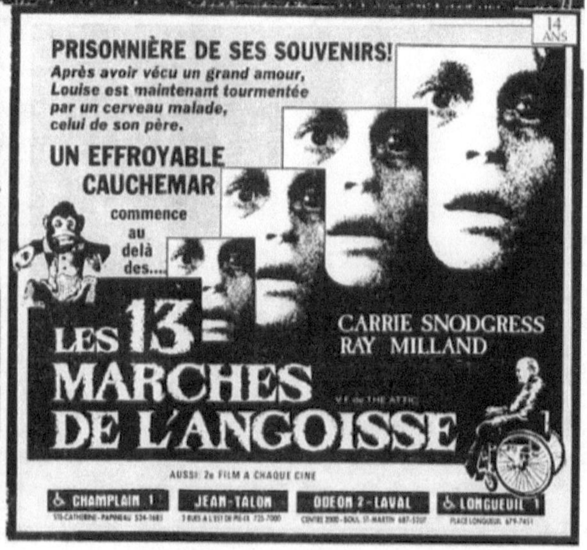
14 ANS
PRISONNIÈRE DE SES SOUVENIRS!
Après avoir vécu un grand amour, Louise est maintenant tourmentée par un cerveau malade, celui de son père.
UN EFFROYABLE CAUCHEMAR
commence au delà des...
LES 13 MARCHES DE L'ANGOISSE
CARRIE SNODGRESS
RAY MILLAND
AUSSI: 2e FILM A CHAQUE CINE
CHAMPLAIN 1
JEAN-TALON
ODEON 2 - LAVAL
LONGUEUIL 1

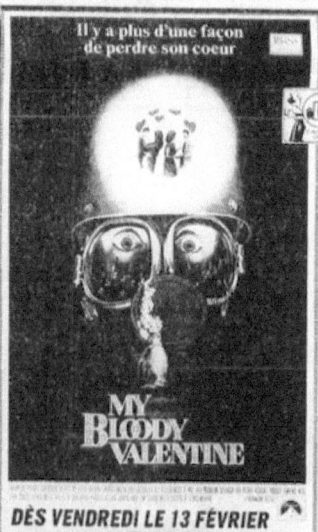

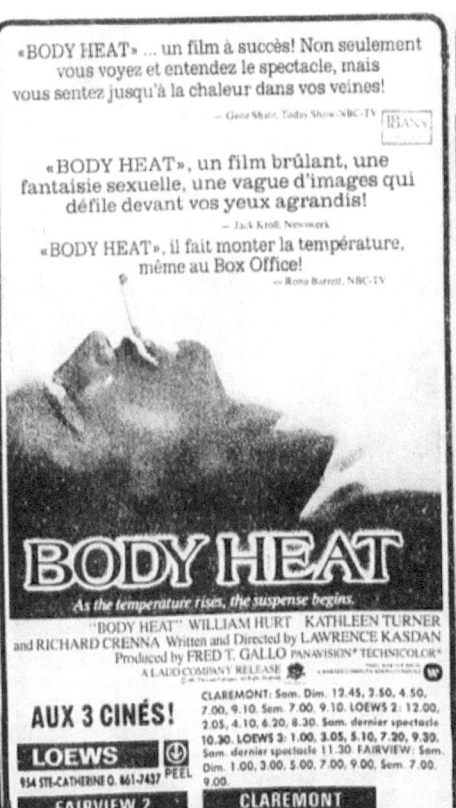

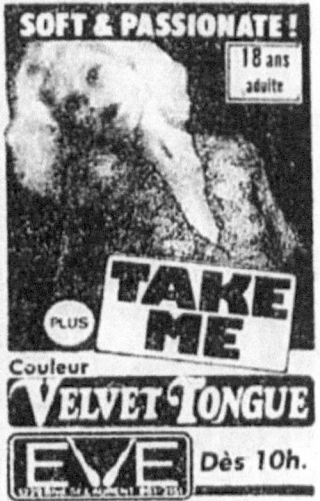

Les 24 heures du 10 – NUIT BLANCHE

CE SOIR À 23H05

"LE PONT DE CASSANDRA"
Am. couleur, 1976. Drame réalisé par George Pan Cosmatos, avec Richard Harris, Sophia Loren, Burt Lancaster, Ingrid Thulin et Ava Gardner. À bord d'un attentat au Centre international de la Santé à Genève, un terroriste pénétré dans un laboratoire où l'on poursuit des expériences bactériologiques.

VERS 1H15
"TERREUR AU 40e ÉTAGE"
Am. couleur, 1974. Drame avec John Forsythe, Joseph Campanella, Lynn Carlin et Don Meredith. Incendie terriblement à l'aire hôtel, plusieurs personnes se retrouvent bientôt prisonnières du dernier étage d'un gratte-ciel en flammes sans que personne n'en sache rien.

VERS 3H10
"TERREUR DANS LE CIEL"
Am. couleur, 1971. Drame avec Leif Erickson, Doug McClure, Roddy McDowall et voix Nanjeton. Les passagers et l'équipage d'un avion commercial sont frappés par un empoisonnement alimentaire qui contraint un des passagers de l'appareil à prendre les commandes.

VERS 4H35
"PHASE IV"
Am. couleur, 1974. Drame de science-fiction réalisé par Saul Bass, avec Nigel Davenport, Michael Murphy, Lynne Frederick et Alan Gifford. Deux savants tentent d'étudier l'objet d'une mutation qui les a fournies d'une région où l'Arizona semblent avoir été colonisées par l'intelligence qu'elles surpassent.

VERS 6H00
"LA GUERRE DES MONDES"
Am. couleur, 1953. Film de science-fiction réalisé par Byron Haskins, avec Gene Barry, Ann Robinson et Les Tremayne. La chute d'un météore dans une région désertique de la Californie marche la curiosité de la foule. Mais ce météore est en fait un vaisseau spatial venu, semble-t-il, de la planète Mars, et transportant des envahisseurs qui sèment bientôt la terreur partout aux alentours.

DIMANCHE À 19H00 En première

"LE MILLIONNAIRE"
Am. couleur, 1978. Comédie réalisée par Don Weis, avec Robert Quarry, Martin Balsam, John Ireand et Edward Albert. Un milliardaire excentrique s'amuse à distribuer des chèques, au montant d'un million de dollars chacun, à des citoyens qu'il choisit au hasard. Les heureux élus doivent cependant taire l'origine de leur fortune inespérée...

À 21H00 LE GALA 20 ANS

RÉALISATION: GILLES VINCENT

avec DOMINIQUE MICHEL et MICHEL JASMIN
et la participation de: Béatrice Picard, Juliette Huot, Gilles Latulippe, Marthe Boisvert, Gaston Lepage, Janine Sutto, Jean-Louis Millette, Alain Montpetit, Michèle Richard et ses danseurs, Nicole Martin, Shirley Théroux, Diane Juster, René Simard, André Gagnon, La Troupe Starmania, Renée Martel, Alys Robi, Fernand Gignac, Nathalie Simard, et plusieurs autres.

À L'ÉCRAN DE CFTM 10

JACK le Magnifique

LES GENS FONT L'AMOUR POUR TANT DE RAISONS BIZARRES...
POURQUOI PAS POUR DE L'ARGENT?

GAZZARA fait de Jack Le Magnifique, le personnage le plus sympathique du cinéma actuel.

UN NOUVEAU GENRE DE FILM! La performance de Gazzara crève l'écran.

Jack Le Magnifique révèle une nouvelle facette de Peter Bogdanovich... Une interprétation REMARQUABLE de Ben Gazzara.

UN FILM DE PETER BOGDANOVICH
avec BEN GAZZARA

12:20, 14:30, 16:40, 18:50, 21:00

desjardins 1

PRISONNIÈRES DANS UN CAMP BARBARE
DES FEMMES POUR LE BLOC 9
SUSAN HEMINGWAY

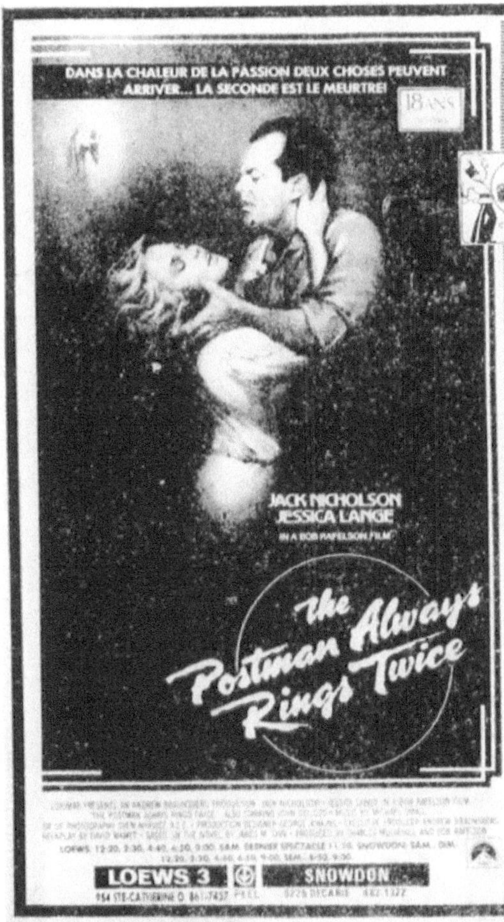
DANS LA CHALEUR DE LA PASSION DEUX CHOSES PEUVENT ARRIVER... LA SECONDE EST LE MEURTRE!
18 ANS
JACK NICHOLSON
JESSICA LANGE
IN A BOB RAFELSON FILM
the Postman Always Rings Twice
LOEWS 3
954 STE-CATHERINE O. 861-7437 PEEL
SNOWDON
5225 DECARIE 482-1322

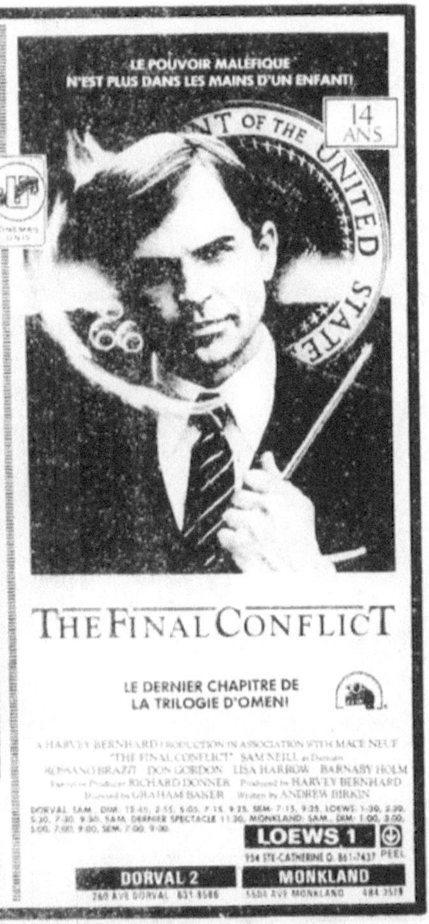
LE POUVOIR MALÉFIQUE N'EST PLUS DANS LES MAINS D'UN ENFANT!
14 ANS
THE FINAL CONFLICT
LE DERNIER CHAPITRE DE LA TRILOGIE D'OMEN!
A HARVEY BERNHARD PRODUCTION IN ASSOCIATION WITH MACE NEUFELD
"THE FINAL CONFLICT" SAM NEILL
ROSSANO BRAZZI DON GORDON LISA HARROW BARNABY HOLM
Executive Producer RICHARD DONNER Produced by HARVEY BERNHARD
Directed by GRAHAM BAKER Written by ANDREW BIRKIN
LOEWS 1
954 STE-CATHERINE O. 861-7437 PEEL
DORVAL 2
MONKLAND

LE DERNIER FILM INTERPRÉTÉ PAR
STEVE McQUEEN
14 ANS
LE CHASSEUR
The Hunter
PLUS
PROPHÉTIE
UN FILM PARAMOUNT

Elle avait vécu dans un monde où la tendresse n'existait pas...
Il avait 7 ans, sa famille avait été anéantie par la mafia;
On voulait aussi le supprimer mais une Gloria déchaînée se dressera contre tous pour le protéger.
14 ANS
Gloria
GENA ROWLANDS
DÈS VENDREDI PROCHAIN!

SI VOUS EN SORTEZ VIVANTS, VOUS SEREZ POUR TOUJOURS GUÉRIS DES VOYAGES APRÈS AVOIR PASSÉ UNE NUIT À "L'AUBERGE DE L'ENFER"
18 ANS
AUBERGE
IDA ET VINCENT SONT VOS HÔTES. LA SPÉCIALITÉ DE LA MAISON, VIANDES FUMÉES.
nuits de CAUCHEMAR
Vincent Price a réservé un siège pour vous au "THEATRE DE SANG"
THEATRE DE SANG

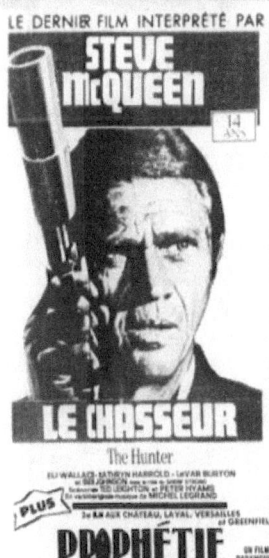

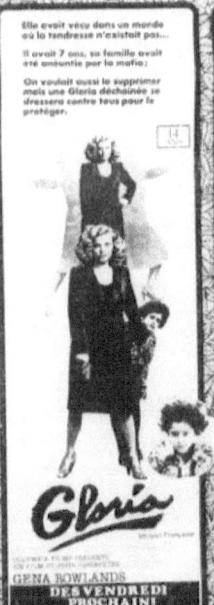

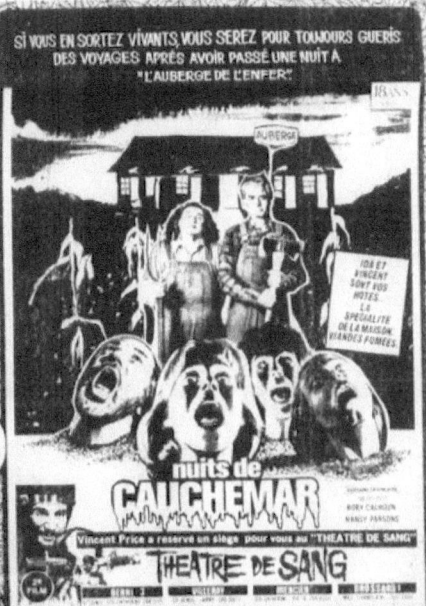

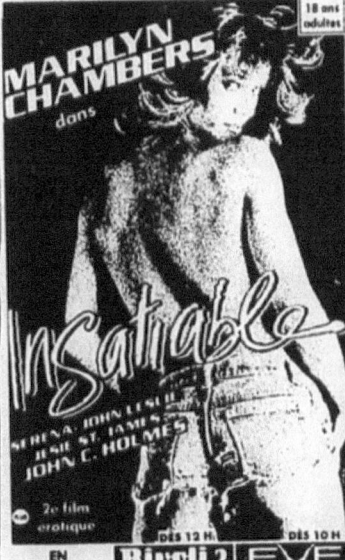

APRÈS 8 ANS DE PRISON,
POUR TOUS
ADRIEN retrouve
Sa fidèle épouse remariée,
Sa fille qui frôle la prostitution,
Son fils associé à la petite pègre.
Il décide de mettre de l'ordre dans sa maison !
avec VICTOR LANOUX
RETOUR EN FORCE
desjardins 1
12.10 - 14.00 - 15.50 - 17.40 - 19.30 - 21.20

LES CARAÏBES...
LE TRAFIC DE COCAÏNE...
L'ÉROTISME EXOTIQUE
18ANS adultes
VAUDOU aux CARAÏBES

En Français
18ANS Adultes
"Une comédie surprenante et choquante!"
Après CALIGULA, vinrent CLAUDE et...
MESSALINE IMPÉRATRICE et PUTAIN
Vedettes de PENTHOUSE
«VOYAGE de NUIT»
une comédie

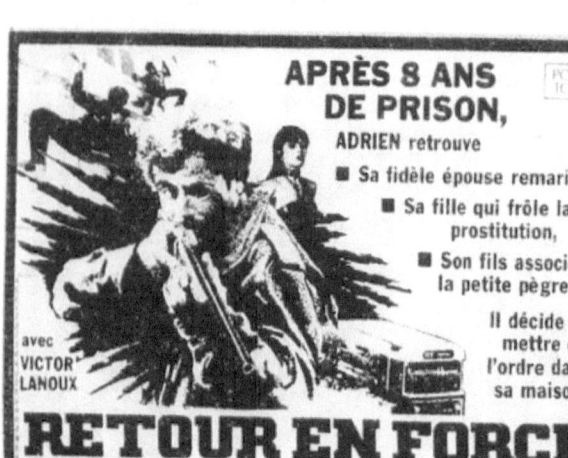

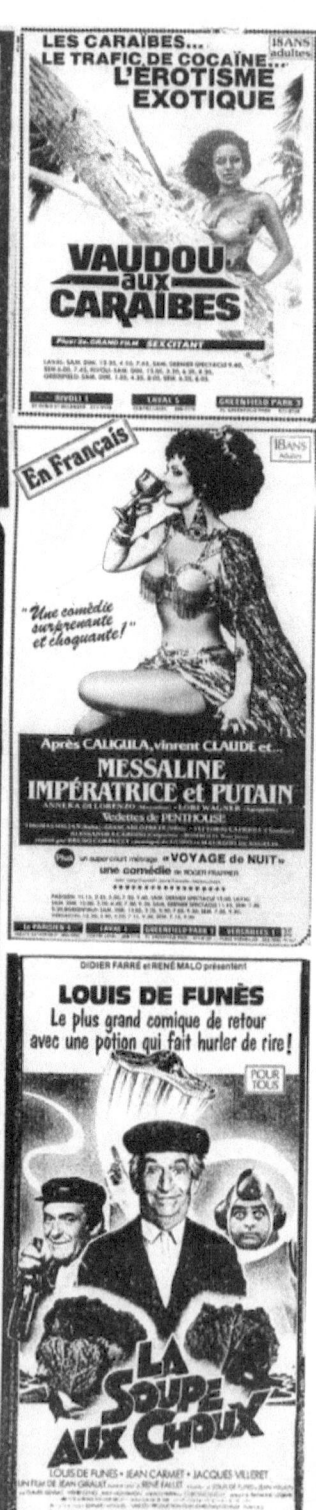

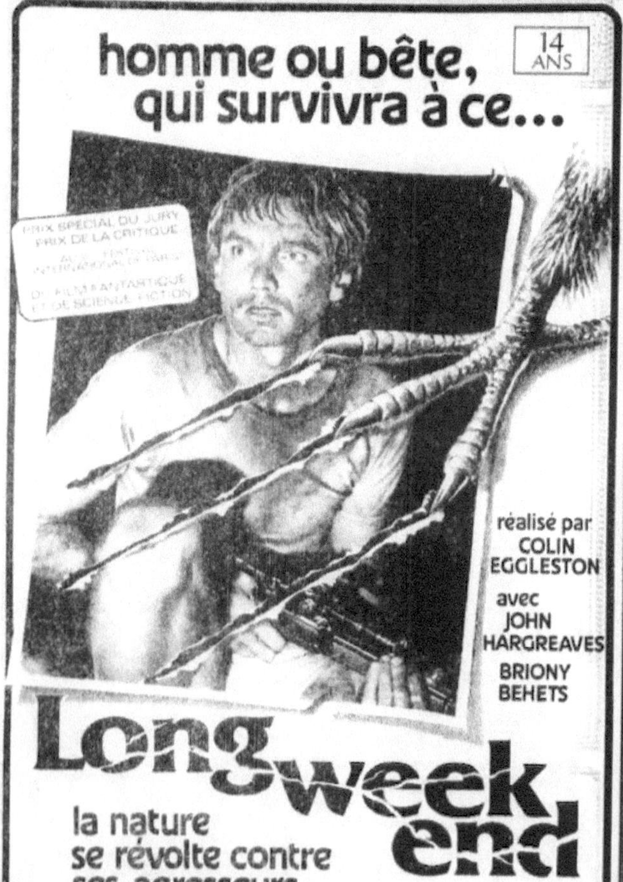
homme ou bête, qui survivra à ce...
14 ANS
PRIX SPÉCIAL DU JURY
PRIX DE LA CRITIQUE
réalisé par COLIN EGGLESTON
avec JOHN HARGREAVES BRIONY BEHETS
Long week-end
la nature se révolte contre ses agresseurs
Plus 2e film aux cinémas suivants:
st-denis 2
1590 RUE ST-DENIS 845-3272
ASTRE 1
le paradis 1
8215 RUE HOCHELAGA 354-3110
omega 1
PLAZA K MART LONGUEUIL
viau LAVAL

DIDIER FARRÉ et RENÉ MALO présentent
LOUIS DE FUNÈS
Le plus grand comique de retour avec une potion qui fait hurler de rire!
POUR TOUS
LA SOUPE AUX CHOUX
LOUIS DE FUNÈS • JEAN CARMET • JACQUES VILLERET
Le PARISIEN 2
LAVAL 4
GREENFIELD PARK 1
VERSAILLES 1

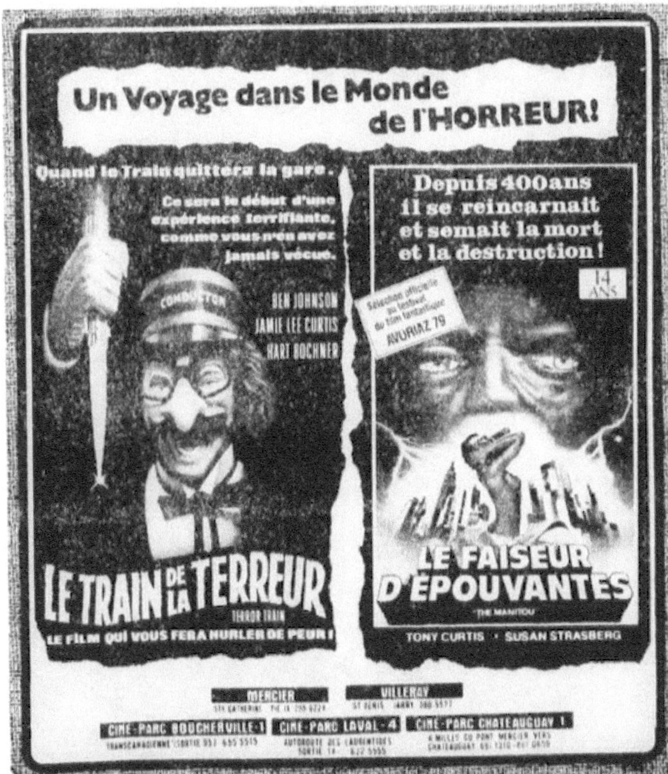
Un Voyage dans le Monde de l'HORREUR!
Quand le Train quittera la gare...
Ce sera le début d'une expérience terrifiante, comme vous n'en avez jamais vécue.
BEN JOHNSON
JAMIE LEE CURTIS
HART BOCHNER
LE TRAIN DE LA TERREUR
TERROR TRAIN
LE FILM QUI VOUS FERA HURLER DE PEUR!
Depuis 400 ans il se réincarnait et semait la mort et la destruction!
14 ANS
Sélection officielle au festival du film fantastique AVORIAZ 79
LE FAISEUR D'ÉPOUVANTES
THE MANITOU
TONY CURTIS · SUSAN STRASBERG
MERCIER
VILLERAY
CINÉ-PARC BOUCHERVILLE-1
CINÉ-PARC LAVAL-4
CINÉ-PARC CHATEAUGUAY 1

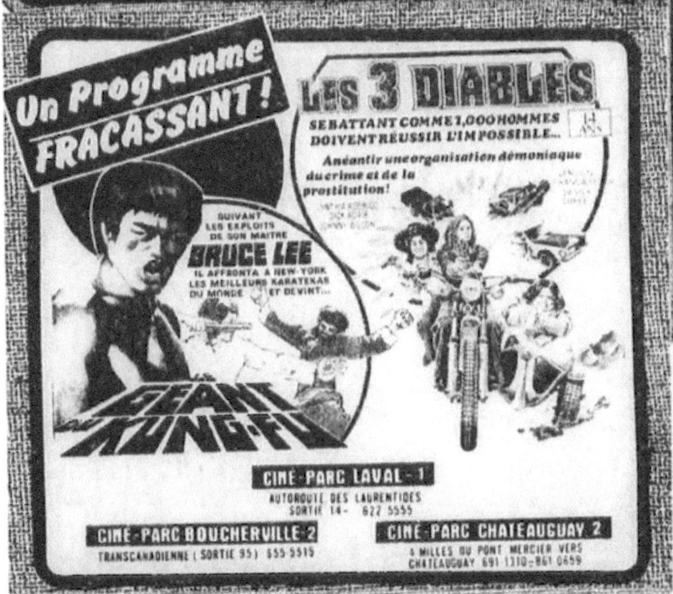
Un Programme FRACASSANT!
LES 3 DIABLES
SE BATTANT COMME 1,000 HOMMES DOIVENT RÉUSSIR L'IMPOSSIBLE...
14 ANS
Anéantir une organisation démoniaque du crime et de la prostitution!
SUIVANT LES EXPLOITS DE SON MAITRE
BRUCE LEE
IL AFFRONTA À NEW-YORK LES MEILLEURS KARATEKAS DU MONDE ET DEVINT...
LE GÉANT DU KUNG-FU
CINÉ-PARC LAVAL-1
AUTOROUTE DES LAURENTIDES SORTIE 14- 622 5555
CINÉ-PARC BOUCHERVILLE-2
TRANSCANADIENNE (SORTIE 95) 655 5515
CINÉ-PARC CHATEAUGUAY 2
4 MILLES DU PONT MERCIER VERS CHÂTEAUGUAY 691 1310-861 0659

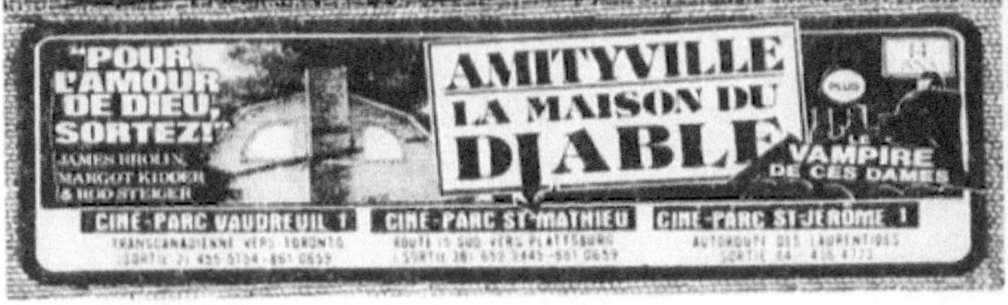
"POUR L'AMOUR DE DIEU, SORTEZ!"
JAMES BROLIN, MARGOT KIDDER & ROD STEIGER
AMITYVILLE LA MAISON DU DIABLE
14 ANS
PLUS
VAMPIRE DE CES DAMES
CINÉ-PARC VAUDREUIL 1
CINÉ-PARC ST-MATHIEU
CINÉ-PARC ST-JÉRÔME 1

JE PRENDS, JE DÉVELOPPE, J'AGRANDIS MOI-MÊME TOUS MES CLICHÉS!
Photographe de petite vertu
Une maison très Fréquentée

KERMESSE DU SEXE
la MAISON des FILLES

Gagnant de 3 'OSCARS'
Meilleure cinématographie
Meilleurs costumes
Meilleurs décors
6e semaine!
POUR TOUS
Elle était née dans un monde où la séduction remplaçait le viol
'TESS'
un film de ROMAN POLANSKI «TESS»
NASTASSIA KINSKI, PETER FIRTH, LEIGH LAWSON
GERARD BRACH, ROMAN POLANSKI, JOHN BROWNJOHN
PHILIPPE SARDE
PLACE DU CANADA

18 ANS Adultes
LAURA GEMSER
PROSTITUTION INTERNATIONALE
2e GRAND FILM
COMMODORE
«L'HÔTEL KLEINKOFF»

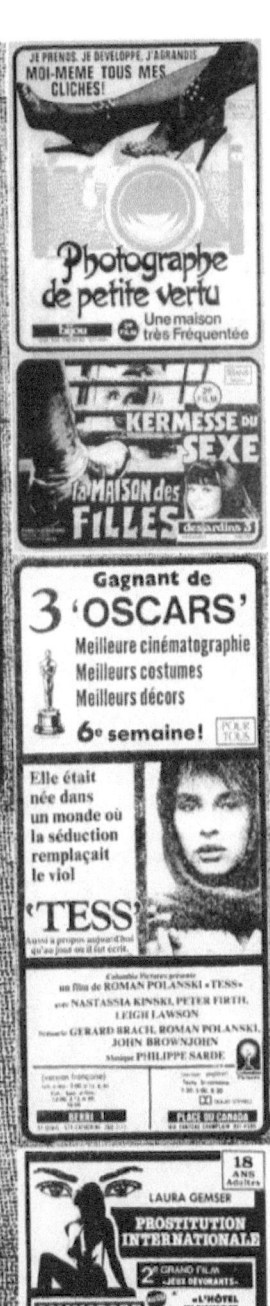

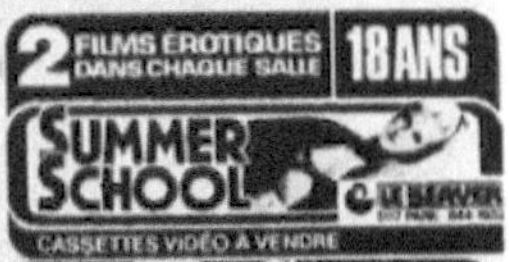
2 FILMS ÉROTIQUES DANS CHAQUE SALLE
18 ANS
SUMMER SCHOOL
CASSETTES VIDÉO À VENDRE

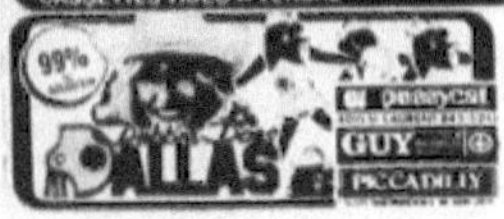
DALLAS
GUY
PICCADILLY

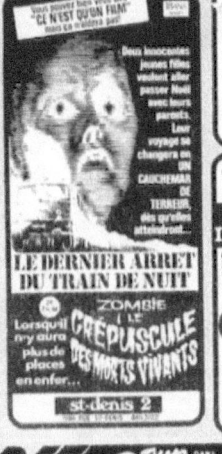

POUR TOUS
Dès que la nuit tombe !...
Le RIRE et le SANG coulent...
LES CHARLOTS
CONTRE DRACULA
Le PARISIEN 2
LAVAL 2
GREENFIELD PARK 2
VERSAILLES 2

Après 10 ans d'absence, le Plus
Grand BOUFFON de la COMÉDIE
nous mènera au DÉLIRE par le RIRE !
JERRY LEWIS DANS
POUR TOUS
SON NOUVEAU FILM !!
Après 7 jours plus de 50,000 personnes se sont esclaffées de rire en voyant ce film.
AU BOULOT... JERRY!
"HARDLY WORKING"
Un Film de JERRY LEWIS
CHAMPLAIN 1
CRÉMAZIE
LONGUEUIL 1
ODEON 1 - LAVAL
VENDOM
ST-JEAN
CINÉ-PARC ODEON 1
CINÉ-PARC LAVAL 4
CINÉ-PARC VAUDREUIL 1
CINÉ-PARC ST-JÉRÔME 1

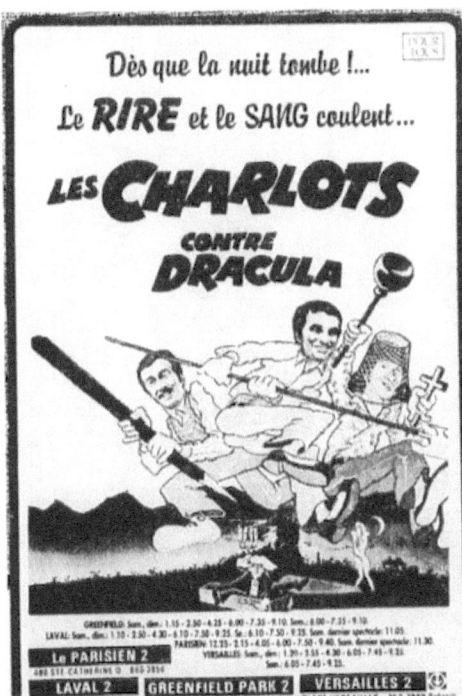

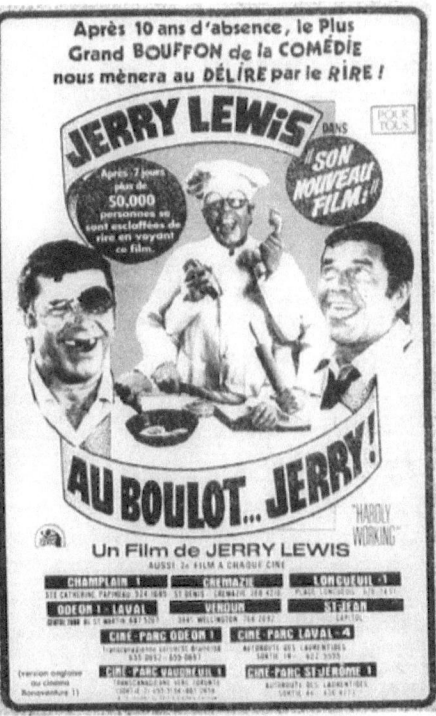

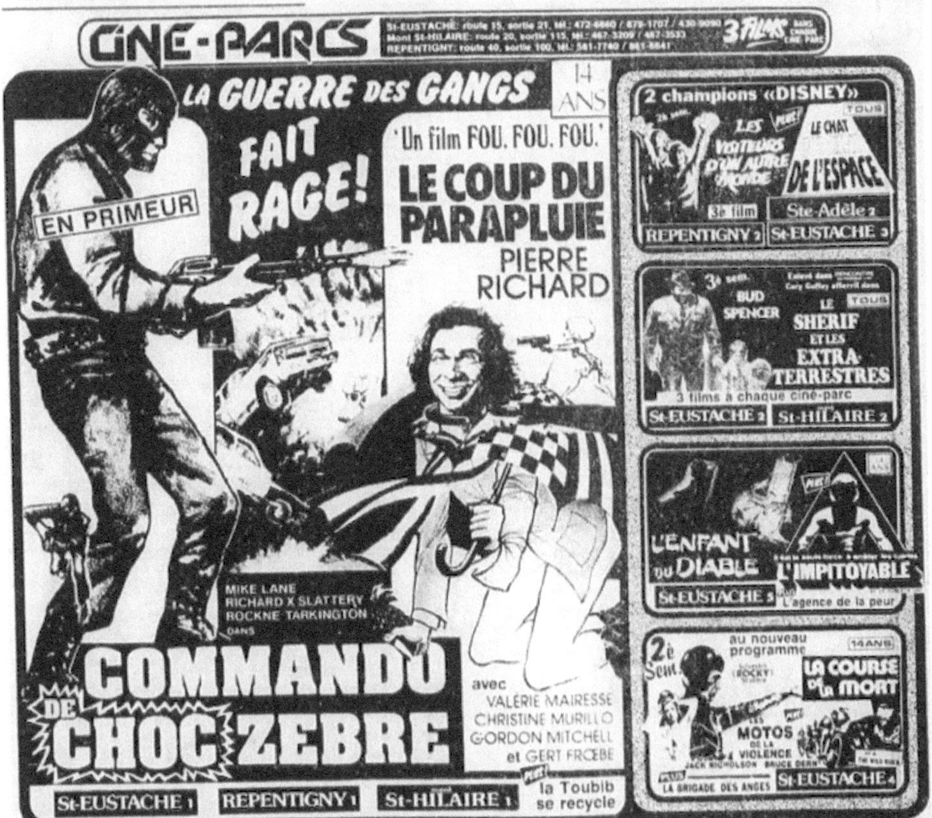
CINÉ-PARCS
3 FILMS
LA GUERRE DES GANGS
14 ANS
FAIT RAGE!
EN PRIMEUR
'Un film FOU. FOU. FOU.'
LE COUP DU PARAPLUIE
PIERRE RICHARD
MIKE LANE
RICHARD X SLATTERY
ROCKNE TARKINGTON
DANS
COMMANDO DE CHOC ZEBRE
avec
VALÉRIE MAIRESSE
CHRISTINE MURILLO
GORDON MITCHELL
et GERT FROEBE
PLUS la Toubib se recycle
St-EUSTACHE 1
REPENTIGNY 1
St-HILAIRE 1
2 champions «DISNEY»
TOUS
LES VISITEURS D'UN AUTRE MONDE
LE CHAT DE L'ESPACE
3e film
Ste-Adèle 2
REPENTIGNY 2
St-EUSTACHE 3
3e sem.
BUD SPENCER
TOUS
LE SHERIF ET LES EXTRA-TERRESTRES
3 films à chaque ciné-parc
St-EUSTACHE 2
St-HILAIRE 2
L'ENFANT DU DIABLE
L'IMPITOYABLE
St-EUSTACHE 5
L'agence de la peur
2è Sem.
au nouveau programme
14 ANS
LA COURSE À LA MORT
LES MOTOS DE LA VIOLENCE
JACK NICHOLSON
BRUCE DERN
PLUS LA BRIGADE DES ANGES
St-EUSTACHE 4

CINÉ-PARCS
St-EUSTACHE: route 15, sortie 21, tél.: 472-6660 / 879-1707 / 430-9090
Mont St-HILAIRE: route 20, sortie 115, tél.: 467-3209 / 467-3533
REPENTIGNY: route 40, sortie 100, tél.: 581-7740 / 861-6641
3 FILMS DANS CHAQUE CINÉ-PARC
2 champions «DISNEY»
POUR TOUS
VOUS EN SORTIREZ MORT... DE RIRE!
SI VOUS LE RENCONTREZ SON NOM EST: JS SLASH 9 DORIC 47!
PLUS!
RENCONTRE D'UN DRÔLE DE TYPE
Deux jeunes extra-terrestres aux pouvoirs surnaturels viennent passer quelques jours dans une grande cité terrienne.
LES VISITEURS D'UN AUTRE MONDE
LE CHAT QUI VIENT DE L'ESPACE
St-EUSTACHE 1
REPENTIGNY 1
Ste-Adèle 1
St-HILAIRE 1
3è film
2e sem. d'aventures et de rire
Enlevé dans RENCONTRE
Cary Guffey atterrit dans
BUD SPENCER
LE SHERIF ET LES EXTRA-TERRESTRES
POUR TOUS
St-EUSTACHE 2
REPENTIGNY 2
Ste-Adèle 2
St-HILAIRE 2
3 films à chaque ciné-parc
C'EST UN DÉPART!
14 ANS
Sylvester (ROCKY) Stallone
LA COURSE DE LA MORT
JACK NICHOLSON
BRUCE DERN
PLUS!
LES MOTOS DE LA VIOLENCE
THE WILD RIDER
PLUS
LA BRIGADE DES ANGES
St-EUSTACHE 4
PLUS
FANTASTICA
L'AFFAIRE COFFIN
PLUS
LE PUTCH DES MERCENAIRES
14 ANS
St-EUSTACHE 5
PLUS
Les Petites Chéries
4è sem.
Tatum O'NEAL
Kristy Mc NICHOL
Arrête de ramer, t'es sur le sable
14 ANS
PLUS
CLINT EASTWOOD
L'ÉVADÉ D'ALCATRAZ
St-EUSTACHE 3
POUR VOTRE DIVERTISSEMENT
OUVERTURE D'UN 2è ÉCRAN AU
CINÉ-PARC
MONT ST-HILAIRE

Découvrez la nouvelle révélation de l'écran
avec Myriam Watteau
Valérie Matines
18 ANS Adultes
Une NOUVELLE COMPLICITÉ en AMOUR
PLUS
CHECK-UP à la SUEDOISE
le DROIT de CUISSAGE
PAPINEAU 1
omega 2

2 FILMS ÉROTIQUES DANS CHAQUE SALLE
18 ANS
PLUS BRULANT QUE L'ENFER!
HEAVENLY DESIRE
LE BEAVER
CINE 539
CASSETTES VIDÉO À VENDRE
THE LOVE COUCH
THE MASTER AND MS. JOHNSON
GUY

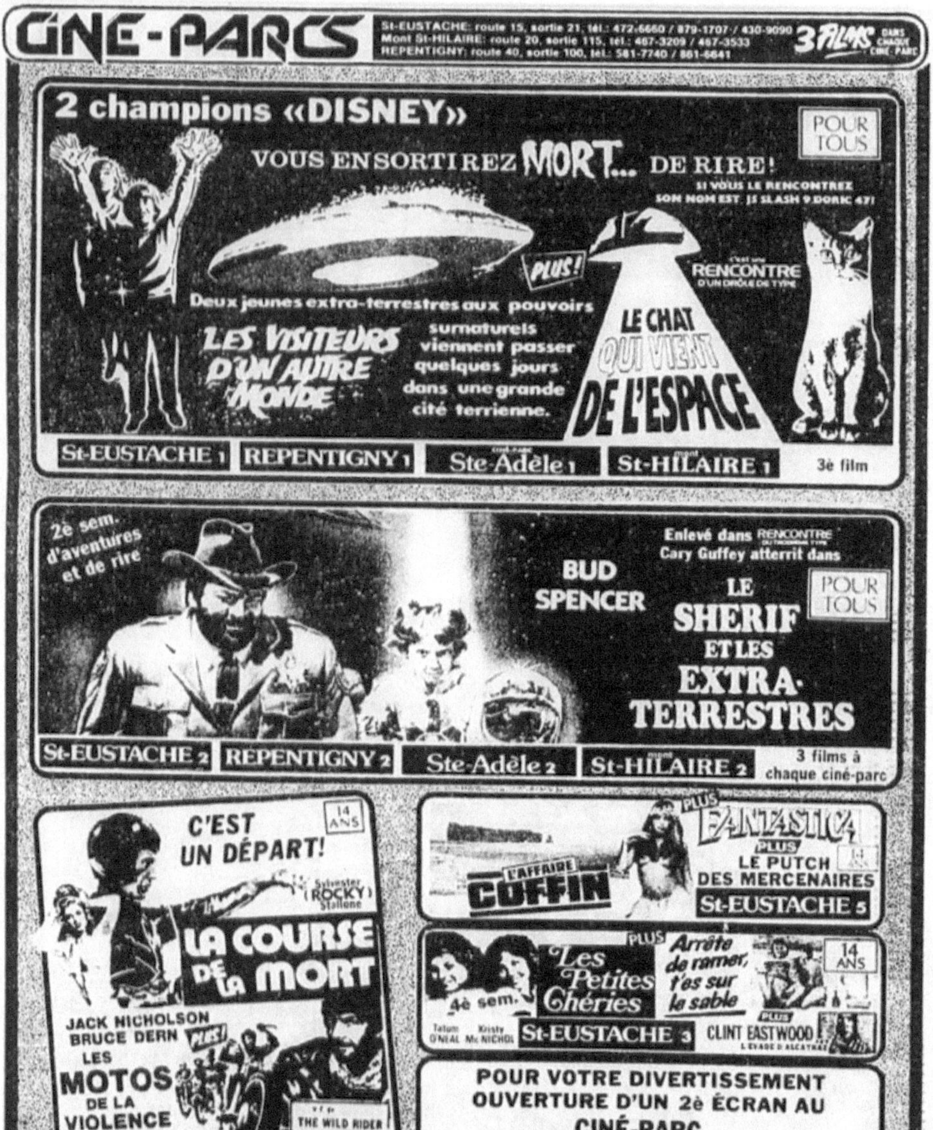

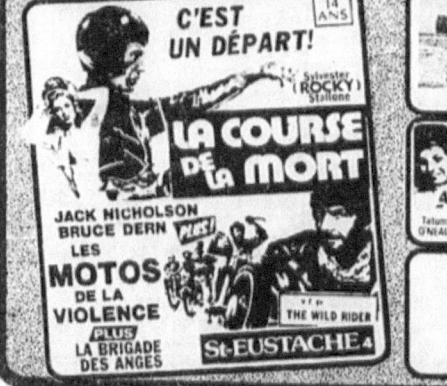

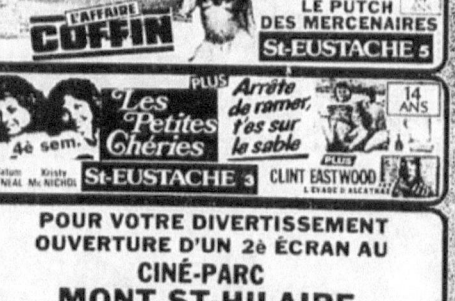

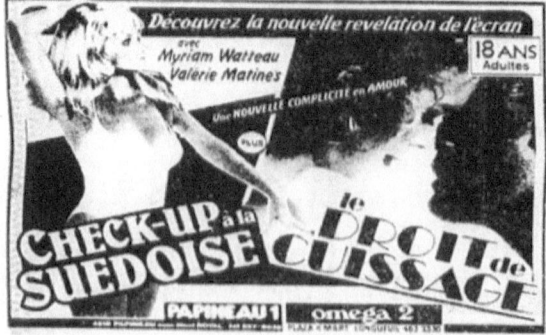

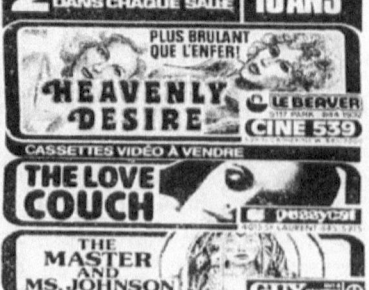

AU 31e SIÈCLE... L'HOMME CRÉA UNE MACHINE QUI AVAIT DES SENTIMENTS!

GALAXINA

STEPHEN MACHT • AVERY SCHREIBER • JAMES DAVID HINTON
DOROTHY R. STRATTEN — PLAYBOY PLAYMATE OF THE YEAR
— GALAXINA

Neiges: sem.: 7.15 – 9.15
Bonaventure: sem. 5.15 – 7.15 – 9.15
sam. dim. 1.00 – 3.00 – 5.00 – 7.00 – 9.00

POUR TOUS

CÔTE-DES-NEIGES 1
PLAZA CÔTE-DES-NEIGES 735-5527

BONAVENTURE 1
PLACE BONAVENTURE 661-2726

ÇA SWINGUE EN GRAND DANS CES 2 SUPER SUCCÈS!

GAGNANT de 2 OSCARS meilleure chanson et musique — "La Fièvre des 'Planches'" — Fame

Une EXPLOSION de musique, de jeunesse et de talent! — "Ça plane, les filles!" — Foxes

14 ANS

MONTEZ AVEC EUX DANS L'ARÈNE ET VIVEZ 220 MINUTES INOUBLIABLES!

IL VEUT VIVRE INTENSÉMENT SA VIE, IL LUI FALLAIT DÉTRÔNER LE CHAMPION.

ROCKY II – LA REVANCHE
Sylvester Stallone
UN COMBAT QUI RESTERA MARQUÉ DANS L'HISTOIRE DU CINÉMA.

SA FEMME L'AVAIT QUITTÉ... IL ALLAIT LIVRER LE COMBAT DE SA VIE... POUR SON GARS...

LE CHAMPION
de FRANCO ZEFFIRELLI
JON VOIGHT • FAYE DUNAWAY
RICKY SCHRODER

POUR TOUS

"D'UNE RARE BEAUTÉ..."
"BRILLANT ET FASCINANT..."

L'AVOCAT du DIABLE

d'après le BEST-SELLER de MORRIS WEST

STÉPHANE AUDRAN • LEIGH LAWSON • JOHN MILLS — un film de GUY GREEN

12.10, 3.55, 5.00, 7.05, 9.10 SAM. DERNIER SPECTACLE 11.15

14 ANS

LA MENACE RÔDE...
Personne n'échappe à leur vengeance...

Des fantômes surgissent pour se venger.
Quelqu'un doit mourir!

JOHN CARPENTER

LE BROUILLARD

14 ANS

PRIX DE LA CRITIQUE — FESTIVAL DU FILM FANTASTIQUE AVORIAZ 1980

PLUS!
UN SUR-UN, Ils transportent à leur pouvoirs maléfiques. GARE À CELUI QUI MONTERA À BORD.

Le Bateau de la MORT
ASTRAL FILMS

ADRIENNE BARBEAU, JAMIE LEE CURTIS, JOHN HOUSEMAN

CINÉ-PARC ST-MATHIEU
ROUTE 15 SUD VERS PLATTSBURG
(SORTIE 30) 659-3445 – 861-0659
À 3 MILLES DE LA PRAIRIE

CINÉ-PARC VAUDREUIL 2
TRANSCANADIENNE VERS TORONTO
(SORTIE 2) 455-5154 – 861-0659
à 10 minutes du Centre d'achats Fairview

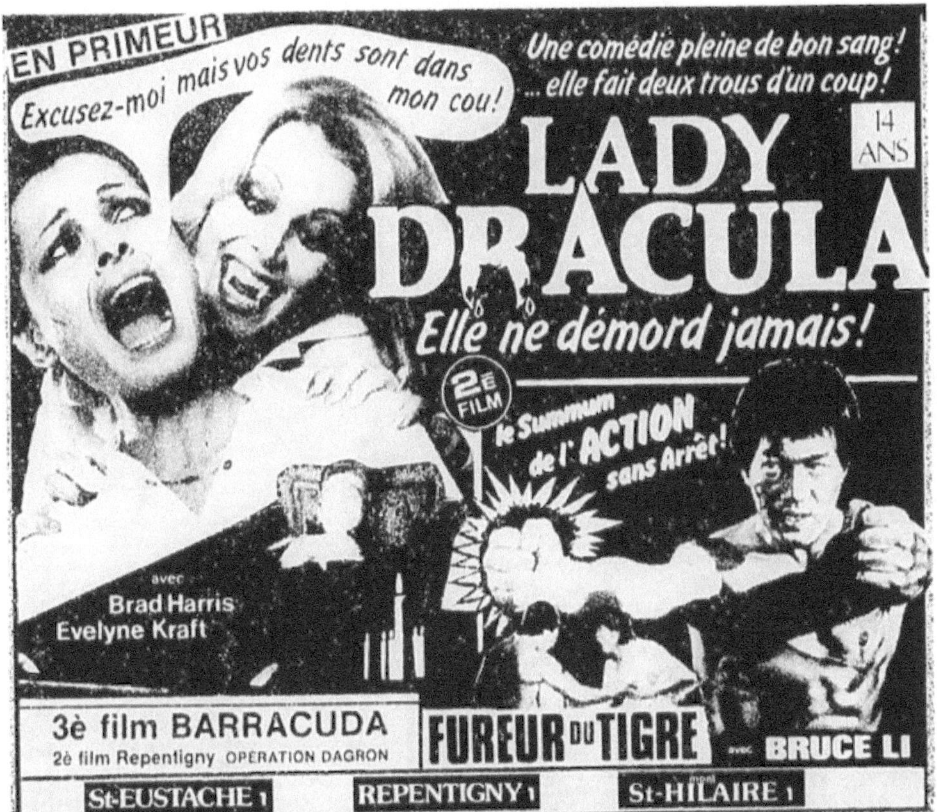

EN PRIMEUR
Excusez-moi mais vos dents sont dans mon cou!
Une comédie pleine de bon sang!
... elle fait deux trous d'un coup!
14 ANS
LADY DRACULA
Elle ne démord jamais!
avec
Brad Harris
Evelyne Kraft
2E FILM
le Summum de l'ACTION sans Arrêt!
3è film BARRACUDA
2è film Repentigny OPERATION DAGRON
FUREUR DU TIGRE
avec BRUCE LI
St-EUSTACHE 1
REPENTIGNY 1
St-HILAIRE 1

2 GÉANTS du KARATÉ face à face dans un duel A MORT!
Tout Nouveau!
LE CHINOIS
JACKIE CHAN
BRUCE LEE
"OPERATION DRAGON"

POUR TOUS
UNE SUPER DÉMOLITION QUI FRACASSE TOUS LES RECORDS!
LES DEUX CINGLÉS DU SIECLE EN MISSION DIABOLIQUE DETRUISENT TOUT SUR LEUR PASSAGE!
"Les Frères Blues"
JOHN BELUSHI
DAN AYKROYD
"LE PLUS SECRET DES AGENTS SECRETS"

2 GRANDS GAGNANTS DU FESTIVAL DU CINEMA FANTASTIQUE!
DE SON VOYAGE AU PAYS DE LA MORT, ELLE RAPPORTE D'ÉTRANGES POUVOIRS!
Au-delà du rêve.
Au-delà de l'obsession
Au-delà même du temps,
ils se rencontreront.
POUR TOUS
PRIX SPECIAL DU JURY AVORIAZ 81
Antenne d'Or Avoriaz 81
CHRISTOPHER REEVE
(SUPERMAN)
RESURRECTION
ELLEN BURSTYN
SAM SHEPARD
v.f. 'Resurrection'
Quelque part dans le Temps
v.f. SOMEWHERE IN TIME
BERRI 3
BROSSARD 3
MERCIER
VERDUN
CINE-PARC ODEON 2
CINE-PARC LAVAL 2
CINE-PARC CHATEAUGUAY 2
CINE-PARC ST-JEROME 1

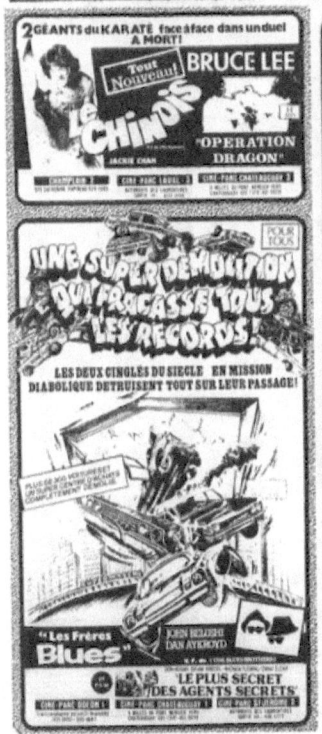

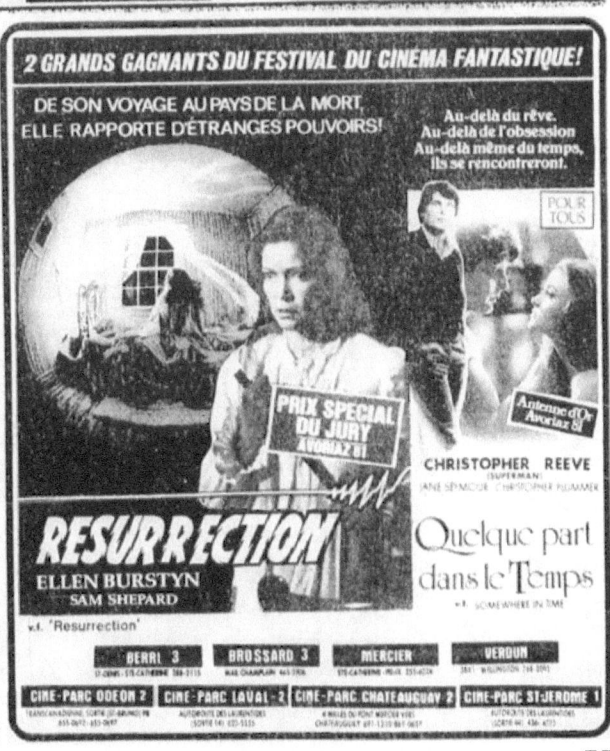

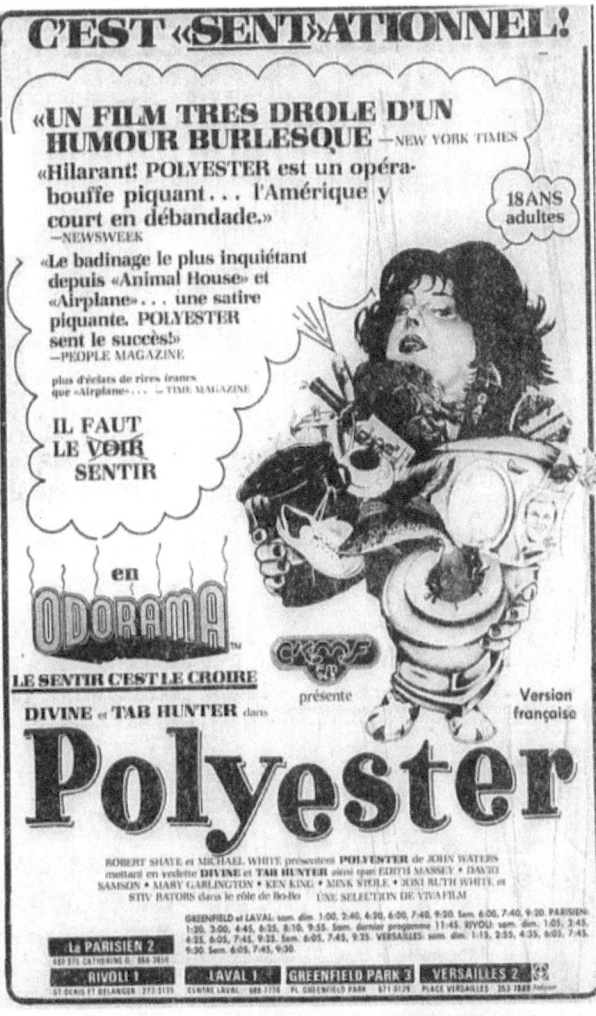

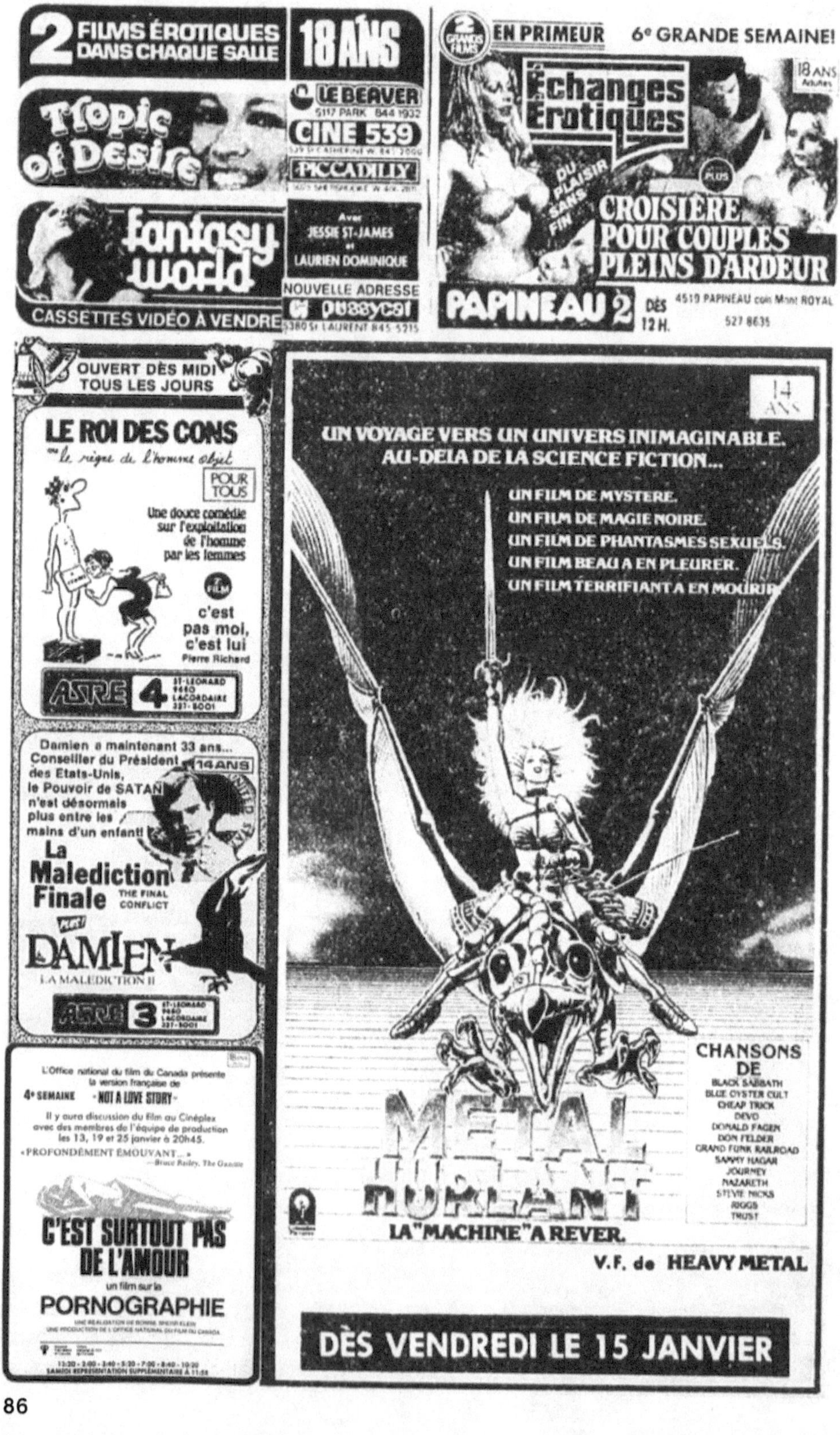
2 FILMS ÉROTIQUES DANS CHAQUE SALLE
18 ANS
Tropic of Desire
LE BEAVER
5117 PARK 844 1932
CINE 539
PICCADILLY
fantasy world
Avec
JESSIE ST-JAMES
et
LAURIEN DOMINIQUE
NOUVELLE ADRESSE
pussycat
5380 St LAURENT 845 5215
CASSETTES VIDÉO À VENDRE
2 GRANDS FILMS
EN PRIMEUR
6e GRANDE SEMAINE!
Échanges Érotiques
18 ANS Adultes
DU PLAISIR SANS FIN
PLUS
CROISIÈRE POUR COUPLES PLEINS D'ARDEUR
PAPINEAU 2
DÈS 12 H.
4519 PAPINEAU coin Mont ROYAL
527 8635
OUVERT DÈS MIDI
TOUS LES JOURS
LE ROI DES CONS
ou le règne de l'homme objet
POUR TOUS
Une douce comédie sur l'exploitation de l'homme par les femmes
2e FILM
c'est pas moi, c'est lui
Pierre Richard
ASTRE 4
ST-LEONARD
9480
LACORDAIRE
321-8001
Damien a maintenant 33 ans...
Conseiller du Président des Etats-Unis,
le Pouvoir de SATAN n'est désormais plus entre les mains d'un enfant!
14 ANS
La Malediction Finale
THE FINAL CONFLICT
DAMIEN
LA MALEDICTION II
ASTRE 3
ST-LEONARD
9480
LACORDAIRE
321-8001
L'Office national du film du Canada présente
la version française de
4e SEMAINE «NOT A LOVE STORY»
Il y aura discussion du film au Cinéplex
avec des membres de l'équipe de production
les 13, 19 et 25 janvier à 20h45.
«PROFONDÉMENT ÉMOUVANT...»
—Bruce Bailey, The Gazette
C'EST SURTOUT PAS DE L'AMOUR
un film sur la
PORNOGRAPHIE
14 ANS
UN VOYAGE VERS UN UNIVERS INIMAGINABLE.
AU-DELA DE LA SCIENCE FICTION...
UN FILM DE MYSTERE.
UN FILM DE MAGIE NOIRE.
UN FILM DE PHANTASMES SEXUELS.
UN FILM BEAU A EN PLEURER.
UN FILM TERRIFIANT A EN MOURIR.
CHANSONS DE
BLACK SABBATH
BLUE OYSTER CULT
CHEAP TRICK
DEVO
DONALD FAGEN
DON FELDER
GRAND FUNK RAILROAD
SAMMY HAGAR
JOURNEY
NAZARETH
STEVIE NICKS
RIGGS
TRUST
METAL HURLANT
LA "MACHINE" A REVER.
V.F. de HEAVY METAL
DÈS VENDREDI LE 15 JANVIER

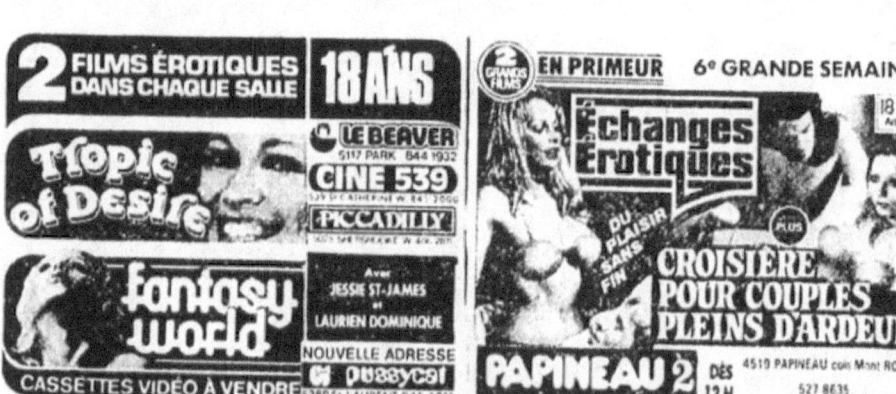

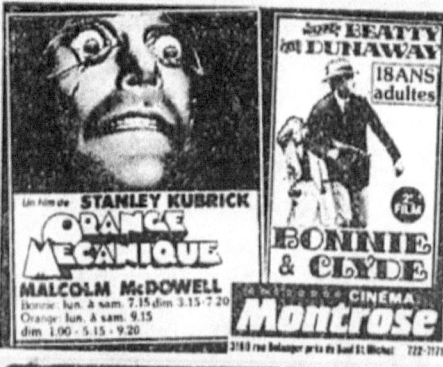

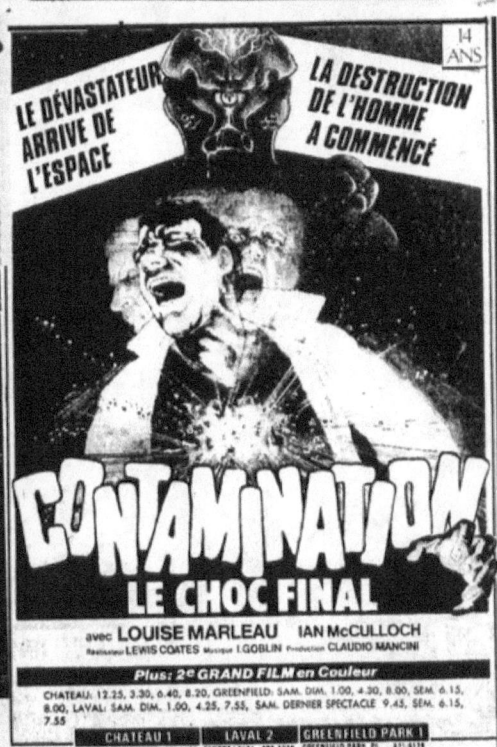

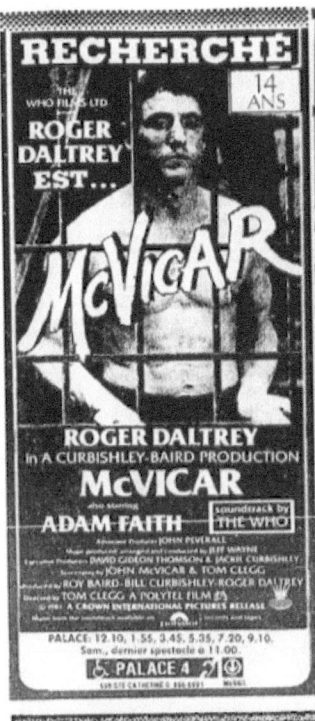

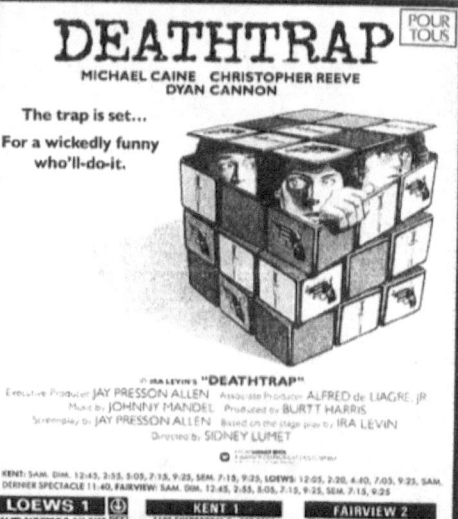

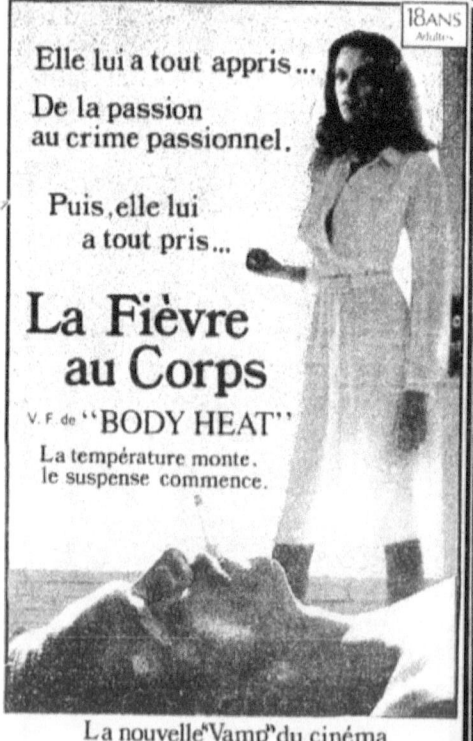
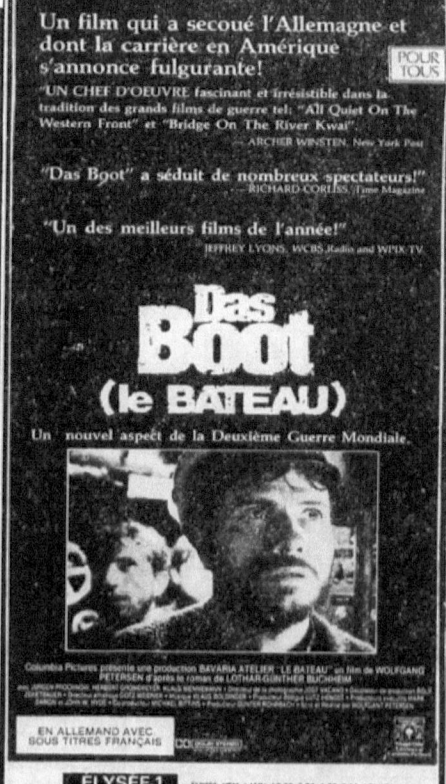

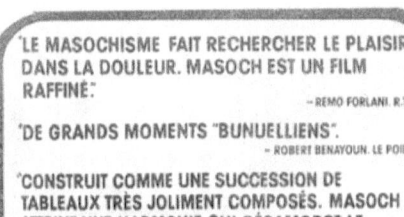

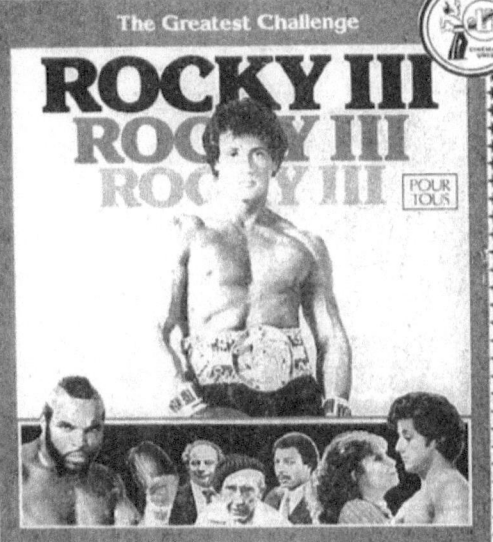

18 ANS Adultes
des MODÈLES aux corps superbes
les Desirs amoureux de Melody
EN PRIMEUR
PLUS
des filles A TOUT FAIRE
UNE RONDE D'EROTISME
Dès 10h
EROS
PAPINEAU 1
Dès 12h

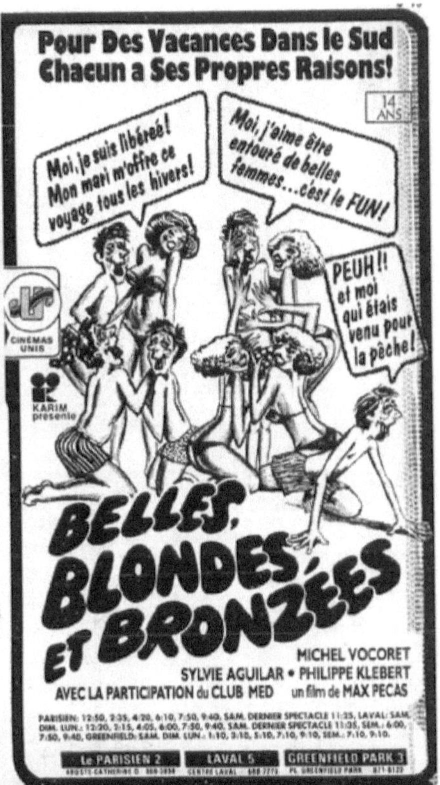
Pour Des Vacances Dans le Sud
Chacun a Ses Propres Raisons!
14 ANS
Moi, je suis libérée! Mon mari m'offre ce voyage tous les hivers!
Moi, j'aime être entouré de belles femmes…c'est le FUN!
PEUH!! et moi qui étais venu pour la pêche!
CINÉMAS UNIS
KARIM présente
BELLES, BLONDES ET BRONZÉES
MICHEL VOCORET
SYLVIE AGUILAR • PHILIPPE KLEBERT
AVEC LA PARTICIPATION du CLUB MED
un film de MAX PECAS
Le PARISIEN 2
LAVAL 5
GREENFIELD PARK 3

EN PREMIÈRE, 2 FILMS SEXY
John Holmes interprète Casanova
avec une brochette des plus belles filles de toute l'histoire du cinéma.
LES NOUVELLES AVENTURES EROTIQUES DE Casanova
PLUS
LOVE SECRETS
EVE
2e sem.
Dès 10h

2 GRANDS FILMS
EN PRIMEUR
18 ANS
ELLE RÉVÈLE SES DÉSIRS ARDENTS
Dépucelage
ÉCHANGES AMOUREUX
Rivoli 1
omega 2

25e SEMAINE
18 ANS
CROISIÈRE POUR COUPLES PLEINS D'ARDEUR
PLUS
Échanges Érotiques
DU PLAISIR SANS FIN
Rivoli 2
Dès 12h

3 supers sexes
18 ANS
Flossie
candice CANDY
JUSTINE et JULIETTE
PAPINEAU 2
Dès 12h

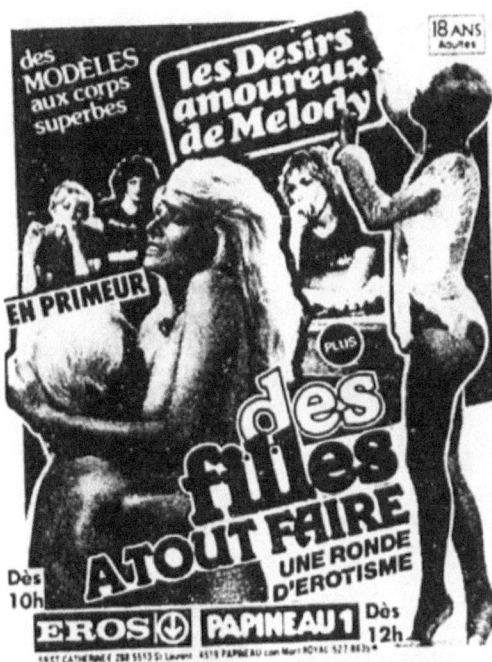

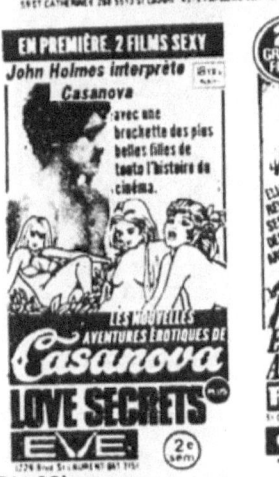

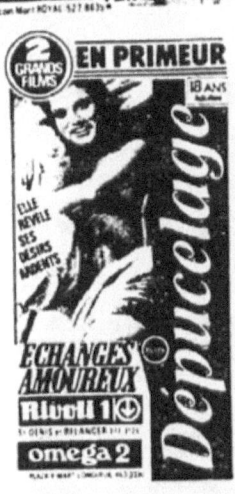

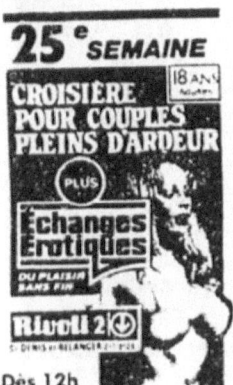

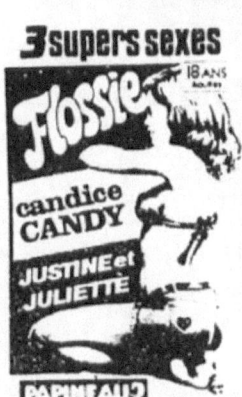

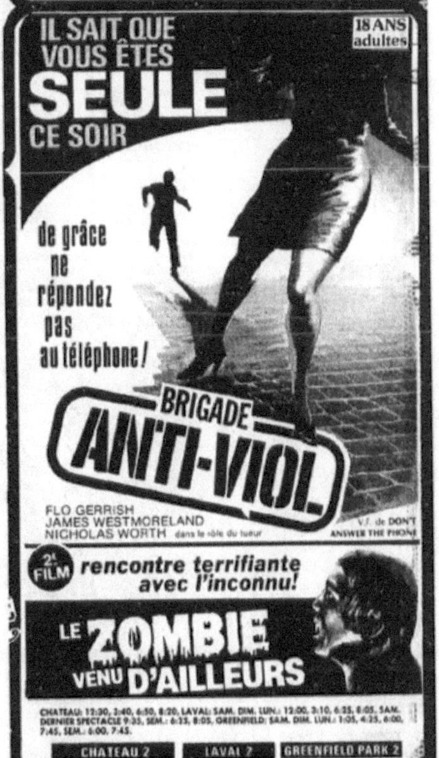
IL SAIT QUE VOUS ÊTES SEULE CE SOIR
18 ANS adultes
de grâce ne répondez pas au téléphone!
BRIGADE ANTI-VIOL
FLO GERRISH
JAMES WESTMORELAND
NICHOLAS WORTH
V.F. de DON'T ANSWER THE PHONE
2e FILM
rencontre terrifiante avec l'inconnu!
LE ZOMBIE VENU D'AILLEURS
CHATEAU 2
LAVAL 2
GREENFIELD PARK 2

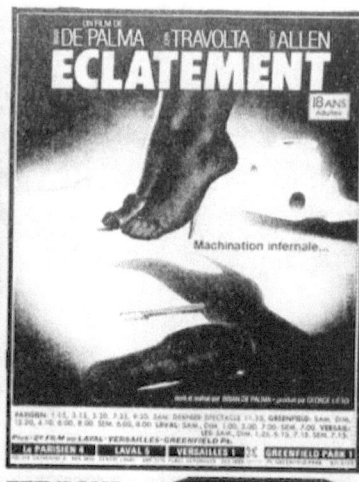

CiNE-PARCS
St-EUSTACHE: route 15, sortie 21, tél.: 472-6660 / 879-1707 / 430-9090
REPENTIGNY: route 40, sortie 100, tél.: 581-7740 / 861-6641
enfants GRATUITS
3 FILMS
2 GROSSES comédies
14 ANS
LES HOMMES PRÉFÉRENT LES GROSSES
PLUS!
LOUIS DE FUNÈS
PLUS 3è FILM
LA SOUPE AUX CHOUX
UN FILM DE JEAN GIRAULT
St-EUSTACHE 1
REPENTIGNY 1
2è Sem.
Juste au moment où vous pensez qu'il n'y a plus de danger...
LA MORT AU LARGE
Voir publicité ailleurs dans ce journal
St-EUSTACHE 2
REPENTIGNY 2
BUD SPENCER
GARY GUFFEY
3è Sem.
POUR TOUS
FAUT PAS POUSSER
PLUS! LE GAGNANT
plus 3è film
St-EUSTACHE 4
ACTION
SUSPENSE
HORREUR
LA BALADE DEMENTE
14 ANS
PLUS! L'HORRIBLE INVASION
PLUS! CASCADEURS EN PERIL
St-EUSTACHE 3
14 ANS
5è sem.
MOTO MASSACRE
Cascades REMY JULIENNE
PLUS!
LONG WEEK END
ROCK "n" ROLL
St-EUSTACHE 5
UN SUPER CHAMPIONNAT de l'EROTISME!
18 ANS
JENNIFER WELLES
Jamais depuis Marilyn Monroe la femme n'avait ete montree dans toute sa volupte et sa
LES FOLLES ETREINTES DE JENNIFER
Plus: 2e GRAND FILM
«LA VIE CLANDESTINE D'UNE MÉNAGÈRE»
couleurs
COMMODORE et
«SCRABBLE D'AMOUR»
5780 O BOUL GOUIN 334-8560
EN PREMIERE — 2 films de sexe
JOHN HOLMES IS CASANOVA
avec une brochette des plus jolies filles de l'histoire du cinéma.
LES NOUVELLES AVENTURES ÉROTIQUES DE CASANOVA
Casanova
au même programme
LOVE SECRETS
EVE
3e sem
EN PRIMEUR
18 ANS
des filles A TOUT FAIRE
omega 2
PAPINEAU 1
Plus! 2e. FILM ÉROTIQUE
3e sem
Omégo dès 1h
Pap. 1 dès 12h
3 films aguichants
18 ANS
ECHANGES AMOUREUX
omega 1
PAPINEAU 2
Dépucelage

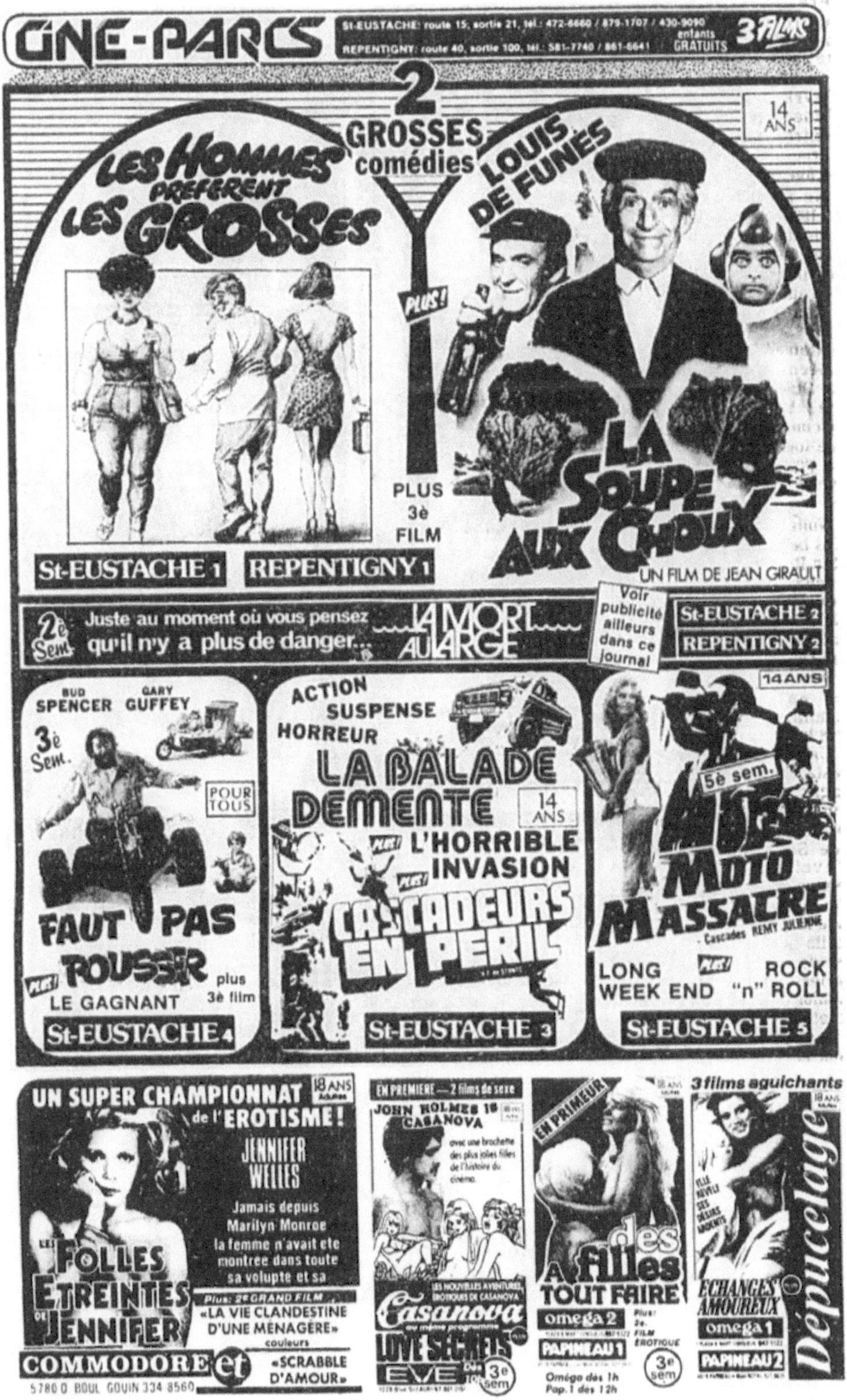

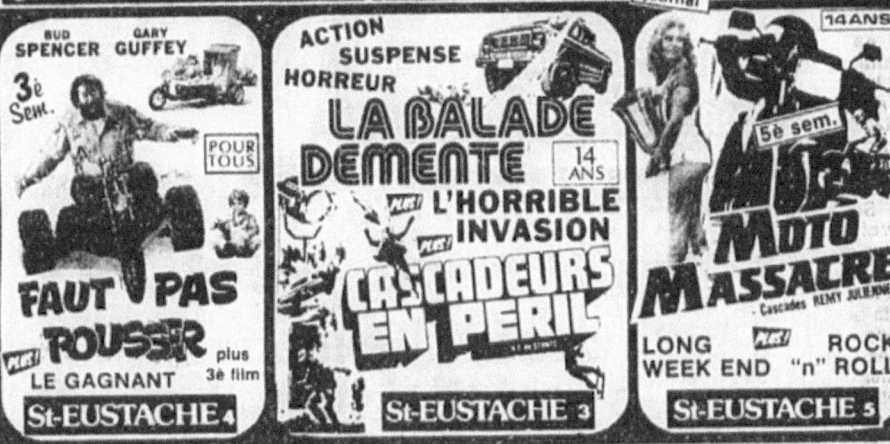

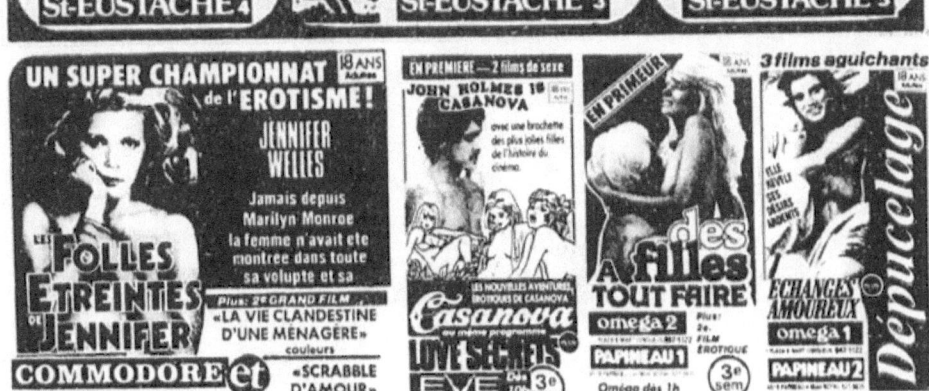

EN PRIMEUR AU CANADA
La poste qui vous fait perdre la tête!
18 ANS adultes
NAUGHTY NETWORK
avec les cover girls de Penthouse
DELIA COSNER
et THE «SPIDER & THE FLY»
AUSSI DEUXIEME GRAND FILM DANS CHAQUE CINEMA
CINE 539
PICCADILLY
pussycat

2 FILMS DE SEXE TRÈS RECHERCHÉS
DÉSIRS BRULANTS
Sensual FIRE
Serena
De superbes jeunes filles, qui valent le prix d'entrée.
— AL GOLDSTEIN Screw Mag
PLUS
QUAND UNE FEMME APPELLE!
EVE
DÈS 10h.

3 FILMS TERRIFIANTS
18 ANS
LA TERREUR DES ZOMBIES
BAISER MACABRE
PLUS
SOEUR MEURTRIERE
Rivoli 1
EROS
RIV. 1 DÈS 12h.
EROS DÈS 10h.

EN PRIMEUR
18 ANS
des filles À TOUT FAIRE
omega 1
Plus: 2e. FILM ÉROTIQUE
PAPINEAU 2
OMÉGA DÈS 1 h. - PAP. 2 DÈS 12 h.

7e mois
18 ANS
CROISIÈRE POUR COUPLES PLEINS D'ARDEUR
PLUS
Échanges Érotiques
DU PLAISIR SANS FIN
Rivoli 2
DÈS 12 h.

JOHN LESLIE
EN PREMIÈRE À MONTRÉAL
18 ANS adultes
EXPOSED
commençant à midi
PLUS!
2è FILM EROTIQUE
CINEMA L'AMOUR
849-6227
4015 ST LAURENT
GUY
931-2912
GUY & MAISONNEUVE

18 ANS adultes
The Opening of Misty Beethoven
AUSSI DEUXIEME GRAND FILM
LE BEAVER
5117 PARK 844-1502

ILS SONT DE RETOUR!
Venez plonger dans une vague de rire... qui rafraîchira votre été!
la nouvelle comedie de CLAUDE ZIDI
POUR TOUS
RENÉ MALO présente
LES SOUS-DOUÉS EN VACANCES
DANIEL AUTEUIL GUY MARCHAND
GAËTAN BLOOM • PATRICK LAURENT • HONORÉ N'ZUE • ZARD
Gagnez un voyage pour 2 personnes à St-Tropez
gracieuseté de l'agence Merlin
MERLIN
BERRI 1
JEAN-TALON
BROSSARD 1
CINE-PARC ODEON 1
CINE-PARC CHATEAUGUAY 1
CINE-PARC LAVAL 1
ST-JEROME
CINE-PARC ST-JEROME 1
JOLIETTE

EXTASE-PLAISIR EXTREME
18ANS adultes
Amour, Desir et Extase
CHATEAU 2
GREENFIELD PARK 3
VERSAILLES 3

PREMIÈRE MONDIALE
14 ANS
«MEILLEUR FILM»
STING
«THE POLICE»
BRIMSTONE & TREACLE
avec DENHOLM ELLIOTT • JOAN PLOWRIGHT • SUZANNA HAMILTON
scénario de DENNIS POTTER • réalisé par RICHARD LONCRAINE
musique de THE POLICE, STING, THE GO-GO's
PALACE

UN PROGRAMME TERRIFIANT, CAUCHEMARDESQUE...
Qui sera assez brave pour oser s'aventurer dans cet univers de ténèbres et d'angoisse?
18ANS Adultes
Tout Nouveau, Jamais Vu
Par le réalisateur de "MASSACRE A LA SCIE"
UN FILM DE JOHN CARPENTER
Le Masque
Version Française
HALLOWEEN II
TOBE HOOPER
MASSACRES DANS LE TRAIN FANTÔME
V.F. the Funhouse
AU CHAMPLAIN PRÉSENTATION EN
EFFETS SONORES PRODUITS PAR ORDINATEUR
KINTEK
CHAMPLAIN 1
VILLERAY
LONGUEUIL 1
VERDUN
ST-JEROME

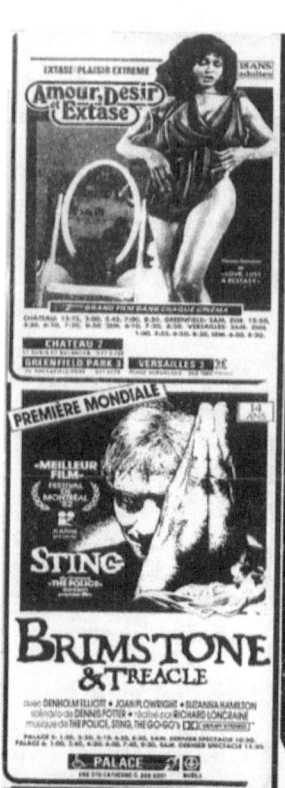

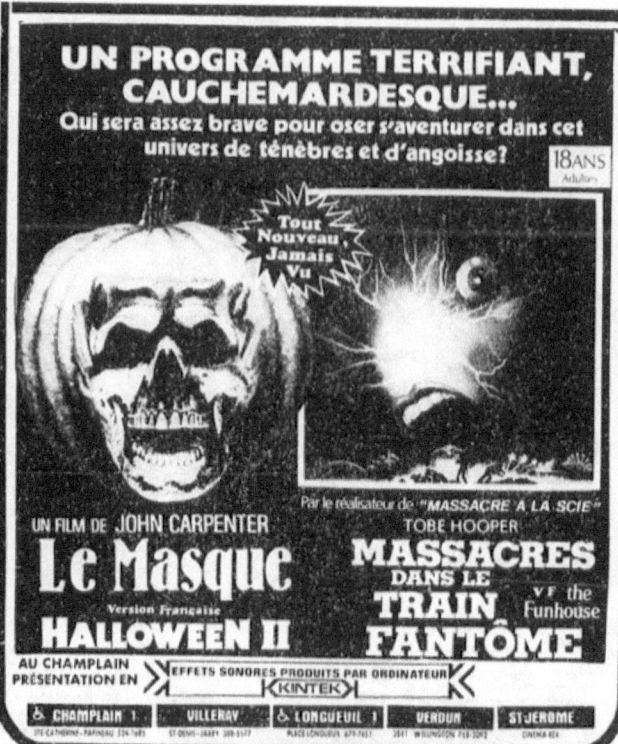

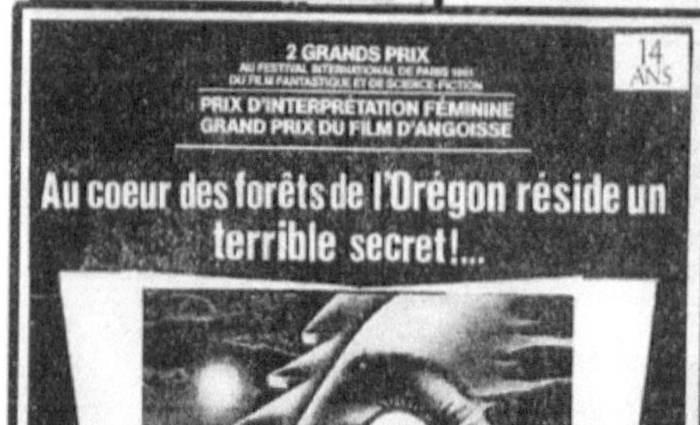
2 GRANDS PRIX
14 ANS
PRIX D'INTERPRÉTATION FÉMININE
GRAND PRIX DU FILM D'ANGOISSE
Au coeur des forêts de l'Orégon réside un terrible secret!...
SURVIVANCE
JUST BEFORE DAWN
Avec CHRIS LEMMON - GREGG HENRY
DEBORAH BENSON - GEORGE KENNEDY
Rien de plus fort depuis DELIVRANCE...
AUSSI 2e FILM A CHAQUE CINE
MERCIER
VILLERAY
CINE-PARC CHATEAUGUAY 3
CINE-PARC BOUCHERVILLE 2
CINE-PARC ST-JEROME 1

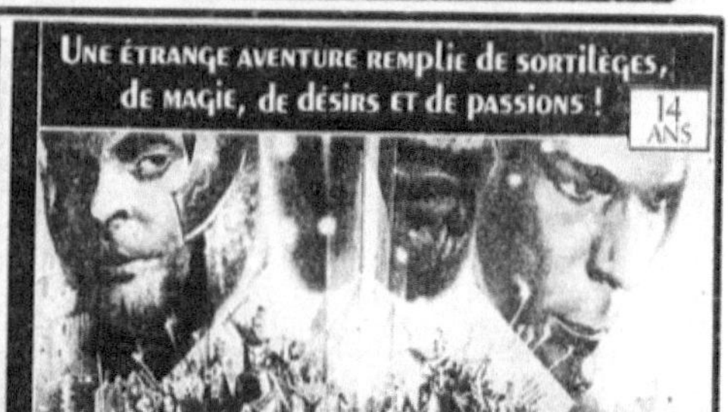
UNE ÉTRANGE AVENTURE REMPLIE DE SORTILÈGES, DE MAGIE, DE DÉSIRS ET DE PASSIONS!
14 ANS
Cinémas OUVERTS LUNDI toute la journée!
UN FILM DE
Brandon Chase
Lee Horsley
Richard Lynch
L'Épée Sauvage
V.F. de (The Sword and the Sorcerer)
AU CHAMPLAIN PRÉSENTATION EN
KINTEK
AUSSI 2e FILM A CHAQUE CINE
CHAMPLAIN 1
LONGUEUIL 1
ST-JEROME
CINE-PARC ODEON 2
CINE-PARC LAVAL 1
CINE-PARC VAUDREUIL 1
CINE-PARC ST-JEROME 2

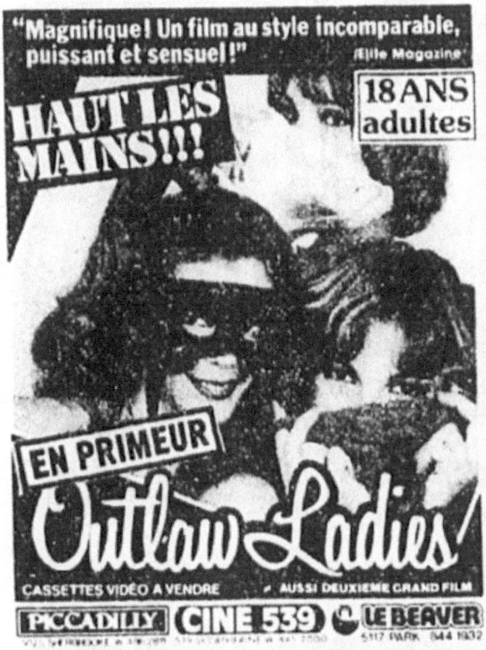

"Magnifique! Un film au style incomparable, puissant et sensuel!"
Elite Magazine
HAUT LES MAINS!!!
18 ANS adultes
EN PRIMEUR
Outlaw Ladies
CASSETTES VIDÉO A VENDRE
AUSSI DEUXIEME GRAND FILM
PICCADILLY
CINE 539
LE BEAVER
5117 PARK 844 1932

LE FILM D'ACTION LE PLUS SAUVAGE ET LE PLUS COMIQUE DE L'ANNÉE!...
Les compagnons nous reviennent.
Nick Nolte
18 ANS ADULTES
est un flic,
Eddie Murphy
est un forçat.
Ils se détestaient l'un et l'autre...
Ils avaient besoin l'un de l'autre encore davantage.
Et la dernière place qu'ils auraient cru se retrouver, c'est du même bord.
Même pour...
48 HRS.
4e sem.
PALACE: 12.30, 2.20, 4.10, 6.00, 7.50, 9.40. SAM. DERNIER SPECTACLE 11.30. KENT: SAM. DIM. 12.30, 2.20, 4.10, 6.00, 7.50, 9.40. SEM. 6.00, 7.50, 9.40. LAVAL: SAM. DIM. 12.30, 2.20, 4.10, 6.00, 7.50, 9.40. SAM. DERNIER SPECTACLE 11.30. SEM. 6.00, 7.50, 9.40.
PALACE 6
KENT 1
LAVAL 4

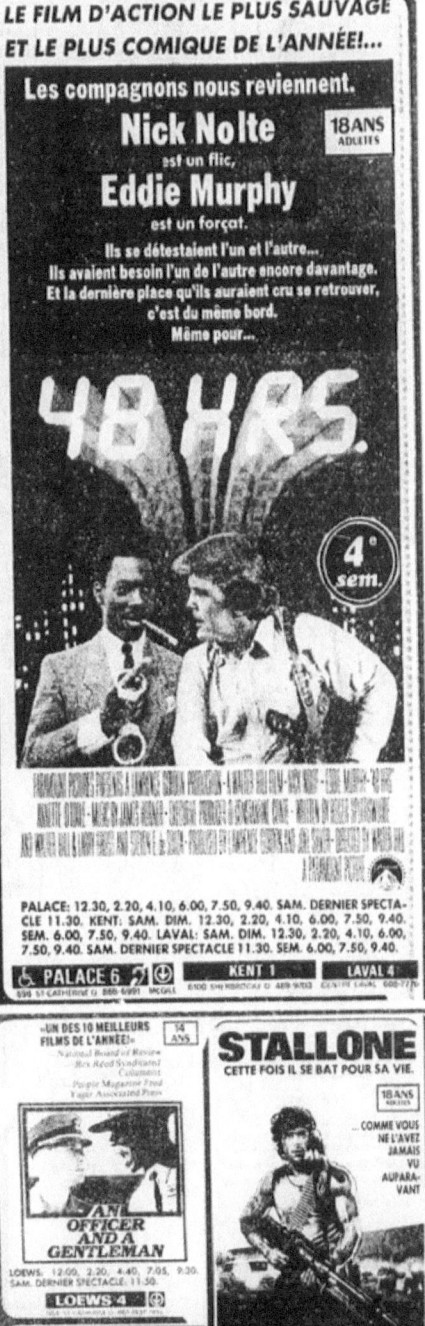

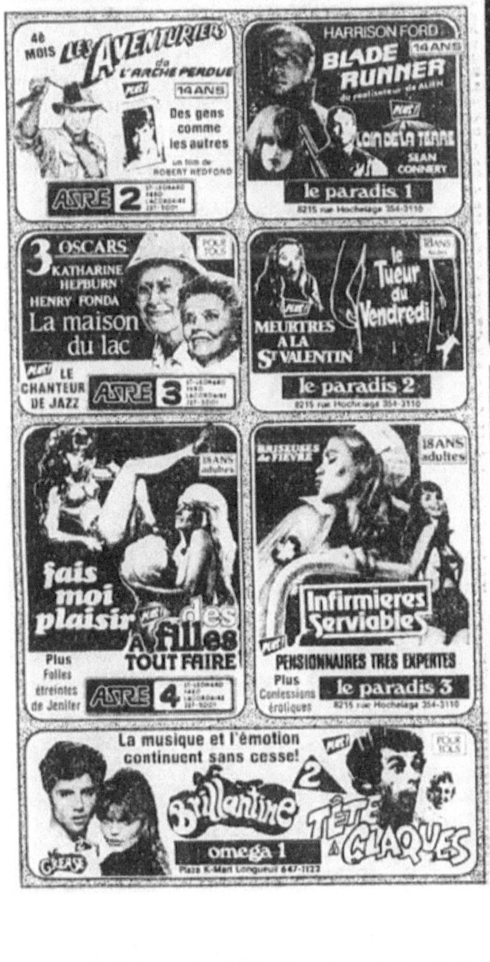

46 MOIS
LES AVENTURIERS de L'ARCHE PERDUE
PLUS!
14 ANS
Des gens comme les autres
un film de ROBERT REDFORD
ASTRE 2
HARRISON FORD
14 ANS
BLADE RUNNER
PLUS!
Loin de la terre
SEAN CONNERY
le paradis 1
8215 rue Hochelaga 354-3110
3 OSCARS
POUR TOUS
KATHARINE HEPBURN
HENRY FONDA
La maison du lac
PLUS! LE CHANTEUR DE JAZZ
ASTRE 3
le Tueur du Vendredi
PLUS!
MEURTRES A LA St VALENTIN
le paradis 2
8215 rue Hochelaga 354-3110
18 ANS adultes
fais moi plaisir
PLUS!
des filles A TOUT FAIRE
Plus Folles étreintes de Jenifer
ASTRE 4
18 ANS adultes
Infirmieres Serviables
PLUS!
PENSIONNAIRES TRES EXPERTES
Plus Confessions érotiques
le paradis 3
8215 rue Hochelaga 354-3110
La musique et l'émotion continuent sans cesse!
POUR TOUS
PLUS!
Brillantine 2
TÊTE A CLAQUES
GREASE
omega 1
Plaza K-Mart Longueuil 647-1122

«UN DES 10 MEILLEURS FILMS DE L'ANNÉE!»
14 ANS
AN OFFICER AND A GENTLEMAN
LOEWS: 12:00, 2:20, 4:40, 7:05, 9:30. SAM. DERNIER SPECTACLE: 11:50.
LOEWS 4
CREEPSHOW
VOUS N'AUREZ JAMAIS AUTANT DE PLAISIR A AVOIR PEUR!
18 ANS
DOLBY STEREO
PALACE: 12:35, 2:45, 4:55, 7:10, 9:25. SAM. DERNIER SPECTACLE: 11:35.
PALACE 5

STALLONE
CETTE FOIS IL SE BAT POUR SA VIE.
18 ANS
...COMME VOUS NE L'AVEZ JAMAIS VU AUPARAVANT
FIRST BLOOD
12e SEMAINE D'ACTION
LOEWS: 1:20, 3:20, 5:20, 7:20, 9:20. SAM. DERNIER SPECTACLE: 11:20.
LOEWS 5

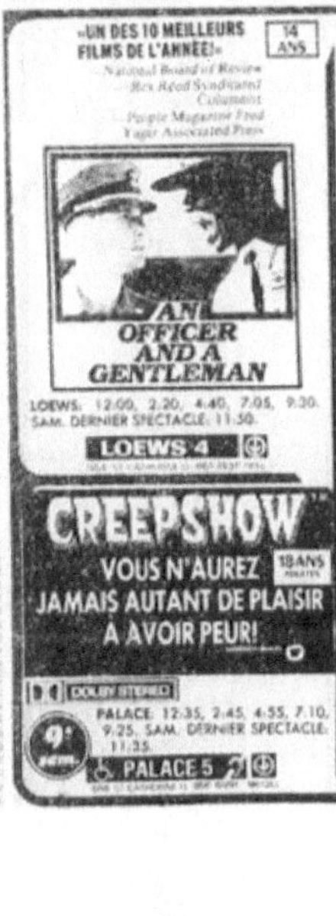

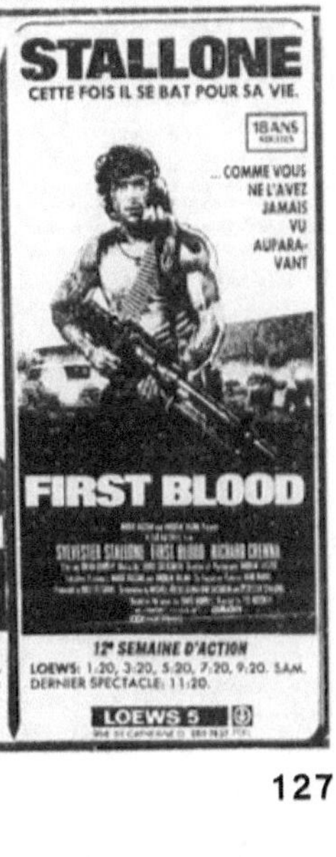

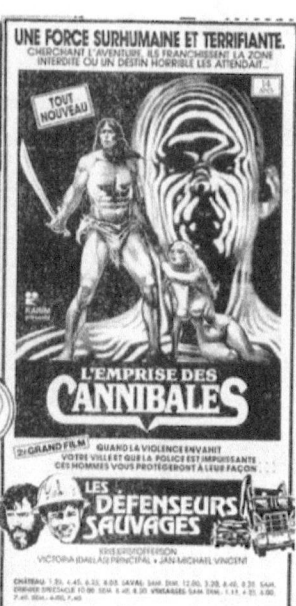

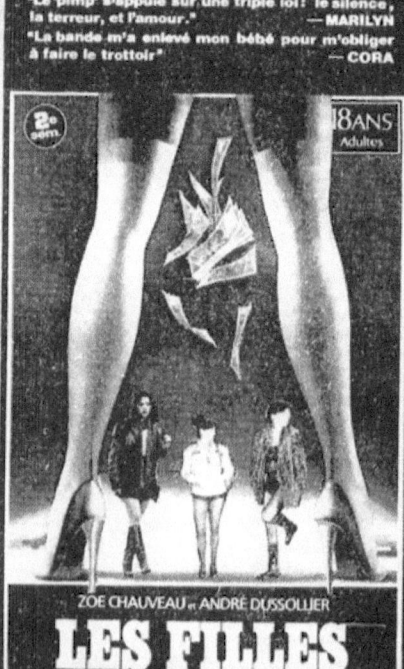

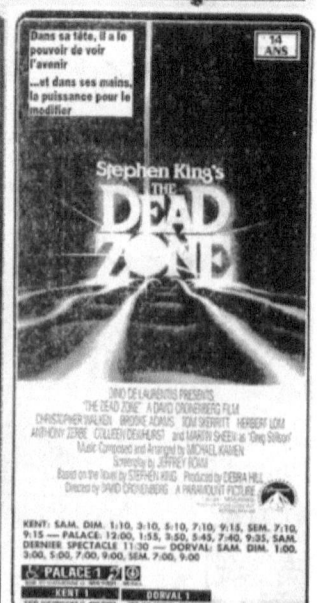

BELMONDO
POUR TOUS
L'AS DES AS
GÉRARD OURY
8e sem.
Le PARISIEN 5
450 ST-CATHERINE O. 866-3856
PARISIEN: 1:15, 3:20, 5:25, 7:30, 9:35. SAM. DERNIER SPECTACLE 11:40.

DRÔLE! DRÔLE!
—Joel Siegel, ABC-TV
POUR TOUS
MY FAVORITE YEAR
P.V. MARIE: 12:45, 2:30, 4:15, 6:00, 7:45, 9:30.
FAIRVIEW: SAM., DIM. 1:15, 3:15, 5:15, 7:15, 9:15. SEM. 7:15, 9:15.
PLACE VILLE-MARIE
CINEMA 2 866-0689
FAIRVIEW 2
TRANS-CAN S. 52 697-0095

Au bout de l'univers la vengeance se déchaîne.
POUR TOUS
8e sem.
LA COLÈRE DE KHAN
STAR TREK II
PLUS
PATROUILLE DU COSMOS
l'aventure humaine ne fait que commencer
CHÂTEAU: La Colère: 1:00, 5:25, 9:50.
Patrouille: 3:05, 7:30.
CHATEAU 2
ST-DENIS & BELANGER 271-0209

Les jeux sont faits. . .
Placez vos mises.
POUR TOUS
THE STING II
JACKIE GLEASON · MAC DAVIS · TERI GARR
KARL MALDEN and OLIVER REED
PARIS
BROSSARD 1
SQUARE DECARIE 1

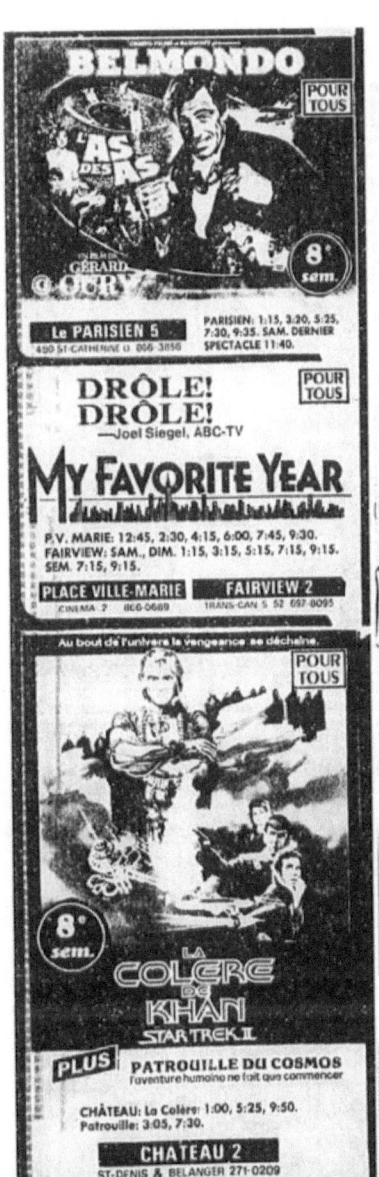

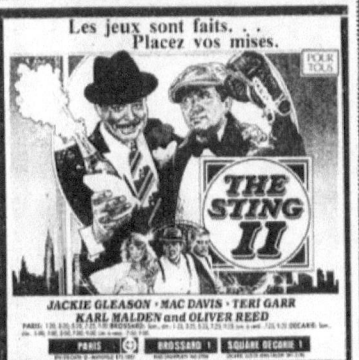

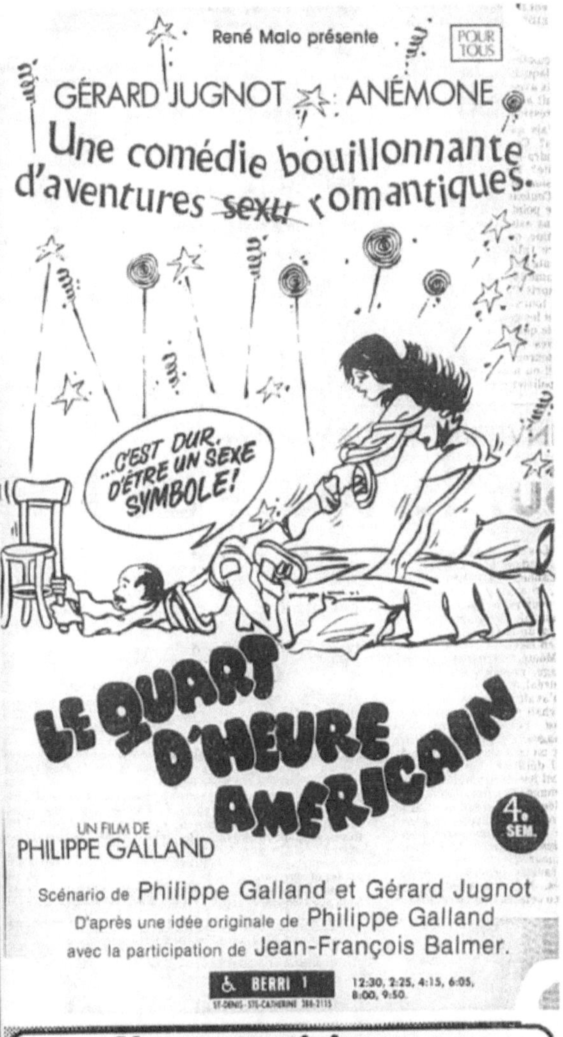
René Malo présente
POUR TOUS
GÉRARD JUGNOT ANÉMONE
Une comédie bouillonnante d'aventures sexu romantiques.
...C'EST DUR, D'ÊTRE UN SEXE SYMBOLE!
LE QUART D'HEURE AMERICAIN
4e SEM.
UN FILM DE
PHILIPPE GALLAND
Scénario de Philippe Galland et Gérard Jugnot
D'après une idée originale de Philippe Galland
avec la participation de Jean-François Balmer.
BERRI 1
ST-DENIS - STE-CATHERINE 288-2115
12:30, 2:25, 4:15, 6:05, 8:00, 9:50.

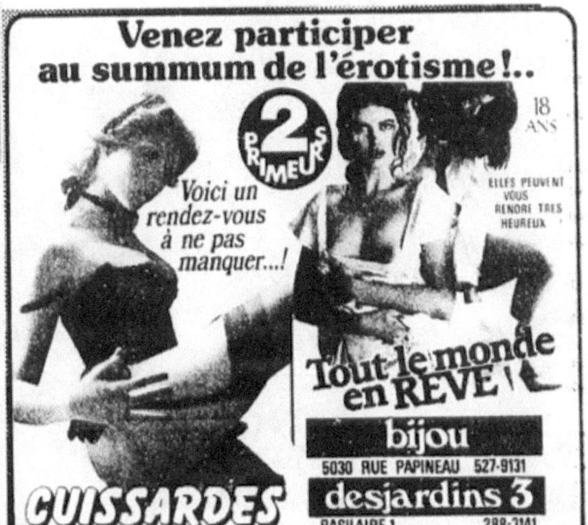
Venez participer
au summum de l'érotisme!..
2 PRIMEURS
18 ANS
Voici un rendez-vous à ne pas manquer...!
ELLES PEUVENT VOUS RENDRE TRES HEUREUX
Tout le monde en RÊVE!
bijou
5030 RUE PAPINEAU 527-9131
CUISSARDES
desjardins 3
BASILAIRE 1
288-3141

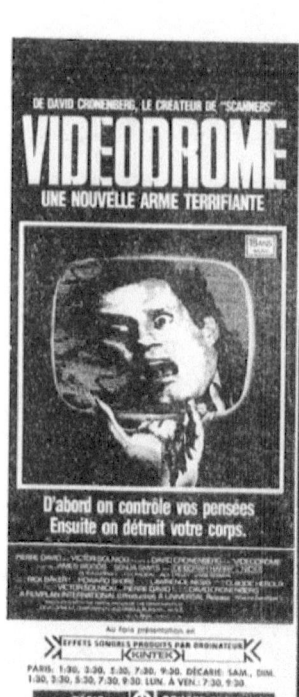

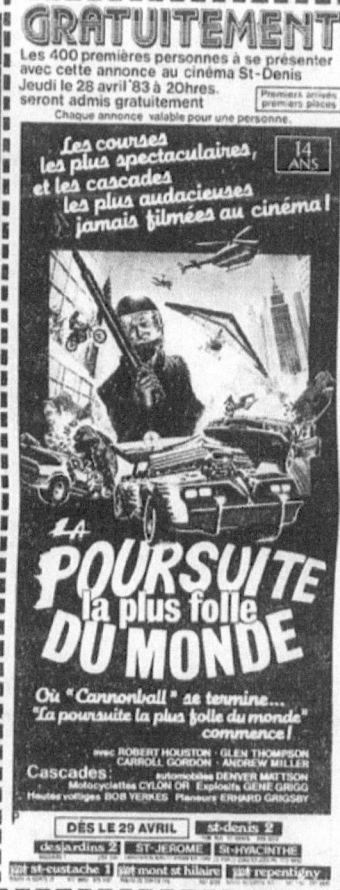

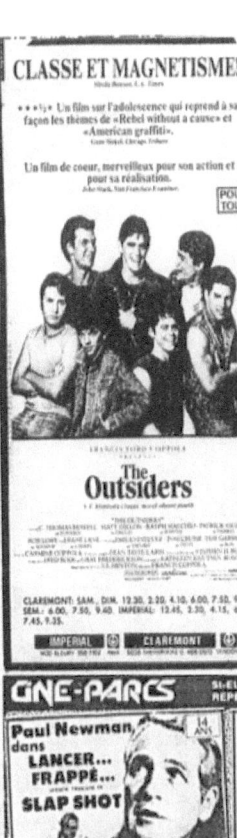

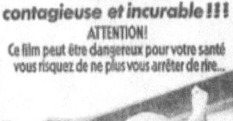

STILL SMOKIN
TOUT NOUVEAU
IL Y A QUELQUE CHOSE D'EXCITANT DANS L'AIR. ÇA SE SENT!
CHEECH & CHONG
STILL SMOKIN
14 ANS
3e sem.
DRÔLE À SE ROULER PAR TERRE!
PALACE 5
Cineparc DOLLARD 3
PALACE: 12:20, 2:10, 4:00, 5:50, 7:40, 9:30. SAM. DERNIER SPECTACLE 11:20.
CINÉ-PARC DOLLARD: OUVERTURE À 7:30, LE SPECTACLE DÉBUTE AU CRÉPUSCULE,
RADIO AM REQUIS.

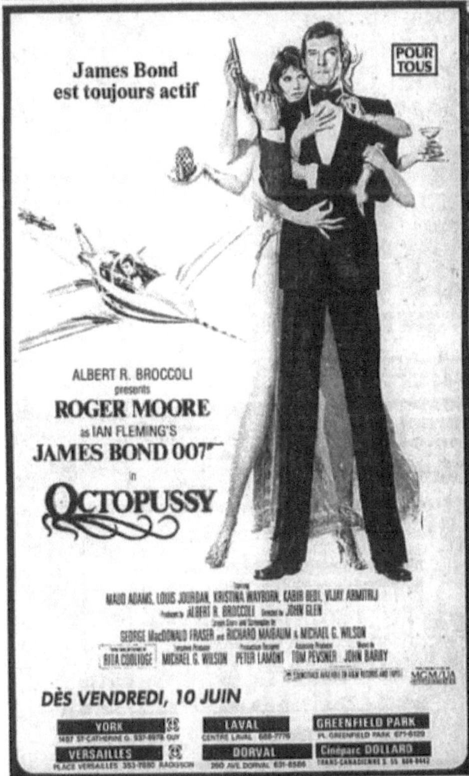

James Bond
est toujours actif
POUR TOUS
ALBERT R. BROCCOLI
presents
ROGER MOORE
as IAN FLEMING'S
JAMES BOND 007
in
OCTOPUSSY
MAUD ADAMS, LOUIS JOURDAN, KRISTINA WAYBORN, KABIR BEDI, VIJAY AMRITRAJ
ALBERT R. BROCCOLI
JOHN GLEN
GEORGE MacDONALD FRASER
RICHARD MAIBAUM
MICHAEL G. WILSON
RITA COOLIDGE
MICHAEL G. WILSON
PETER LAMONT
TOM PEVSNER
JOHN BARRY
MGM/UA
DÈS VENDREDI, 10 JUIN
YORK
LAVAL
GREENFIELD PARK
VERSAILLES
DORVAL
Cineparc DOLLARD

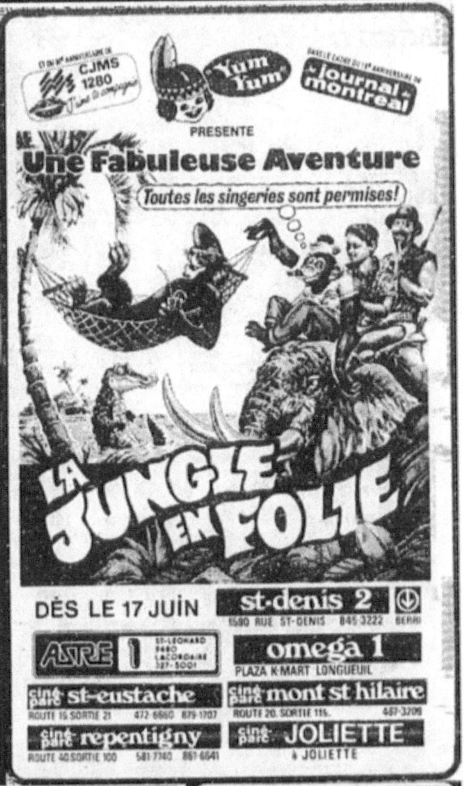

CJMS 1280
Yum Yum
Journal de montréal
PRESENTE
Une Fabuleuse Aventure
Toutes les singeries sont permises!
LA JUNGLE EN FOLIE
DÈS LE 17 JUIN
st-denis 2
1590 RUE ST-DENIS 845-3222 BERRI
ASTRE 1
omega 1
PLAZA K-MART LONGUEUIL
ciné parc st-eustache
ROUTE 15 SORTIE 21 472-6660 879-1707
ciné parc mont st-hilaire
ROUTE 20, SORTIE 115.
ciné parc repentigny
ROUTE 40 SORTIE 100
ciné parc JOLIETTE
À JOLIETTE

18 ANS adultes
Les petits
SLIPS
se déchaînent
CHAUDES...
SENSUELLES
ÇA FAIT DU BIEN

POUR TOUS
Toute la fraîcheur et l'ardeur
d'une nouvelle jeunesse qui veut à tout prix conquérir...
le prix du litre d'essence augmente de 10¢
dès lundi, la bière augmente de 8%
2 GRANDS FILMS
AU QUÉBEC, LE PRIX DE L'ESSENCE FRISE LE HOLD-UP
ON S'EN FOUT... NOUS ON S'AIME
Rock brillantine
avec MONTY RAY GARRISSON et AURETTA GAY
st-denis 2
desjardins 2
St-HYACINTHE
St-JÉROME
ciné parc st-eustache 1
ciné parc st hilaire 1
ciné parc repentigny 1

14 ANS
STEVE MARTIN EST UN CHIRURGIEN RÉPUTÉ DANS LE MONDE ENTIER — IL INVENTA LA CHIRURGIE AU CERVEAU. VOUS POUVEZ EN AVOIR CONFIANCE.
THE MAN WITH TWO BRAINS
PALACE 1
LAVAL 4
KENT 1
DORVAL 2
Cineparc DOLLARD

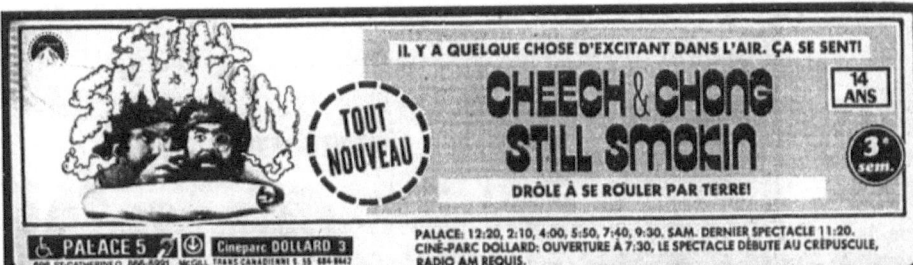

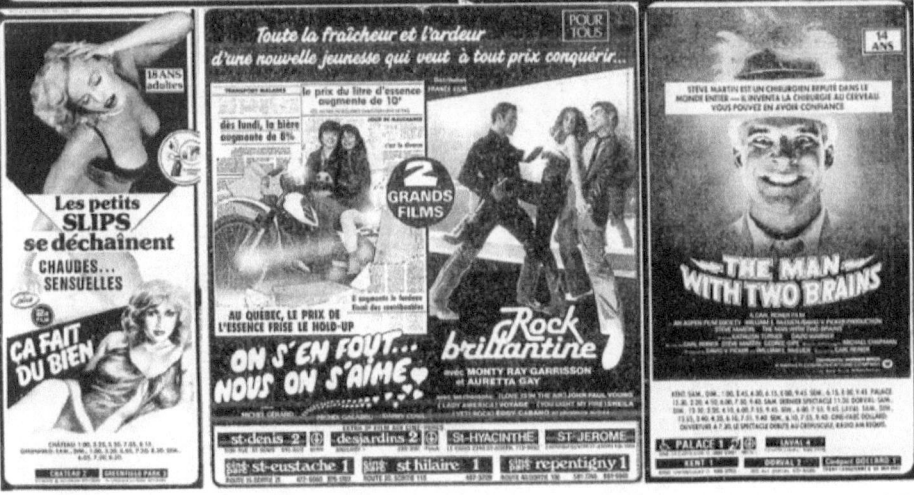

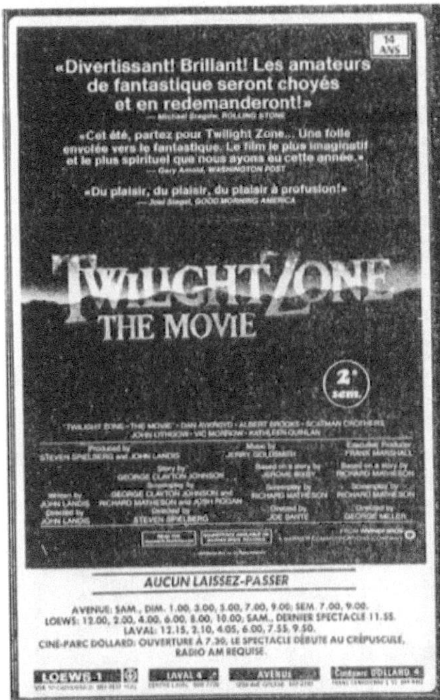
14 ANS
«Divertissant! Brillant! Les amateurs de fantastique seront choyés et en redemanderont!»
«Cet été, partez pour Twilight Zone... Une folle envolée vers le fantastique. Le film le plus imaginatif et le plus spirituel que nous ayons eu cette année.»
«Du plaisir, du plaisir, du plaisir à profusion!»
TWILIGHT ZONE
THE MOVIE
2e sem.
AUCUN LAISSEZ-PASSER
LOEWS 1
LAVAL 4
AVENUE

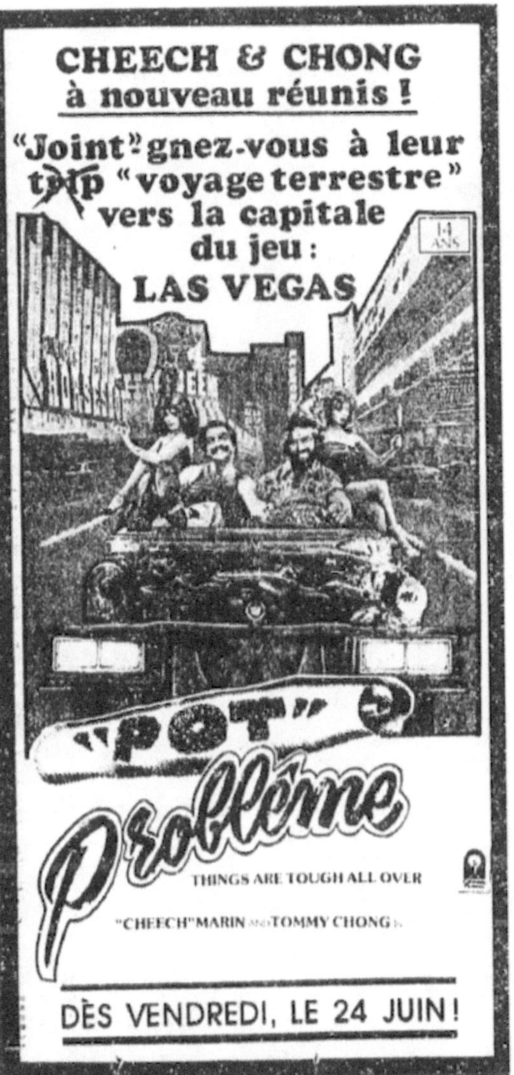
CHEECH & CHONG
à nouveau réunis !
"Joint"-gnez-vous à leur trip "voyage terrestre" vers la capitale du jeu : LAS VEGAS
14 ANS
"POT" Problème
THINGS ARE TOUGH ALL OVER
"CHEECH" MARIN and TOMMY CHONG
DÈS VENDREDI, LE 24 JUIN !

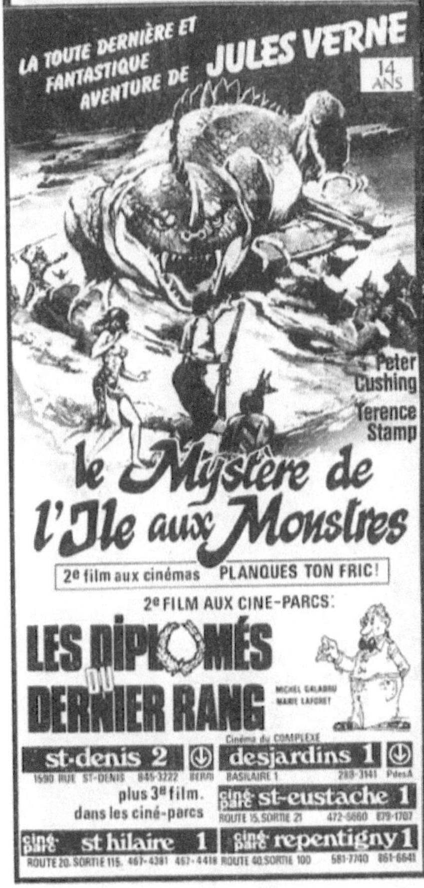
LA TOUTE DERNIÈRE ET FANTASTIQUE AVENTURE DE JULES VERNE
14 ANS
Peter Cushing
Terence Stamp
le Mystère de l'Ile aux Monstres
2e film aux cinémas PLANQUES TON FRIC!
2e FILM AUX CINE-PARCS:
LES DIPLOMÉS DU DERNIER RANG
MICHEL GALABRU
MARIE LAFORET
Cinéma du COMPLEXE
st-denis 2
1590 RUE ST-DENIS 845-3222 BERRI
desjardins 1
BASILAIRE 1 288-3141 PdesA
plus 3e film. dans les ciné-parcs
ciné-parc st-eustache 1
ROUTE 15, SORTIE 21 472-5660 879-1707
ciné-parc st hilaire 1
ROUTE 20, SORTIE 115 467-4381 467-4418
ciné-parc repentigny 1
ROUTE 40, SORTIE 100 581-7740 861-6641

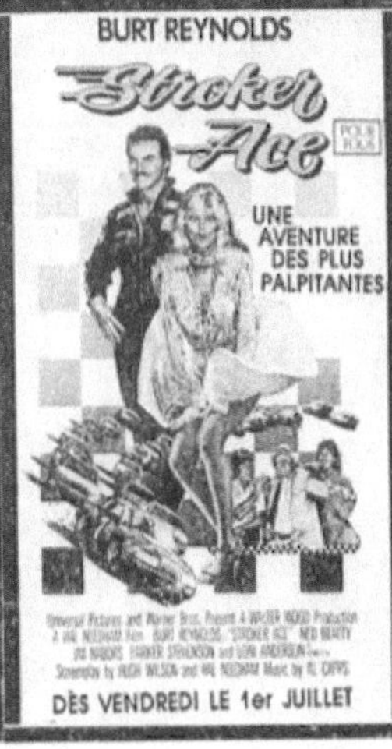
BURT REYNOLDS
Stroker Ace
POUR TOUS
UNE AVENTURE DES PLUS PALPITANTES
DÈS VENDREDI LE 1er JUILLET

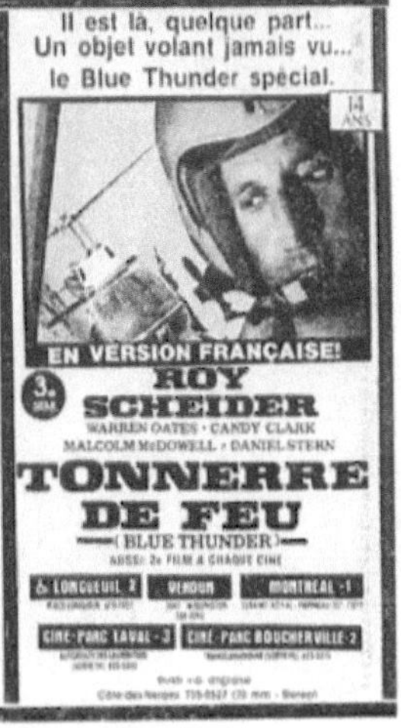
Il est là, quelque part... Un objet volant jamais vu... le Blue Thunder spécial.
14 ANS
EN VERSION FRANÇAISE!
3e sem.
ROY SCHEIDER
WARREN OATES • CANDY CLARK
MALCOLM McDOWELL • DANIEL STERN
TONNERRE DE FEU
(BLUE THUNDER)
LONGUEUIL 2
VENDOME
MONTREAL 1
CINE-PARC LAVAL 3
CINE-PARC BOUCHERVILLE 2

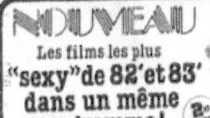

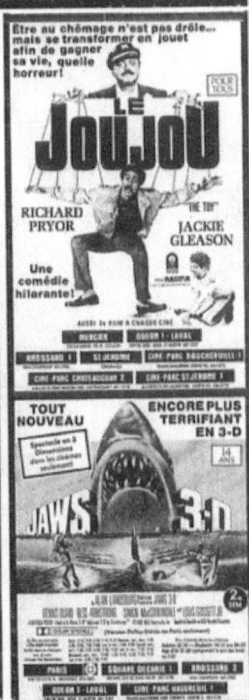

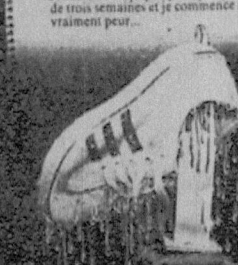

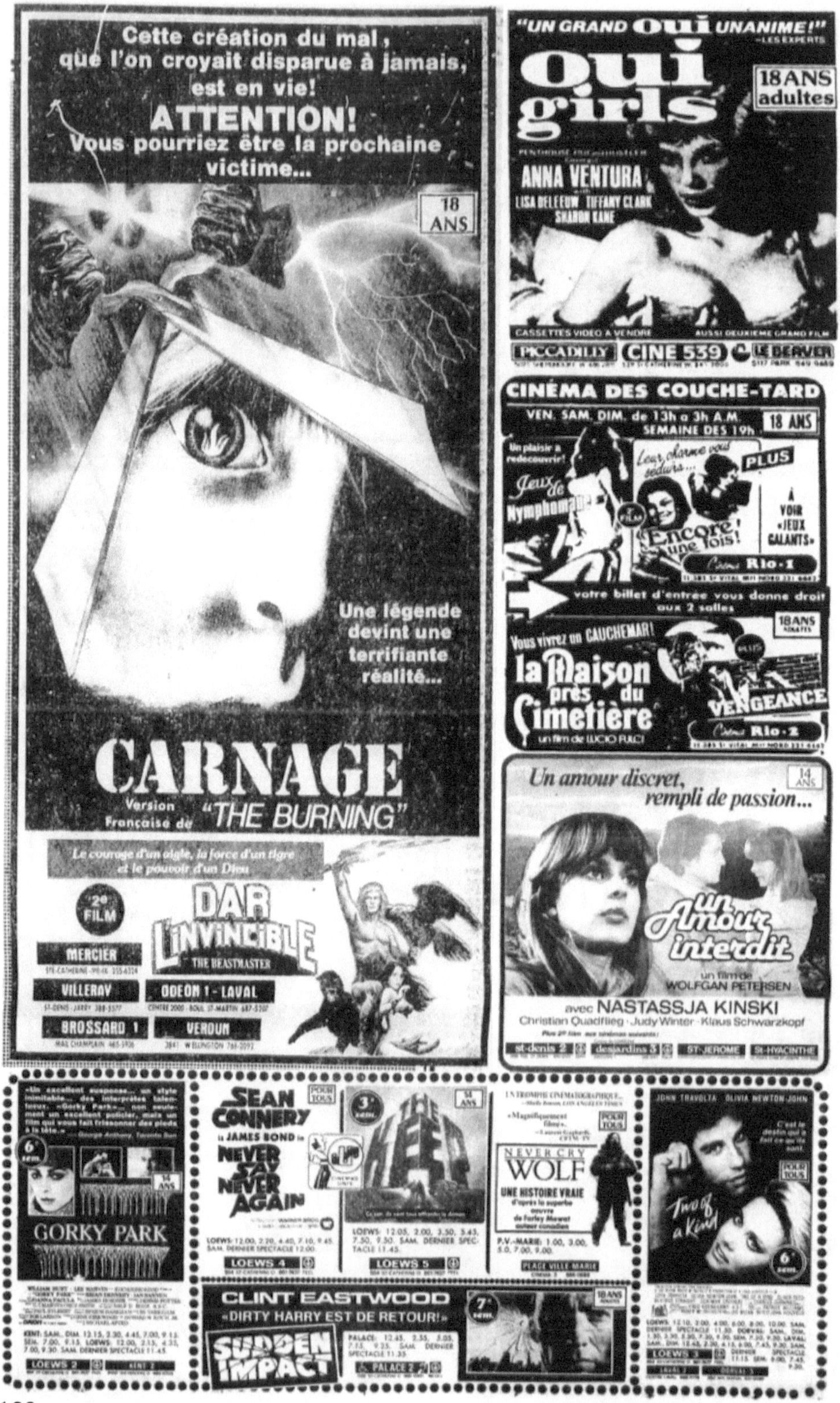
Cette création du mal, que l'on croyait disparue à jamais, est en vie!
ATTENTION!
Vous pourriez être la prochaine victime...
18 ANS
Une légende devint une terrifiante réalité...
CARNAGE
Version Française de "THE BURNING"
Le courage d'un aigle, la force d'un tigre et le pouvoir d'un Dieu
2e FILM
DAR L'INVINCIBLE
THE BEASTMASTER
MERCIER
VILLERAY
ODEON 1 - LAVAL
BROSSARD 1
VERDUN
"UN GRAND OUI UNANIME!" -LES EXPERTS
oui girls
18 ANS adultes
ANNA VENTURA
LISA DELEEUW TIFFANY CLARK
SHARON KANE
CASSETTES VIDEO A VENDRE
AUSSI DEUXIEME GRAND FILM
PICCADILLY
CINE 539
LE BERVER
CINÉMA DES COUCHE-TARD
VEN. SAM. DIM. de 13h a 3h A.M.
SEMAINE DES 19h
18 ANS
Un plaisir a redecouvrir!
Jeux de Nymphomane
Leur charme vous séduira...
PLUS
Encore! une fois!
À VOIR «JEUX GALANTS»
Rio-1
votre billet d'entree vous donne droit aux 2 salles
18 ANS
Vous vivrez un CAUCHEMAR!
la Maison près du Cimetière
un film de LUCIO FULCI
PLUS
VENGEANCE
Rio-2
14 ANS
Un amour discret, rempli de passion...
un Amour interdit
un film de WOLFGAN PETERSEN
avec NASTASSJA KINSKI
Christian Quadflieg · Judy Winter · Klaus Schwarzkopf
st-denis 2
desjardins 3
ST-JEROME
St-HYACINTHE
6e sem.
14 ANS
GORKY PARK
SEAN CONNERY
is JAMES BOND in
NEVER SAY NEVER AGAIN
POUR TOUS
LOEWS 4
3e sem.
14 ANS
LOEWS 5
NEVER CRY WOLF
UNE HISTOIRE VRAIE
POUR TOUS
PLACE VILLE MARIE
JOHN TRAVOLTA OLIVIA NEWTON-JOHN
Two of a Kind
POUR TOUS
6e sem.
LOEWS 3
CLINT EASTWOOD
«DIRTY HARRY EST DE RETOUR!»
SUDDEN IMPACT
7e sem.
18 ANS
PALACE 2

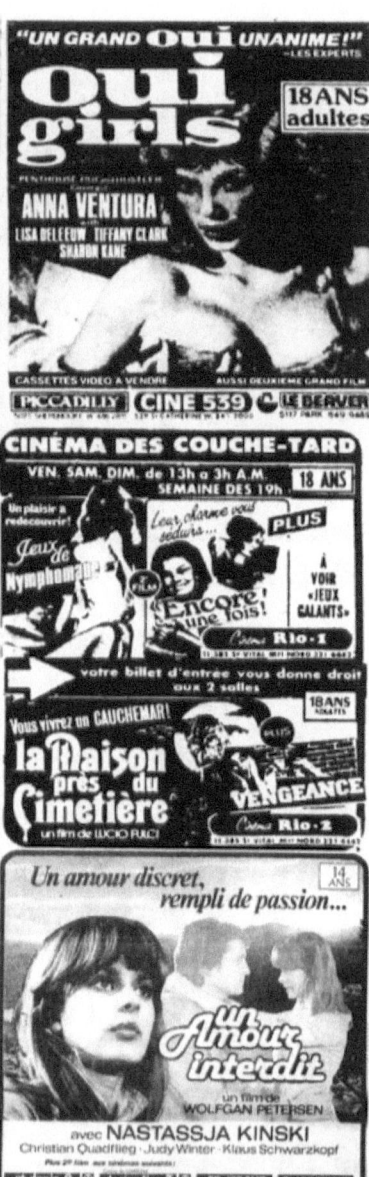

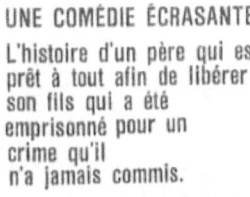

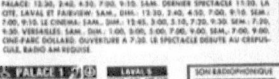

GRANDE OUVERTURE D'UN NOUVEAU CINÉMAS UNIS
dès vendredi 1er juin

FLEUR DE LYS
858 ST-CATHERINE E. 849-0041 BERRI

PROGRAMME D'OUVERTURE

COLÈRE DANS LES RUES.
LES PARTISANS D'UNE ÉQUIPE BATTUE DE FOOTBALL, TRAQUENT L'ARBITRE DE LEUR HAINE ET POURSUIVENT SON AMIE... JUSQU'À LA MORT!

MICHEL SERRAULT
CAROLE LAURE

14 ANS

KARIM présente une production RAYMOND DANON

À MORT L'ARBITRE!

un film de JEAN-PIERRE MOCKY

JOIGNEZ-VOUS AUX RECHERCHES
POUR TOUS

STAR TREK III
THE SEARCH FOR SPOCK

Paramount Pictures Presents a HARVE BENNETT Production
STAR TREK III: THE SEARCH FOR SPOCK · WILLIAM SHATNER · DeFOREST KELLEY
Co-starring JAMES DOOHAN · GEORGE TAKEI · WALTER KOENIG · NICHELLE NICHOLS
MERRITT BUTRICK and CHRISTOPHER LLOYD · Executive Consultant GENE RODDENBERRY
Music by JAMES HORNER · Executive Producer GARY NARDINO
Based on STAR TREK Created by GENE RODDENBERRY · Written and Produced by HARVE BENNETT
Directed by LEONARD NIMOY

70MM DOLBY STEREO   DÈS VENDREDI 1er JUIN

PALACE   LAVAL   DORVAL

HARRY BELAFONTE and DAVID V. PICKER PRODUCTION
"BEAT STREET" Music Produced by HARRY BELAFONTE and ARTHUR BAKER · DOV HOENIG
PRODUCTION DESIGNER PATRIZIA VON BRANDENSTEIN · DIRECTOR OF PHOTOGRAPHY TOM PRIESTLY, JR. · SCORE BY MEL HOWARD
STORY BY STEVEN HAGER · SCREENPLAY BY ANDY DAVIS · DAVID GILBERT · PAUL GOLDING
PRODUCED BY DAVID V. PICKER AND HARRY BELAFONTE · DIRECTED BY STAN LATHAN
CINEMA SOUNDTRACK ALBUM AVAILABLE ON ATLANTIC RECORDS & TAPES   ORION PICTURES RELEASE

COMMENÇANT VENDREDI LE 8 JUIN!

PARIS   SQUARE DECARIE   ODEON — LAVAL

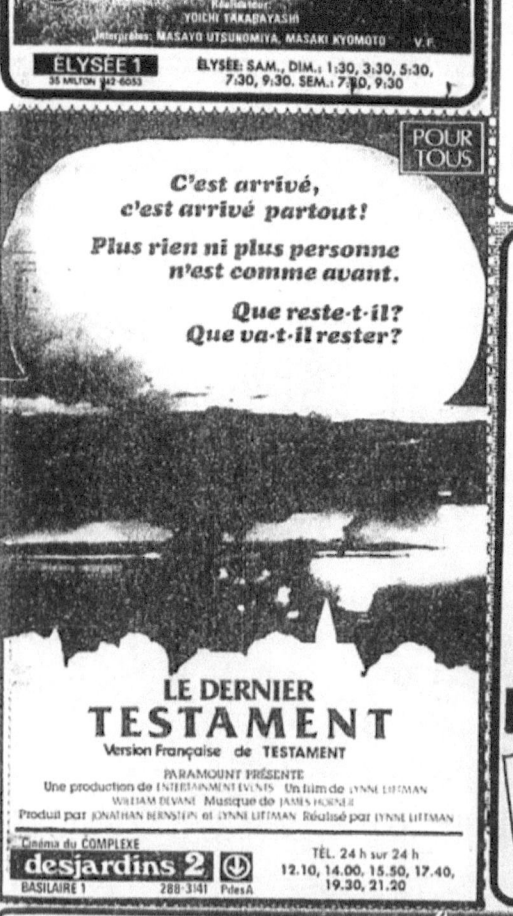

Davey Osborne ne badine pas.
CLOAK & DAGGER
Ce n'est plus un jeu
HENRY THOMAS
DABNEY COLEMAN · MICHAEL MURPHY
CIBLE
DISTANCE
POUR TOUS
CINEPLEX UNIVERSITÉ
ODÉON 2-LAVAL
CINÉ-PARC CHÂTEAUGUAY 2
À la poursuite du Diamant Vert
On ne court pas dans la jungle en talons hauts
FLEUR DE LYS
GREENFIELD PARK 2
VERSAILLES 1
DEUX FOIS PLUS REDOUTABLE
18 ANS
DEUX FOIS PLUS FÉROCE
LA LOUVE DES SS
ILSA
GARDIENNE DU HAREM DES ROIS DU PÉTROLE
GREENFIELD PARK 3
VERSAILLES 3
BARBRA STREISAND
YENTL
Version Française
POUR TOUS
C'était impossible. Elle l'a fait.
UN TRIOMPHE!
desjardins 1
Il est là, tout près... Guettant sa prochaine victime. ATTENTION!...
Cujo
d'après le roman de STEPHEN KING
2e FILM
QUATRIÈME DIMENSION
STEVEN SPIELBERG
3e FILM: «EL PISTOLERO»
st-eustache 3
ENCORE PLUS FOU...ENCORE PLUS DRÔLE...ENCORE PLUS VITE...
PRIMEUR
POUR TOUS
Cannonball 2
VERSION FRANÇAISE
BURT REYNOLDS DOM DE LUISE DEAN MARTIN SAMMY DAVIS Jr.
SEAN CONNERY JAMES BOND 007
JAMAIS PLUS JAMAIS
(NEVER SAY NEVER AGAIN)
3e FILM: «LE CHINOIS»
st-eustache 1
Tout peut arriver... quand on se prend pour Bruce Lee!
14 ANS
Appelez-moi Bruce
le nouveau SUPER-HÉROS!
CINÉ-PARC LAVAL 3
CINÉ-PARC VAUDREUIL 2
Lorsque les gars et les filles décident de profiter de leur jeunesse entre un cours de maths et de philo... Tout peut arriver!
LE BAHUT VA CRAQUER!
un film de MICHEL NERVAL
MICHEL GALABRU
CLAUDE JADE
DANY CARREL
DARRY COWL
ROBERT CASTEL
HENRI GUYBET
VERDUN
CINÉ-PARC ODÉON 2
CINÉ-PARC LAVAL 4
CINÉ-PARC CHÂTEAUGUAY 2
LA FIN DES CLASSES!
14 ANS
Le temps des Vacances, du Rock n' Roll et de l'Amour...
Surprise Party
Distribution FRANCE FILM
CAROLINE CELLIER
MICHEL DUCHAUSSOY
PHILIPPINE LEROY BEAULIEU
CHRISTIAN VADIM
CHARLOTTE WALIOR
2e FILM AUX CINÉMAS
PLUS 3e FILM AUX CINÉ-PARCS
desjardins 2
le paradis 1
st-eustache 2
repentigny 2
St-Mathieu
st hilaire 1
POUR TOUS
AWARD FOR EXCELLENCE
THE NEVERENDING STORY
WARNER BROS
LOEWS: 12:30, 2:20, 4:15, 6:10, 8:00, 9:50. SAM. DERNIER SPECTACLE: 10:45. FAIRVIEW: SAM. DIM.: 12:45, 2:30, 4:15, 6:00, 7:45. SEM.: 6:00, 7:45, 9:30.
LOEWS 4
954 ST-CATHERINE O. 861-7437 PEEL
FAIRVIEW 1
TRANS CAN S. 52 697-8095

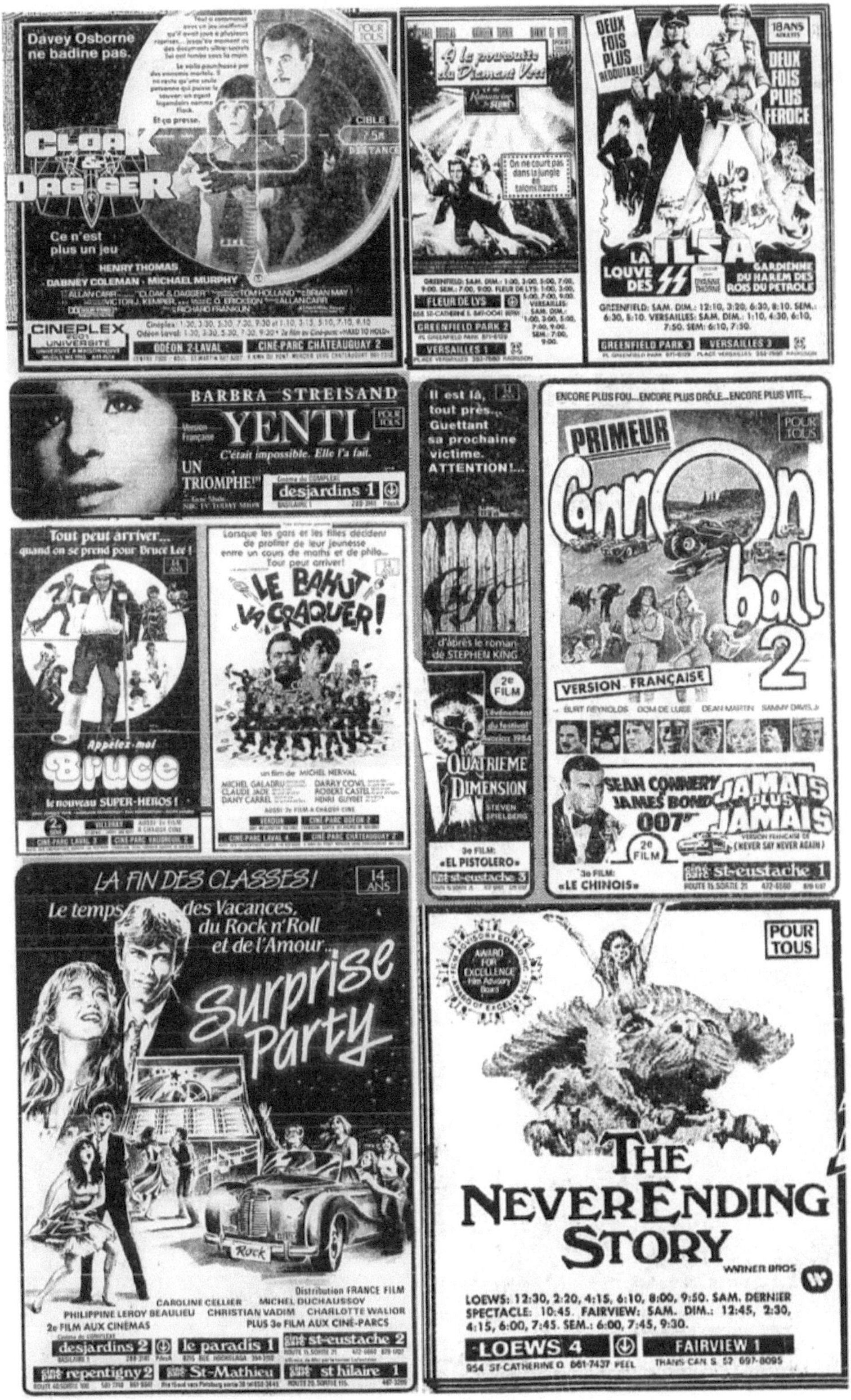

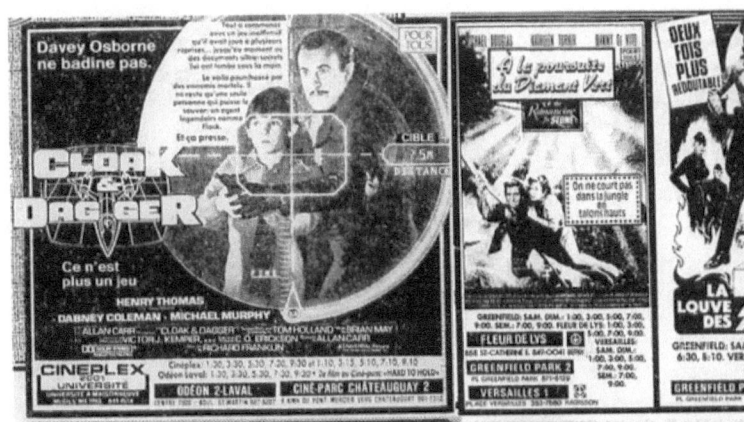

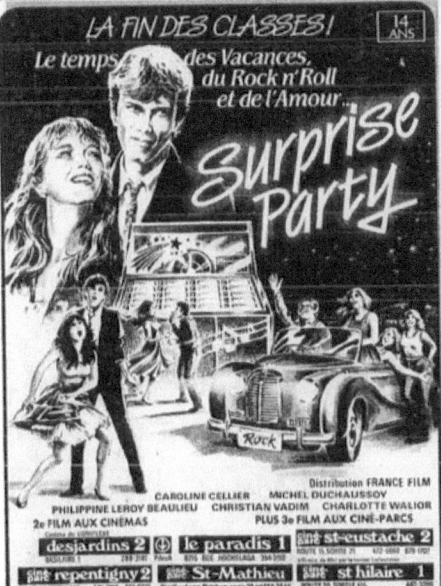

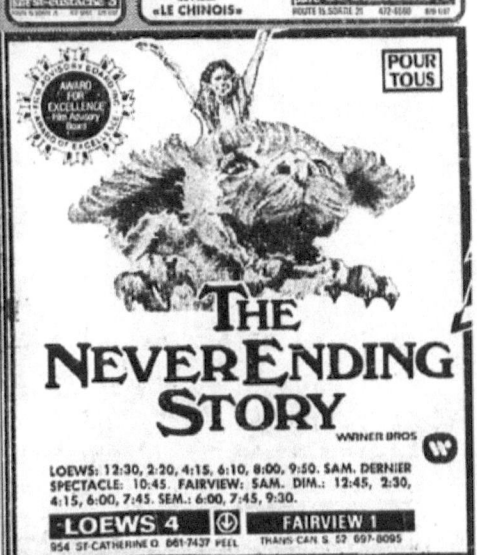

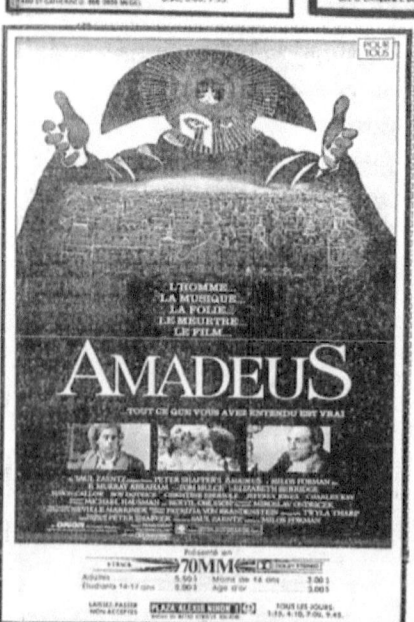

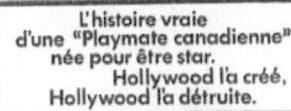

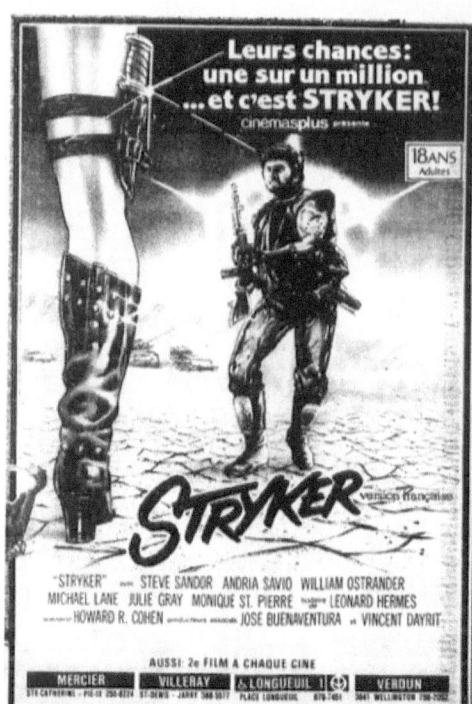

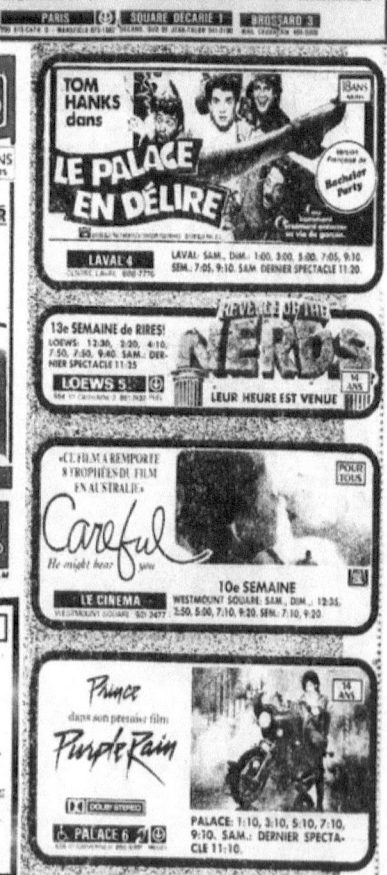

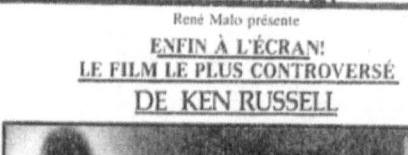

L'AFRICAIN
UN FILM DE PHILIPPE DE BROCA
POUR TOUS
Une comédie piquante et exotique parmi les crocodiles et les moustiques...
avec
CATHERINE DENEUVE • PHILIPPE NOIRET
JEAN FRANÇOIS BALMER • JACQUES FRANÇOIS • JEAN BENGUIGUI
GERARD BRACH ET PHILIPPE DE BROCA • GEORGES DELERUE

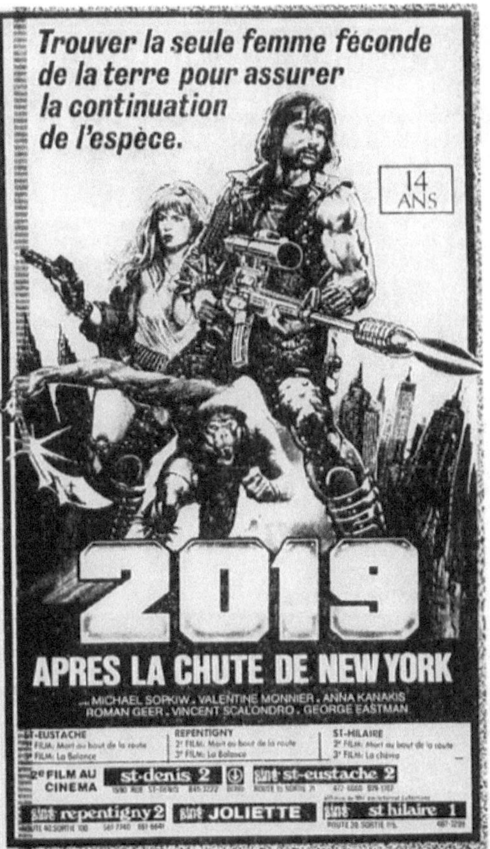
Trouver la seule femme féconde de la terre pour assurer la continuation de l'espèce.
14 ANS
2019
APRES LA CHUTE DE NEW YORK
MICHAEL SOPKIW . VALENTINE MONNIER . ANNA KANAKIS
ROMAN GEER . VINCENT SCALONDRO . GEORGE EASTMAN
ST-EUSTACHE
REPENTIGNY
ST-HILAIRE
2e FILM AU CINEMA
st-denis 2
st-eustache 2
repentigny 2
JOLIETTE
st hilaire 1

VINCENT PRICE
CHRISTOPHER LEE
PETER CUSHING
House of the Long Shadows
14 ANS
JOHN CARRADINE
SHEILA KEITH
JULIE PEASGOOD
RICHARD TODD
DESI ARNAZ
Un mystère, des meurtres, une intrigue hors du commun.
FROM CANNON RELEASING
PARIS, TOUS LES JOURS: 1:15 — 3:15 — 5:15 — 7:15 — 9:20. (Plus représentation suppl. ven. et sam. à 11:15 p.m.). DECARIE: Lun. à ven., 7:00 — 9:00. Sam., dim.: 1:00 — 3:00 — 5:00 — 7:00 — 9:00.
PARIS
SQUARE DECARIE 2

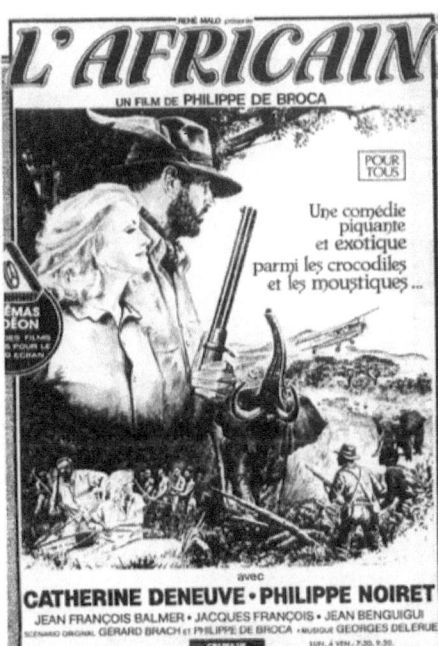

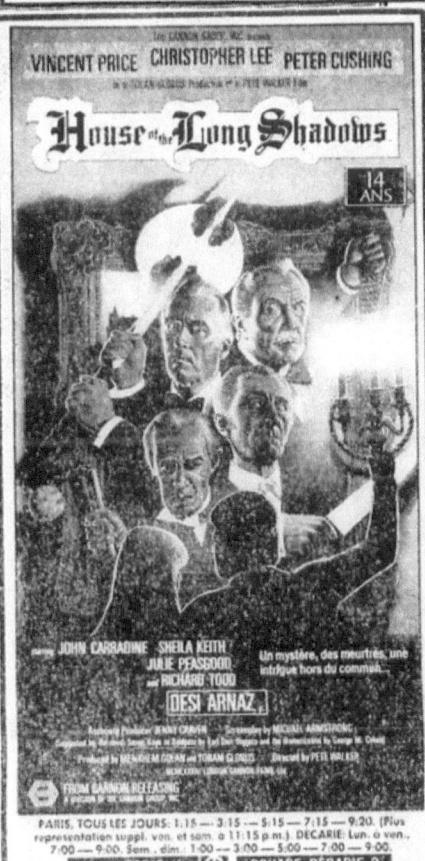

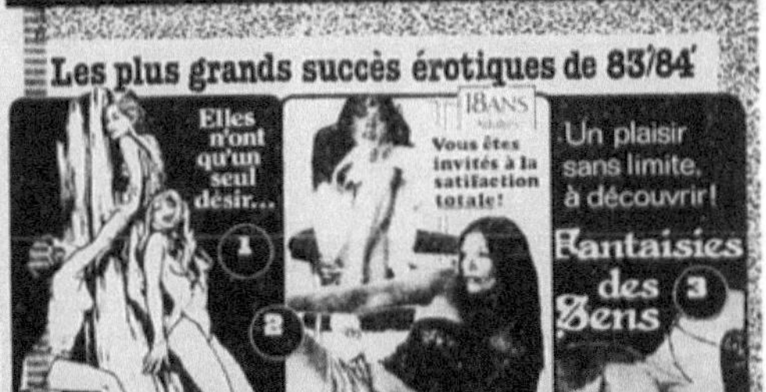
Les plus grands succès érotiques de 83/84
Elles n'ont qu'un seul désir...
18 ANS
Vous êtes invités à la satisfaction totale!
Un plaisir sans limite, à découvrir!
Fantaisies des Sens
Le Club des Plaisirs
PATRICIA VALERIA ANNA... et les autres
desjardins 3
bijou

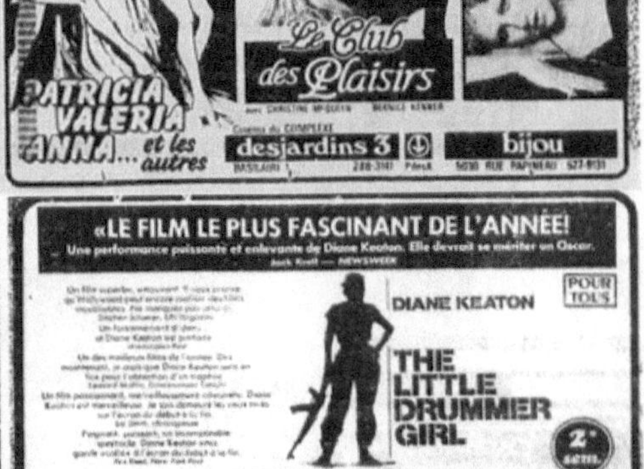
«LE FILM LE PLUS FASCINANT DE L'ANNÉE!
POUR TOUS
DIANE KEATON
THE LITTLE DRUMMER GIRL
IMPERIAL: 12:00, 2:20, 4:40, 7:05, 9:30.
IMPERIAL
FAIRVIEW 2

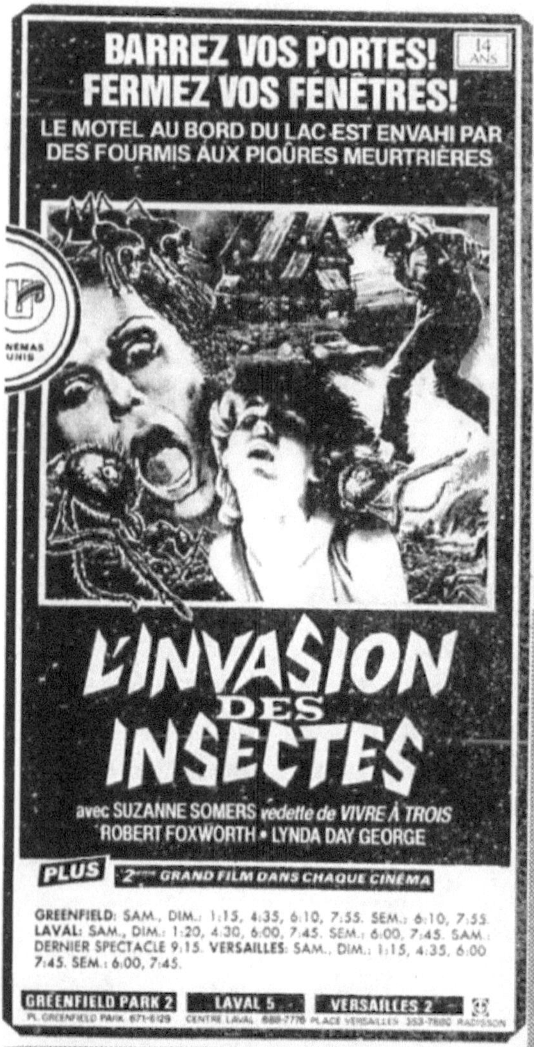
BARREZ VOS PORTES!
14 ANS
FERMEZ VOS FENÊTRES!
LE MOTEL AU BORD DU LAC EST ENVAHI PAR DES FOURMIS AUX PIQÛRES MEURTRIÈRES
L'INVASION DES INSECTES
avec SUZANNE SOMERS vedette de VIVRE À TROIS
ROBERT FOXWORTH • LYNDA DAY GEORGE
PLUS
2ème GRAND FILM DANS CHAQUE CINÉMA
GREENFIELD: SAM., DIM.: 1:15, 4:35, 6:10, 7:55. SEM.: 6:10, 7:55. LAVAL: SAM., DIM.: 1:20, 4:30, 6:00, 7:45. SEM.: 6:00, 7:45. SAM.: DERNIER SPECTACLE 9:15. VERSAILLES: SAM., DIM.: 1:15, 4:35, 6:00 7:45. SEM.: 6:00, 7:45.
GREENFIELD PARK 2
LAVAL 5
VERSAILLES 2
PL. GREENFIELD PARK 671-6129
CENTRE LAVAL 688-7776
PLACE VERSAILLES 353-7880
RADISSON

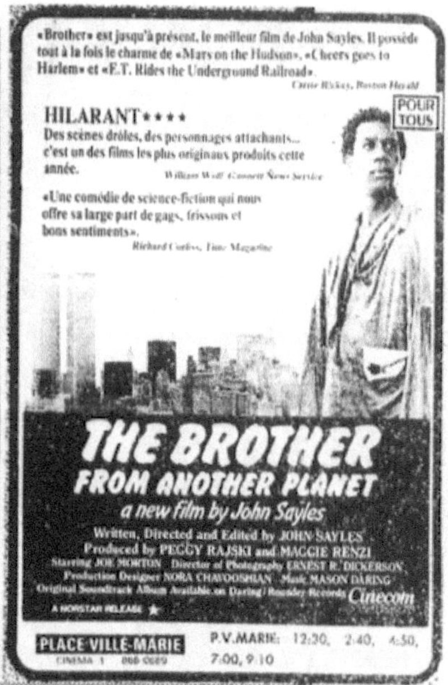
«Brother» est jusqu'à présent, le meilleur film de John Sayles. Il possède tout à la fois le charme de «Mars on the Hudson», «Cheers goes to Harlem» et «E.T. Rides the Underground Railroad».
POUR TOUS
HILARANT★★★★
Des scènes drôles, des personnages attachants... c'est un des films les plus originaux produits cette année.
«Une comédie de science-fiction qui nous offre sa large part de gags, frissons et bons sentiments».
Richard Corliss, Time Magazine
THE BROTHER FROM ANOTHER PLANET
a new film by John Sayles
Written, Directed and Edited by JOHN SAYLES
Produced by PEGGY RAJSKI and MAGGIE RENZI
Cinecom
PLACE VILLE-MARIE
P.V.MARIE: 12:30, 2:40, 4:50, 7:00, 9:10

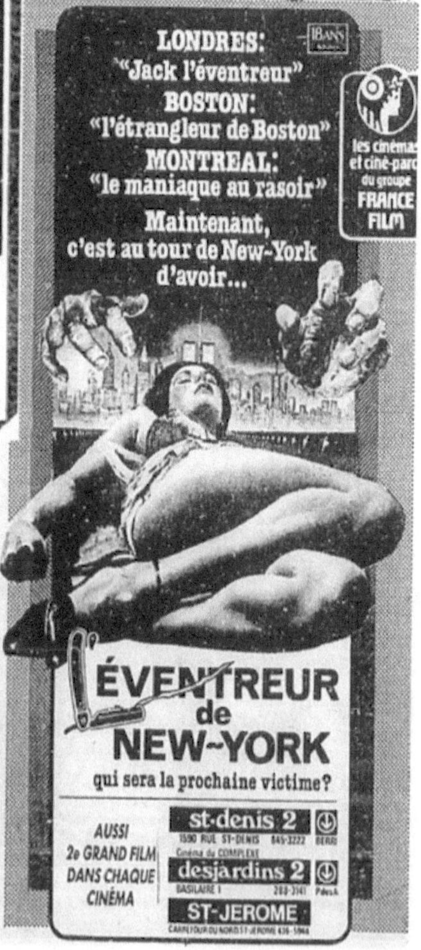
LONDRES:
18 ANS
"Jack l'éventreur"
BOSTON:
"l'étrangleur de Boston"
MONTREAL:
"le maniaque au rasoir"
Maintenant, c'est au tour de New-York d'avoir...
les cinémas et ciné-parcs du groupe FRANCE FILM
L'ÉVENTREUR de NEW-YORK
qui sera la prochaine victime?
AUSSI 2e GRAND FILM DANS CHAQUE CINÉMA
st-denis 2
desjardins 2
ST-JEROME

Débutant ou Connaisseur vous en apprendrez beaucoup!
18 ANS
2 PRIMEURS
Trop de passion peut être dangereux...
Détournement de Mineurs
COUPLE DÉBUTANT CHERCHE COUPLE INITIÉ
Cinéma du COMPLEXE
desjardins 3
BASILAIRE 1 288-3141 PdesA
bijou
5030 RUE PAPINEAU 527-9131

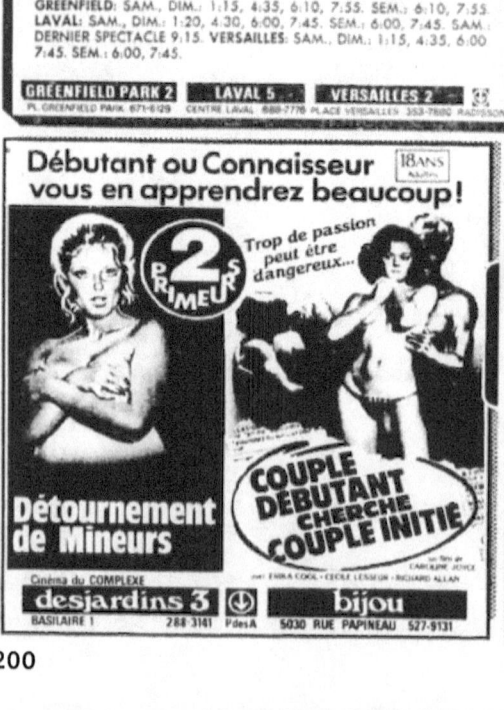

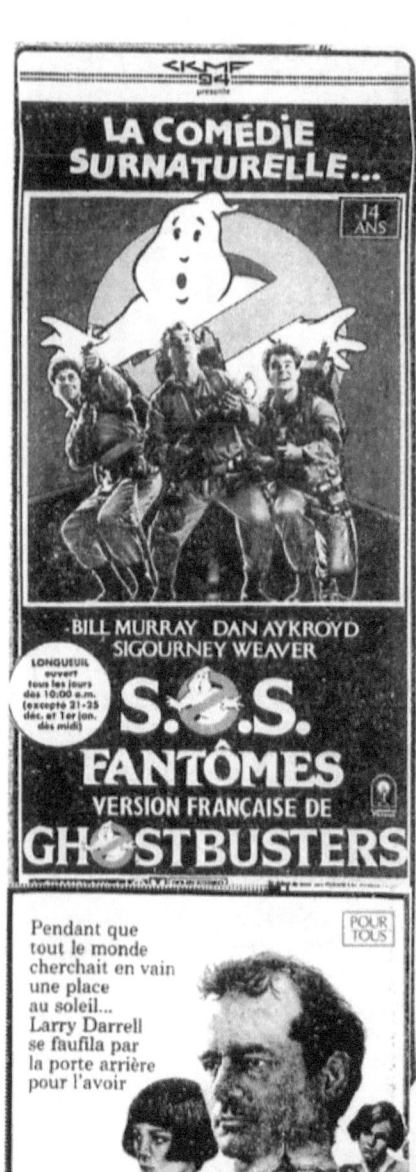

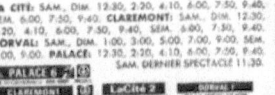

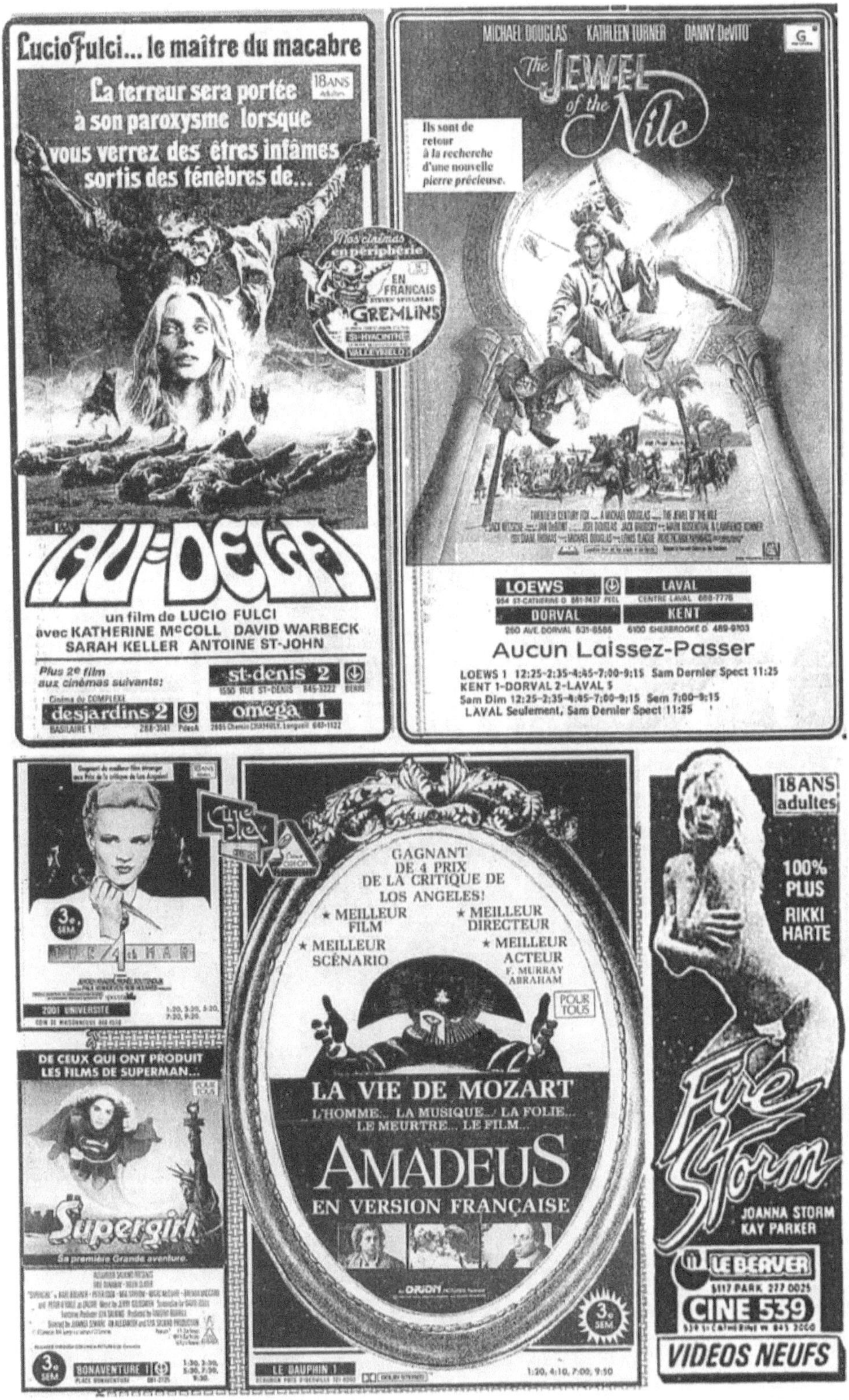

Lucio Fulci... le maître du macabre
La terreur sera portée à son paroxysme lorsque vous verrez des êtres infâmes sortis des ténèbres de...
18ANS adultes
Nos cinémas en périphérie
EN FRANÇAIS
GREMLINS
L'AU-DELÀ
un film de LUCIO FULCI
avec KATHERINE McCOLL DAVID WARBECK
SARAH KELLER ANTOINE ST-JOHN
Plus 2e film aux cinémas suivants:
st-denis 2
desjardins 2
omega 1
MICHAEL DOUGLAS KATHLEEN TURNER DANNY DeVITO
The JEWEL of the Nile
Ils sont de retour à la recherche d'une nouvelle pierre précieuse.
LOEWS
LAVAL
DORVAL
KENT
Aucun Laissez-Passer
LOEWS 1 12:25-2:35-4:45-7:00-9:15 Sam Dernier Spect 11:25
KENT 1-DORVAL 2-LAVAL 5
Sam Dim 12:25-2:35-4:45-7:00-9:15 Sem 7:00-9:15
LAVAL Seulement, Sam Dernier Spect 11:25
3e SEM
2001 UNIVERSITE
1:30, 3:30, 5:30, 7:30, 9:30
DE CEUX QUI ONT PRODUIT LES FILMS DE SUPERMAN...
POUR TOUS
Supergirl
Sa première Grande aventure.
3e SEM
BONAVENTURE 1
1:30, 3:30, 5:30, 7:30, 9:30
GAGNANT DE 4 PRIX DE LA CRITIQUE DE LOS ANGELES!
★ MEILLEUR FILM
★ MEILLEUR DIRECTEUR
★ MEILLEUR SCÉNARIO
★ MEILLEUR ACTEUR F. MURRAY ABRAHAM
POUR TOUS
LA VIE DE MOZART
L'HOMME... LA MUSIQUE... LA FOLIE... LE MEURTRE... LE FILM...
AMADEUS
EN VERSION FRANÇAISE
3e SEM
LE DAUPHIN 1
1:20, 4:10, 7:00, 9:50
18ANS adultes
100% PLUS RIKKI HARTE
Fire Storm
JOANNA STORM
KAY PARKER
LE BEAVER
5117 PARK 277 0025
CINE 539
VIDEOS NEUFS

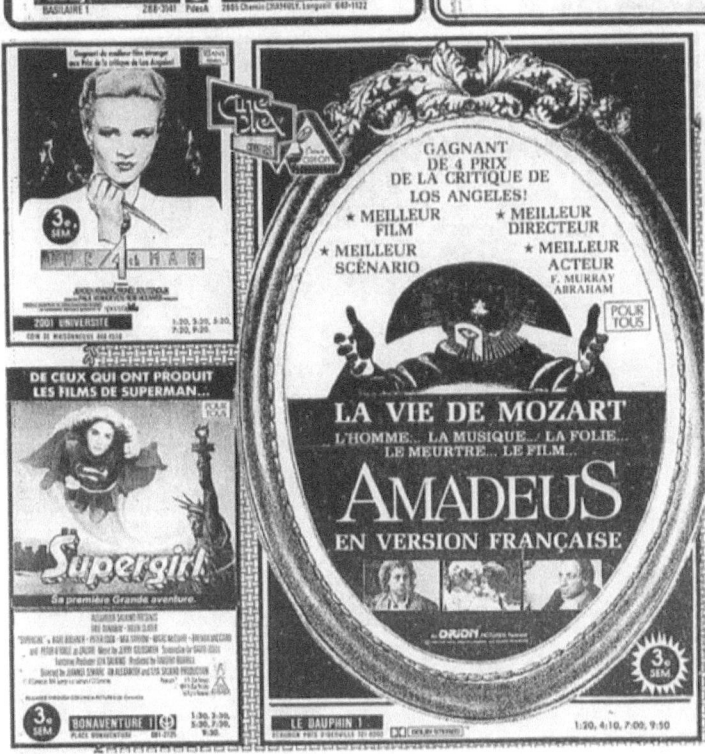

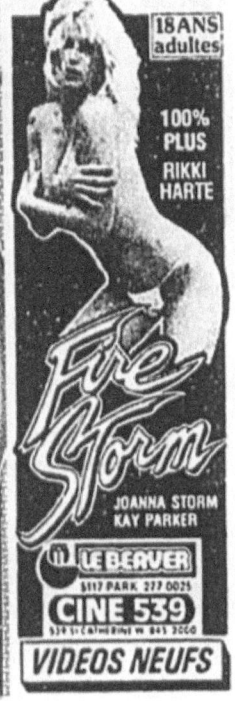

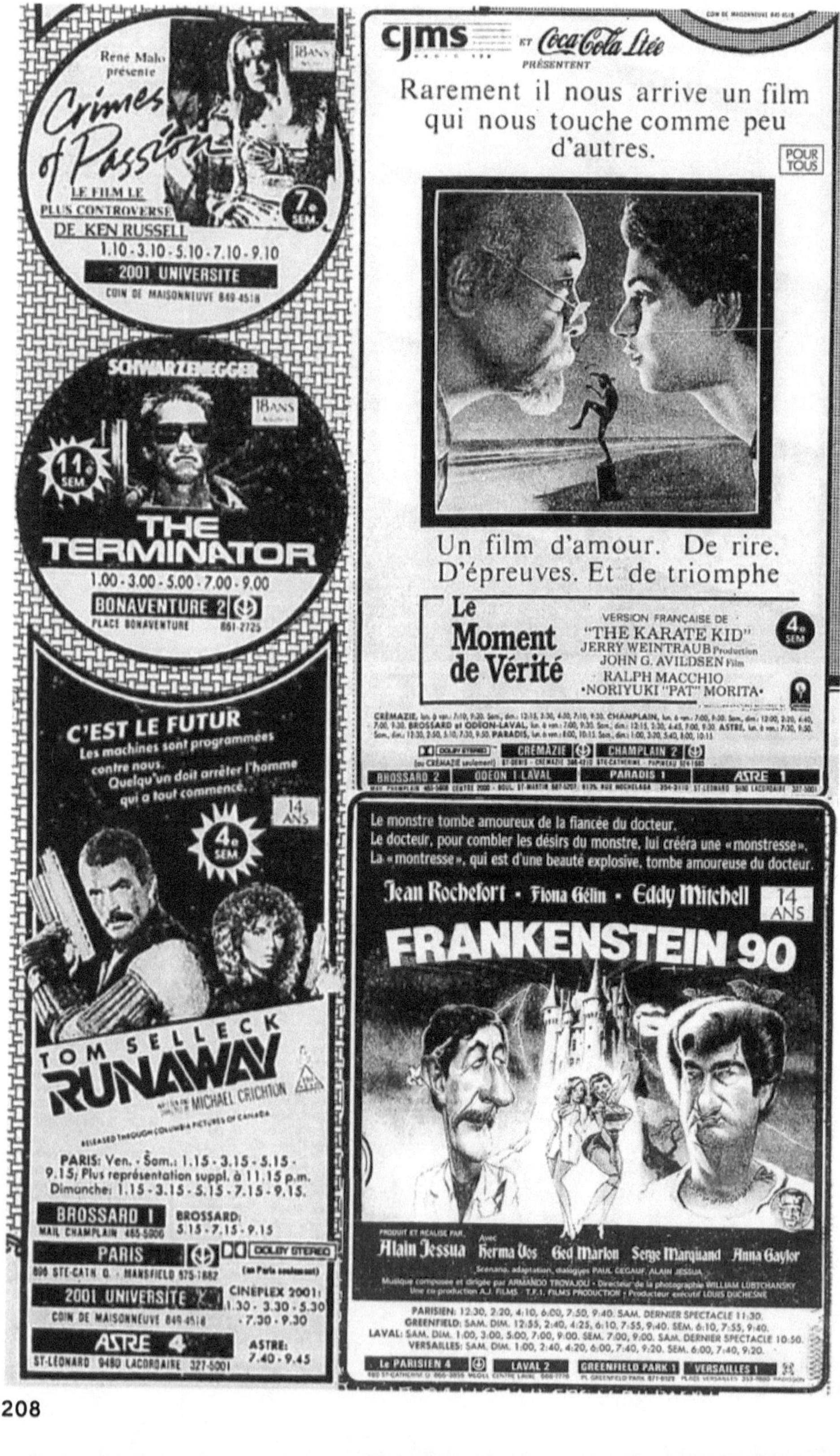
René Malo présente
Crimes of Passion
LE FILM LE PLUS CONTROVERSÉ DE KEN RUSSELL
18 ANS
7e SEM.
1.10 - 3.10 - 5.10 - 7.10 - 9.10
2001 UNIVERSITE
COIN DE MAISONNEUVE 849-4518
SCHWARZENEGGER
18 ANS
11e SEM.
THE TERMINATOR
1.00 - 3.00 - 5.00 - 7.00 - 9.00
BONAVENTURE 2
PLACE BONAVENTURE 861-2725
C'EST LE FUTUR
Les machines sont programmées contre nous.
Quelqu'un doit arrêter l'homme qui a tout commencé.
14 ANS
4e SEM.
TOM SELLECK
RUNAWAY
MICHAEL CRICHTON
RELEASED THROUGH COLUMBIA PICTURES OF CANADA
PARIS: Ven. - Sam.: 1.15 - 3.15 - 5.15 - 9.15; Plus représentation suppl. à 11.15 p.m.
Dimanche: 1.15 - 3.15 - 5.15 - 7.15 - 9.15.
BROSSARD 1
MAIL CHAMPLAIN 465-5000
BROSSARD: 5.15 - 7.15 - 9.15
PARIS
DOLBY STEREO
896 STE-CATH. O. - MANSFIELD 875-1882
2001 UNIVERSITE
COIN DE MAISONNEUVE 849-4518
CINEPLEX 2001: 1.30 - 3.30 - 5.30 - 7.30 - 9.30
ASTRE 4
ST-LÉONARD 9480 LACORDAIRE 327-5001
ASTRE: 7.40 - 9.45
cjms ET Coca-Cola Ltée PRÉSENTENT
Rarement il nous arrive un film qui nous touche comme peu d'autres.
POUR TOUS
Un film d'amour. De rire. D'épreuves. Et de triomphe
Le Moment de Vérité
VERSION FRANÇAISE DE "THE KARATE KID"
JERRY WEINTRAUB Production
JOHN G. AVILDSEN Film
RALPH MACCHIO
•NORIYUKI "PAT" MORITA•
4e SEM.
CRÉMAZIE
CHAMPLAIN 2
BROSSARD 2
ODEON 1 LAVAL
PARADIS 1
ASTRE 1
Le monstre tombe amoureux de la fiancée du docteur.
Le docteur, pour combler les désirs du monstre, lui créera une «monstresse».
La «montresse», qui est d'une beauté explosive, tombe amoureuse du docteur.
Jean Rochefort - Fiona Gélin - Eddy Mitchell
14 ANS
FRANKENSTEIN 90
PRODUIT ET RÉALISÉ PAR Alain Jessua
Avec Herma Vos Ged Marlon Serge Marquand Anna Gaylor
PARISIEN: 12:30, 2:20, 4:10, 6:00, 7:50, 9:40. SAM. DERNIER SPECTACLE 11:30.
GREENFIELD: SAM. DIM. 12:55, 2:40, 4:25, 6:10, 7:55, 9:40. SEM. 6:10, 7:55, 9:40.
LAVAL: SAM. DIM. 1:00, 3:00, 5:00, 7:00, 9:00. SEM. 7:00, 9:00. SAM. DERNIER SPECTACLE 10:50.
VERSAILLES: SAM. DIM. 1:00, 2:40, 4:20, 6:00, 7:40, 9:20. SEM. 6:00, 7:40, 9:20.
Le PARISIEN 4
LAVAL 2
GREENFIELD PARK 1
VERSAILLES 1

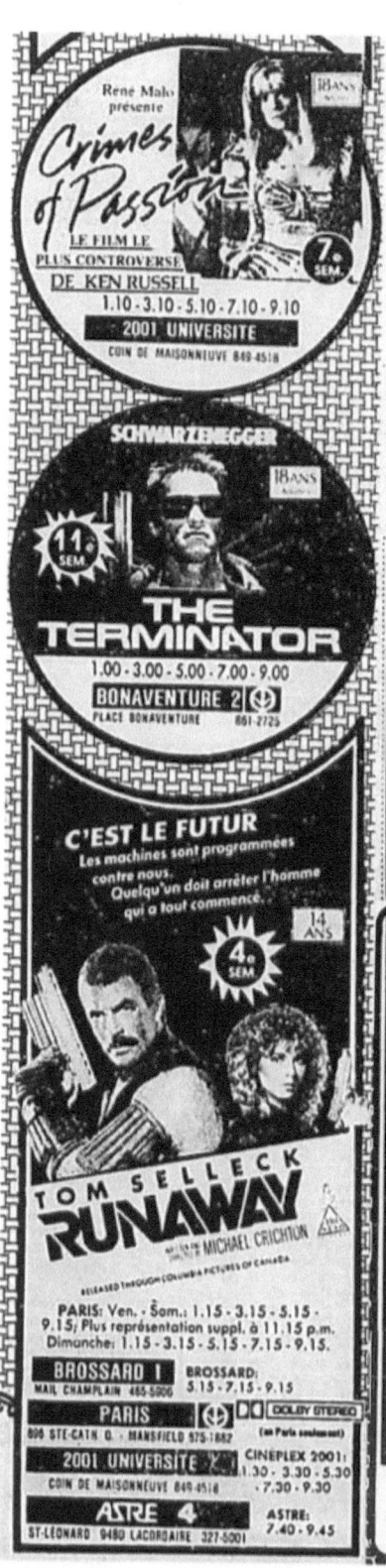

cinémaplus présente
LE DERNIER FILM DE
SAM PECKINPAH
18ANS Adultes
Le seul week-end que vous ne devez pas manquer!
OSTERMAN WEEK END
Version Française de (THE OSTERMAN WEEK-END)
RUTGER HAUER • JOHN HURT • BURT LANCASTER
Leurs chances: une sur un million ...et c'est STRYKER!
2e FILM
STRYKER
EN VERSION FRANÇAISE
CHAMPLAIN 2
LONGUEUIL 2
ODÉON 2-LAVAL

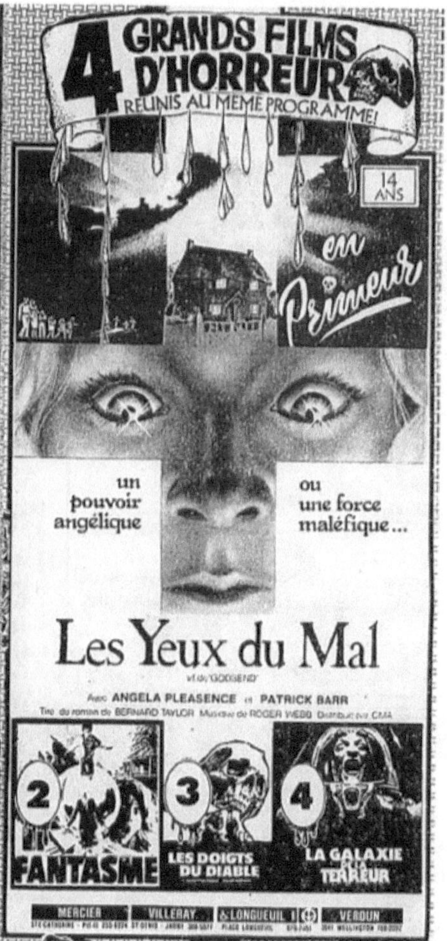
4 GRANDS FILMS D'HORREUR
RÉUNIS AU MÊME PROGRAMME!
14 ANS
en Primeur
un pouvoir angélique
ou une force maléfique...
Les Yeux du Mal
Avec ANGELA PLEASENCE et PATRICK BARR
2
FANTASME
3
LES DOIGTS DU DIABLE
4
LA GALAXIE DE LA TERREUR
MERCIER
VILLERAY
LONGUEUIL 1
VERDUN

TERENCE HILL / BUD SPENCER
ATTENTION! LES DÉGATS
POUR TOUS
COMMENÇANT LE MERCREDI 30 JANVIER
Le PARISIEN
LAVAL
GREENFIELD PARK
VERSAILLES

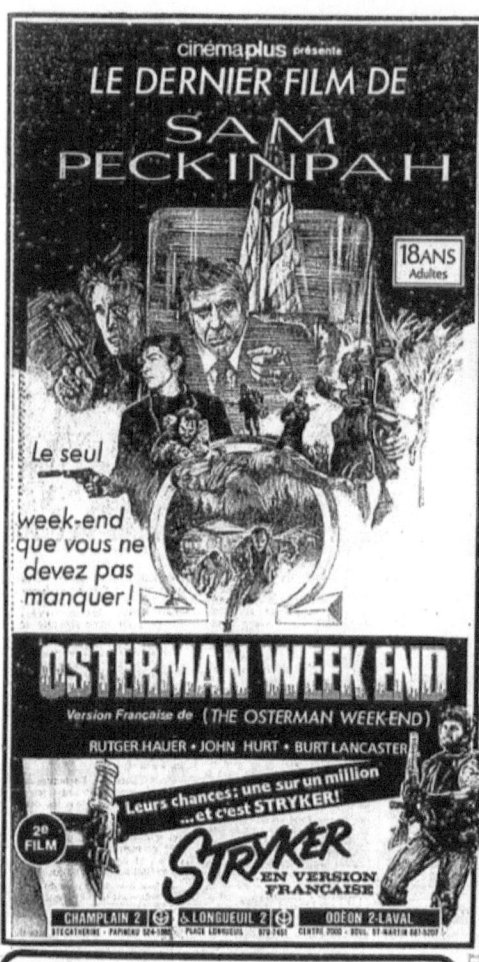

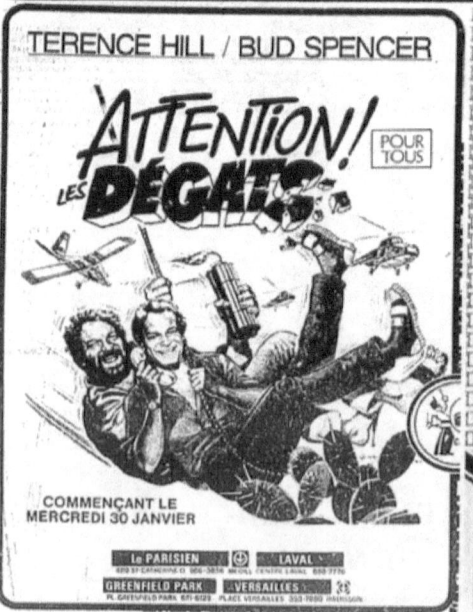

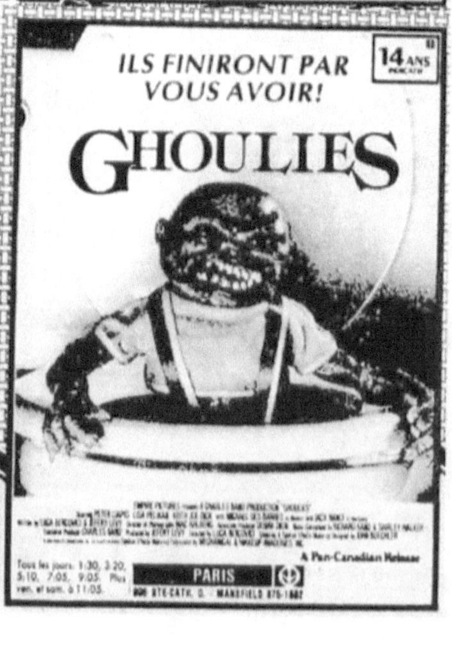
ILS FINIRONT PAR VOUS AVOIR!
14ANS
GHOULIES
A Pan-Canadian Release
Tous les jours: 1:30, 3:20, 5:10, 7:05, 9:05. Plus ven. et sam. à 11:05.
PARIS

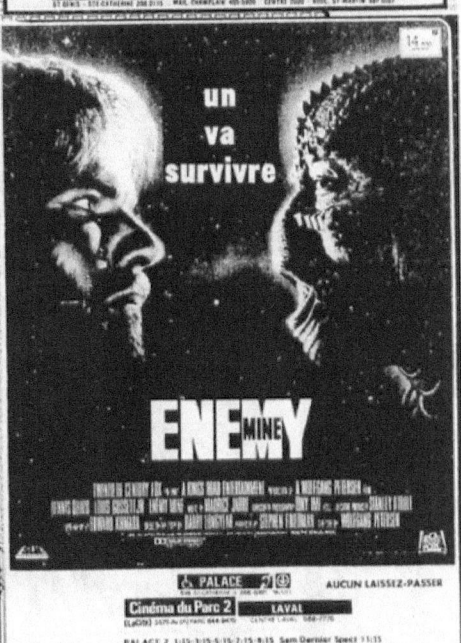

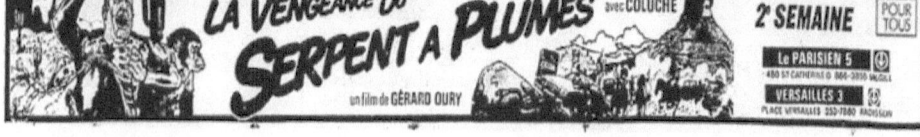

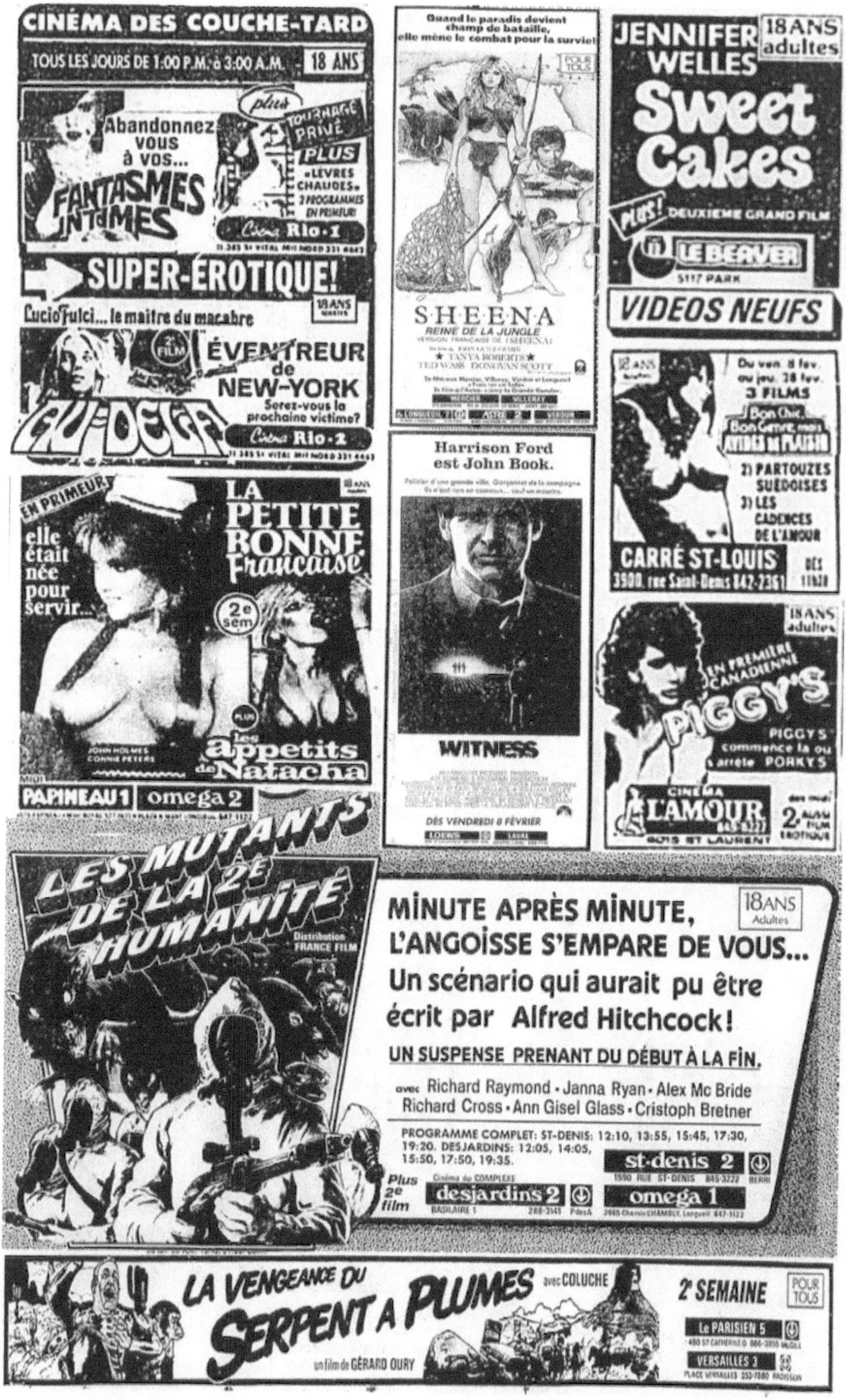
CINÉMA DES COUCHE-TARD
TOUS LES JOURS DE 1:00 P.M. à 3:00 A.M.
18 ANS
Abandonnez vous à vos...
FANTASMES INTIMES
plus
TOURNAGE PRIVÉ
PLUS
«LÈVRES CHAUDES»
2 PROGRAMMES EN PRIMEUR!
Cinéma Rio·1
SUPER-ÉROTIQUE!
18 ANS
Lucio Fulci... le maître du macabre
2e FILM
ÉVENTREUR de NEW-YORK
Serez-vous la prochaine victime?
Cinéma Rio·2
Quand le paradis devient champ de bataille, elle mène le combat pour la survie!
POUR TOUS
S·H·E·E·N·A
REINE DE LA JUNGLE
★ TANYA ROBERTS ★
TED WASS DONOVAN SCOTT
JENNIFER WELLES
18 ANS adultes
Sweet Cakes
PLUS! DEUXIEME GRAND FILM
LE BEAVER
5117 PARK
VIDEOS NEUFS
18 ANS
Du ven. 8 fev. au jeu. 28 fev.
3 FILMS
2) PARTOUZES SUÉDOISES
3) LES CADENCES DE L'AMOUR
CARRÉ ST-LOUIS
3900, rue Saint-Denis 842-2361
Harrison Ford est John Book.
WITNESS
DÈS VENDREDI 8 FÉVRIER
EN PRIMEUR
18 ANS
elle était née pour servir...
LA PETITE BONNE Française
2e sem
JOHN HOLMES
CONNIE PETERS
les appetits de Natacha
PAPINEAU 1
omega 2
18 ANS adultes
EN PREMIÈRE CANADIENNE
PIGGY'S
PIGGYS commence là où s'arrête PORKYS
CINÉMA L'AMOUR
2e FILM ÉROTIQUE
LES MUTANTS DE LA 2E HUMANITÉ
Distribution FRANCE FILM
MINUTE APRÈS MINUTE, L'ANGOISSE S'EMPARE DE VOUS...
18 ANS Adultes
Un scénario qui aurait pu être écrit par Alfred Hitchcock!
UN SUSPENSE PRENANT DU DÉBUT À LA FIN.
avec Richard Raymond · Janna Ryan · Alex Mc Bride
Richard Cross · Ann Gisel Glass · Cristoph Bretner
PROGRAMME COMPLET: ST-DENIS: 12:10, 13:55, 15:45, 17:30, 19:20. DESJARDINS: 12:05, 14:05, 15:50, 17:50, 19:35.
Plus 2e film
st-denis 2
1590 RUE ST-DENIS 845-3222
desjardins 2
omega 1
LA VENGEANCE DU SERPENT A PLUMES
avec COLUCHE
un film de GÉRARD OURY
2e SEMAINE
POUR TOUS
Le PARISIEN 5
VERSAILLES 3

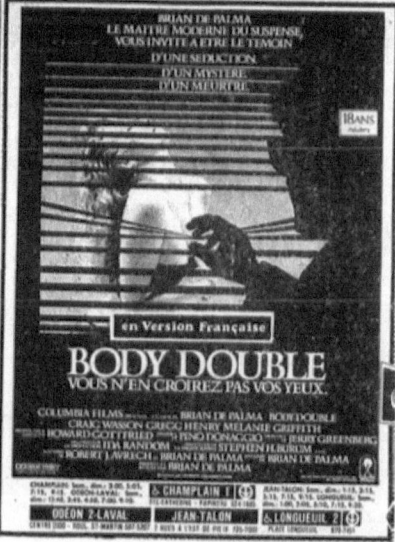

Il vient d'une Galaxie lointaine . . . .
ses connaissances nous dépassent de 100,000 ans . . . .
ses pouvoirs sont au-dessus de notre entendement . . . .
maintenant il doit faire face à une force
de l'univers qu'il doit conquérir . . . .
UN FILM DE JOHN CARPENTER
STARMAN G
EN VERSION FRANÇAISE
COLUMBIA PICTURES PRESENTS
MICHAEL DOUGLAS – LARRY J. FRANCO PRODUCTION
JEFF BRIDGES KAREN ALLEN
CHAMPLAIN 1
CARTIER-LAVAL
LONGUEUIL 1
VERDUN
ASTRE 3
CINÉ-PARC ODÉON 1
CINÉ-PARC CHÂTEAUGUAY 3
CINÉ-PARC LAVAL 4
CINÉ-PARC ST-JÉRÔME 1
ST-JÉRÔME

LE RETOUR
PATRICK
TERREUR
CINÉ-PARC VAUDREUIL 2

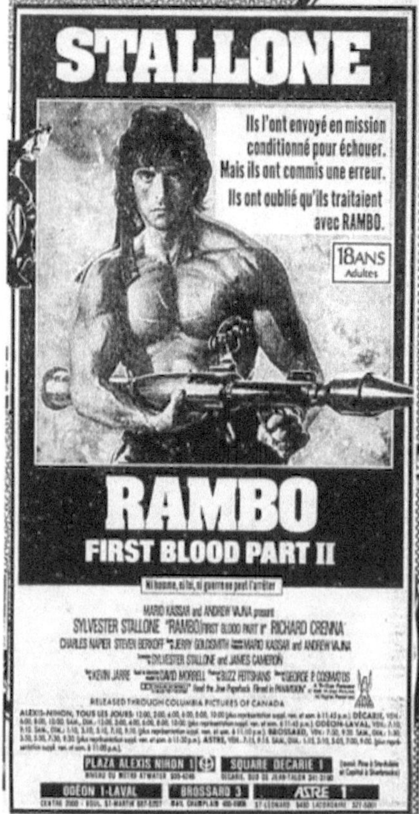
STALLONE
Ils l'ont envoyé en mission
conditionné pour échouer.
Mais ils ont commis une erreur.
Ils ont oublié qu'ils traitaient
avec RAMBO.
18ANS
Adultes
RAMBO
FIRST BLOOD PART II
SYLVESTER STALLONE "RAMBO FIRST BLOOD PART II" RICHARD CRENNA
RELEASED THROUGH COLUMBIA PICTURES OF CANADA
PLAZA ALEXIS NIHON 1
SQUARE DÉCARIE 1
ODÉON 1-LAVAL
BROSSARD 3
ASTRE 1

Du même auteur que
CARRIE, THE SHINING,
THE DEAD ZONE,
et CHRISTINE...
14 ANS
Un cauchemar
qui menace
tous les adultes...
de Stephen King
LES ENFANTS
DE L'HORREUR
(HORROR KID)
STEPHEN KING'S «CHILDREN OF THE CORN»
En vedette PETER HORTON LINDA HAMILTON
Scénario de GEORGE GOLDSMITH
D'après le roman de STEPHEN KING Musique de JONATHAN ELIAS
Producteurs exécutifs EARL GLICK CHARLES J. WEBER
Une production de DONALD P. BORCHERS et TERRENCE KIRBY
Dirigée par FRITZ KIERSCH NEW WORLD PICTURES
2e film aux CHAMPLAIN et LONGUEUIL: «Coup pour coup». 2e film au PARADIS: «Angel». 2e film aux ciné-parcs: ven. et sam.: «La galaxie de la terreur». 3e film boni aux ciné-parcs: ven. et sam.: «La créature du marais».
CHAMPLAIN 2
LONGUEUIL 1
PARADIS 1
CINÉ-PARC LAVAL 1
CINÉ-PARC ODÉON 2
CINÉ-PARC CHÂTEAUGUAY 1

Satisfaction garantie
pour tous les goûts
18 ANS
2e FILM
Jouissances Profondes
Blanche, Candide et Sensuelle
COMMODORE
5780 O ROUL GOUIN 334 8560
PLUS
«BON CHIC, BON GENRE,
MAIS AVIDE DE PLAISIRS»

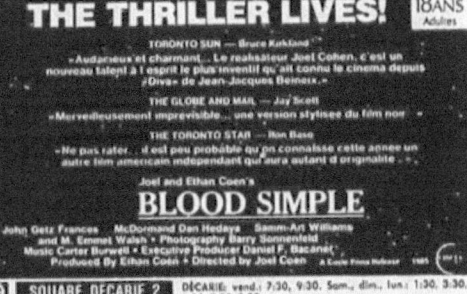

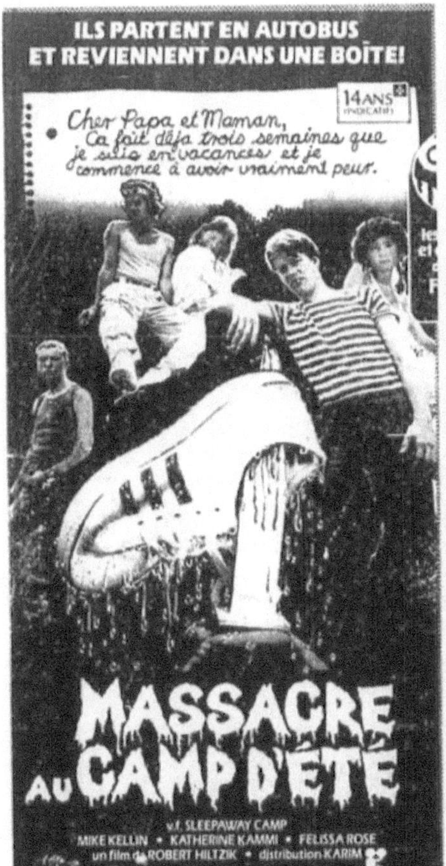
ILS PARTENT EN AUTOBUS
ET REVIENNENT DANS UNE BOÎTE!
14 ANS
Cher Papa et Maman,
Ça fait déjà trois semaines que
je suis en vacances et je
commence à avoir vraiment peur.
MASSACRE
AU CAMP D'ÉTÉ
v.f. SLEEPAWAY CAMP
MIKE KELLIN • KATHERINE KAMMI • FELISSA ROSE
un film de ROBERT HILTZIK • distribution KARIM

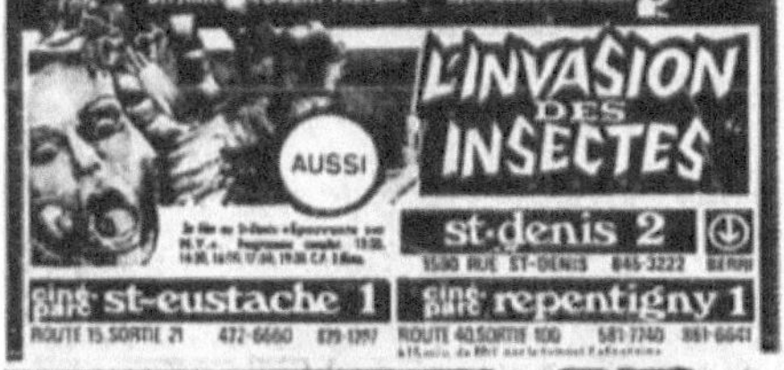
L'INVASION DES INSECTES
AUSSI
st-denis 2
1500 RUE ST-DENIS 845-3222 BERRI
ciné-parc st-eustache 1
ROUTE 15 SORTIE 21 472-6660
ciné-parc repentigny 1
ROUTE 40 SORTIE 100 581-7740

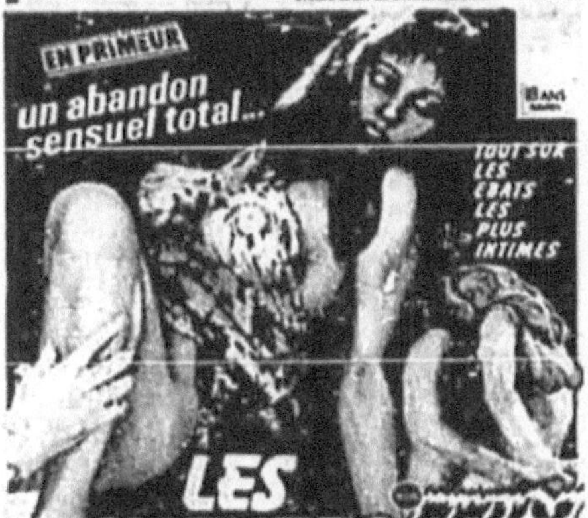
EN PRIMEUR
un abandon sensuel total...
18 ANS
TOUT SUR LES ÉBATS LES PLUS INTIMES
LES CLIENTES
FEUX de passion
PAPINEAU 1
omega 2

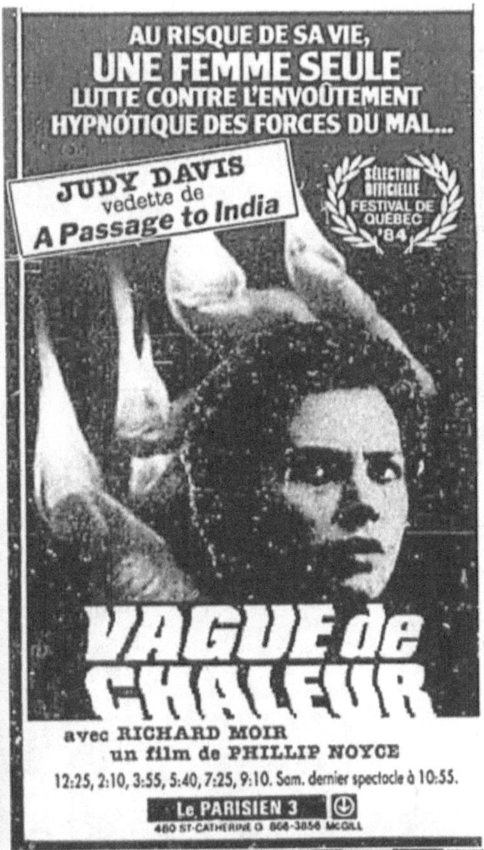
AU RISQUE DE SA VIE,
UNE FEMME SEULE
LUTTE CONTRE L'ENVOÛTEMENT
HYPNOTIQUE DES FORCES DU MAL...
JUDY DAVIS
vedette de
A Passage to India
SÉLECTION OFFICIELLE FESTIVAL DE QUÉBEC '84
VAGUE de CHALEUR
avec RICHARD MOIR
un film de PHILLIP NOYCE
12:25, 2:10, 3:55, 5:40, 7:25, 9:10. Sam. dernier spectacle à 10:55.
Le PARISIEN 3
480 ST-CATHERINE O. 866-3856 McGILL

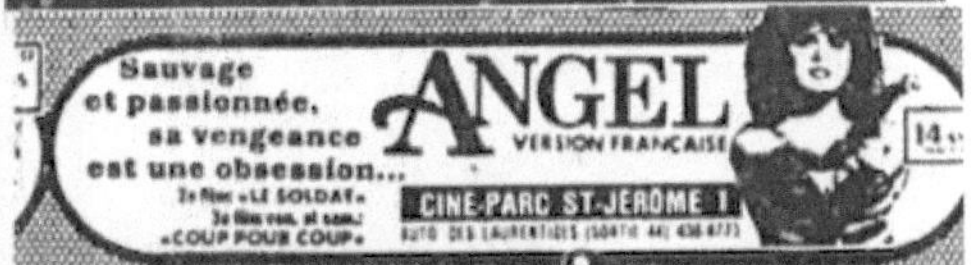
Sauvage
et passionnée,
sa vengeance
est une obsession...
ANGEL
VERSION FRANÇAISE
CINÉ-PARC ST-JÉRÔME 1
«COUP POUR COUP»

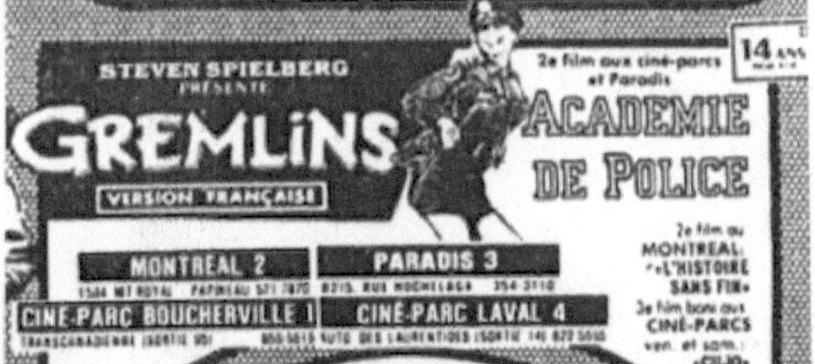
STEVEN SPIELBERG
PRÉSENTE
GREMLINS
VERSION FRANÇAISE
2e film aux ciné-parcs et Paradis
14 ANS
ACADEMIE DE POLICE
MONTRÉAL 2
PARADIS 3
CINÉ-PARC BOUCHERVILLE 1
CINÉ-PARC LAVAL 4
«CUJO»

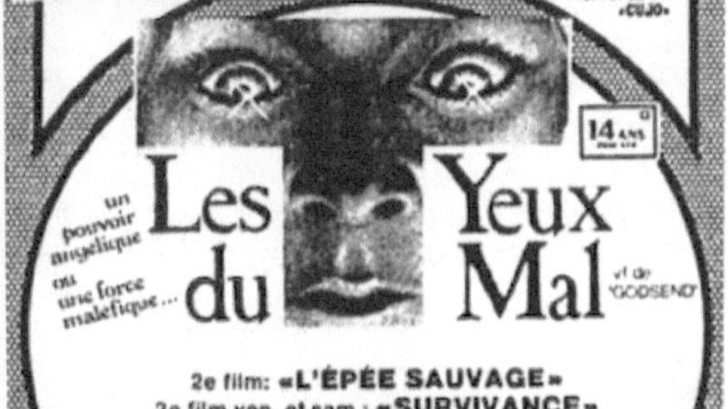
14 ANS
un pouvoir angélique ou une force maléfique...
Les Yeux du Mal
v.f. de "GODSEND"
2e film: «L'ÉPÉE SAUVAGE»
3e film ven. et sam.: «SURVIVANCE»
CINÉ-PARC VAUDREUIL 1
CINÉ-PARC LAVAL 2
CINÉ-PARC CHÂTEAUGUAY 2

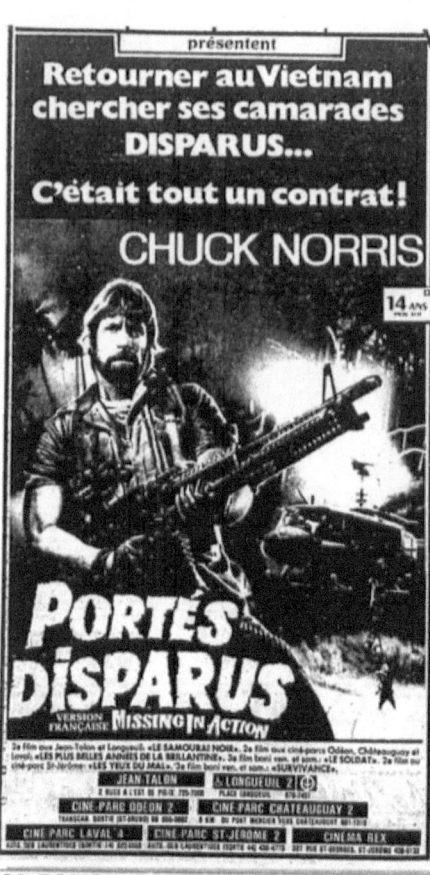
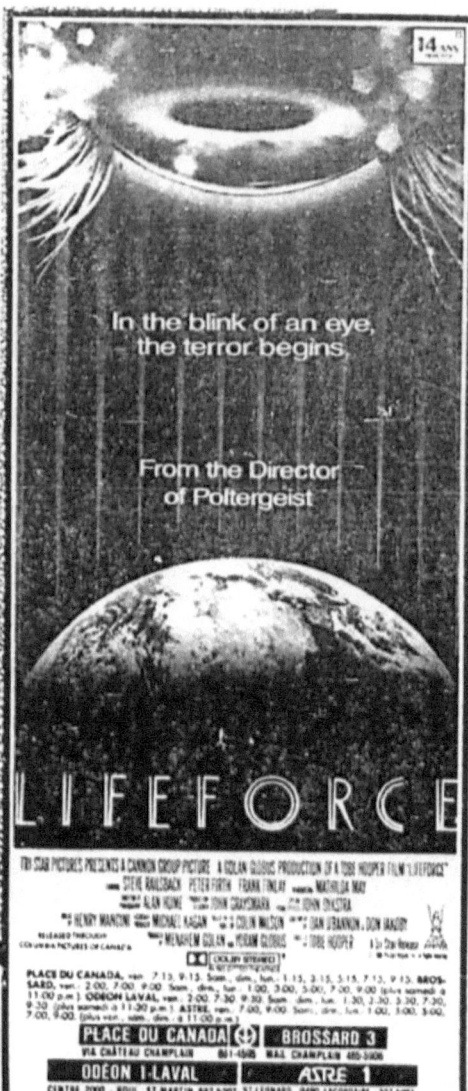

SUPER-ACTION SUPER-ACTION SUPER-ACTION
Pour se venger, des braconniers tuent sa fille. Il devient alors...
DEVASTATEUR et EXTERMINATEUR
en PRIMEUR
14 ANS
L'EXECUTEUR EXTERMINATEUR
MICHAEL SOPKIW - VALERIE BLAKE - GEORGE EASTMAN - MIKE MILLER
JOHN OLD Jr.
CHUCK NORRIS
PLUS
LES CASSEURS
st-denis 2
st-eustache 1
repentigny 1
st hilaire 2

enfin, ELLE travaille au bois...
Il cherche son frère et trouve une drôle de soeur!
18 ANS
POLICE
UN FILM DE ROBERT THOMAS
les Brésiliennes du bois de Boulogne
Venez les découvrir!
REBECCA POTOK - MICHEL GODIN - YVAN VARCO - ANGELA YORK
Le PARISIEN 3
480 ST-CATHERINE O. 866-3856 McGILL
12.50, 2.30, 4.10, 5.50, 7.30, 9.10.
SAM. DERNIER SPECTACLE 10.50.

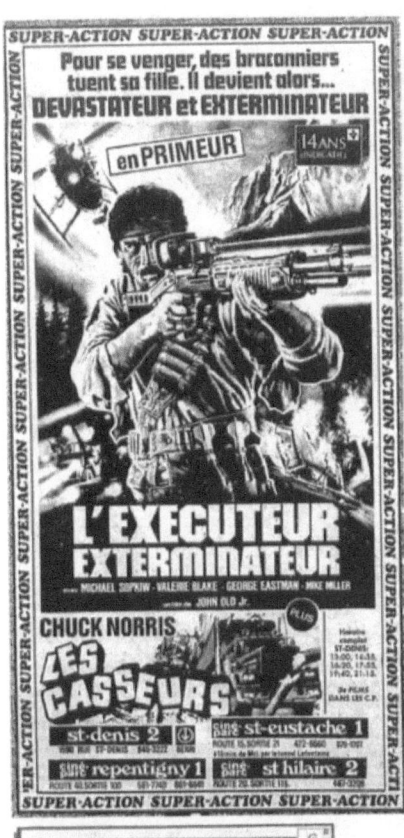

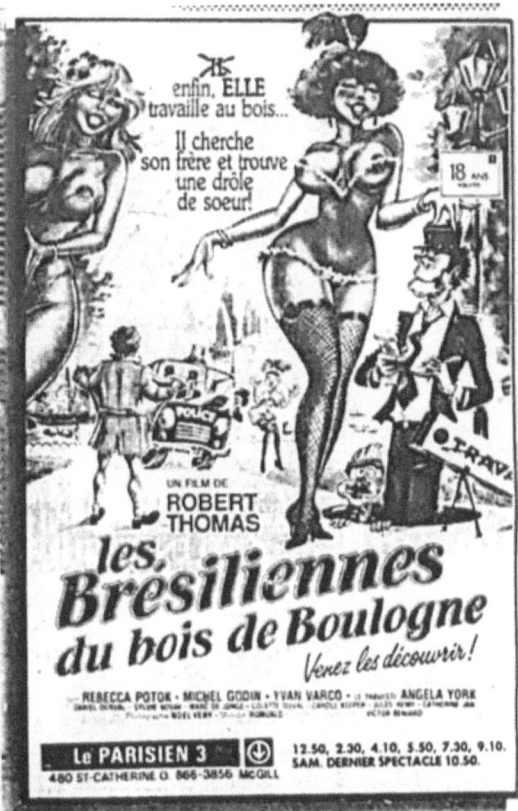

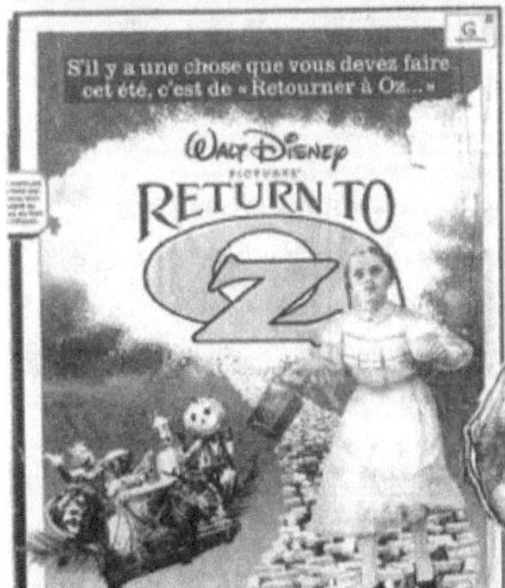
S'il y a une chose que vous devez faire cet été, c'est de « Retourner à Oz... »
WALT DISNEY PICTURES
RETURN TO OZ
CAPITOL

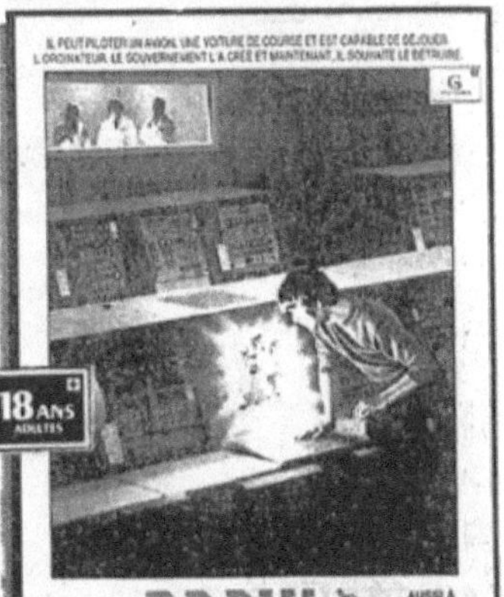
D.A.R.Y.L.
AUSSI À QUÉBEC
DOLBY STEREO

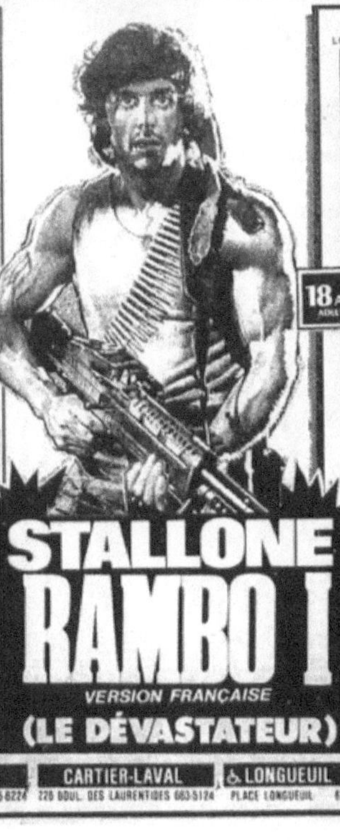
18 ANS ADULTES
STALLONE
RAMBO I
VERSION FRANÇAISE
(LE DÉVASTATEUR)
VOUS AVEZ AIMÉ
RAMBO 2..
AVEZ-VOUS VU
RAMBO 1?
CHAMPLAIN 1
STE-CATHERINE - PAPINEAU 524-1665
MERCIER
STE-CATHERINE - PIE-IX 255-8224
CARTIER-LAVAL
220 BOUL. DES LAURENTIDES 663-5124
LONGUEUIL 1
PLACE LONGUEUIL 679-7451
VERDUN
3841 WELLINGTON 768-2092
2e film: CHUCK NORRIS «OEIL POUR OEIL»

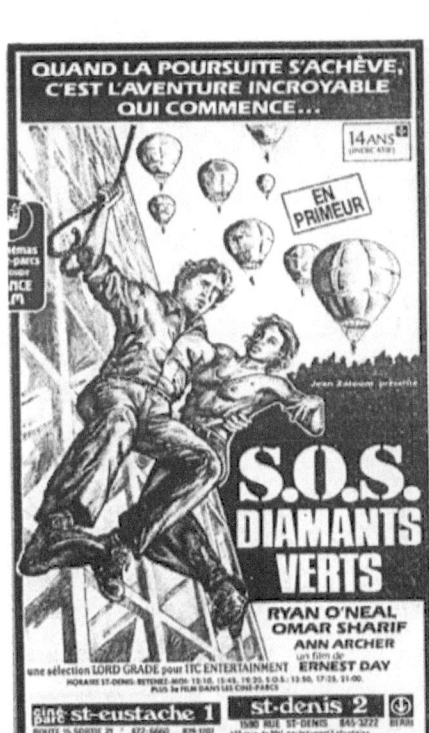

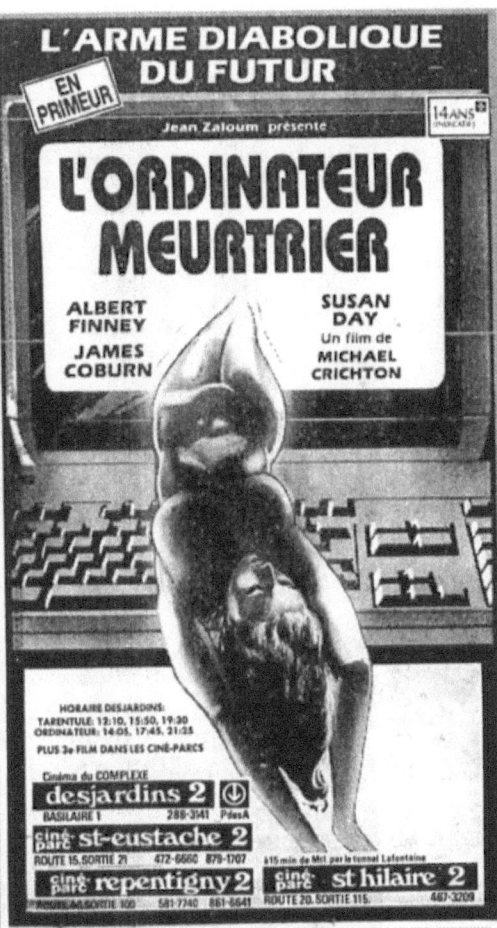

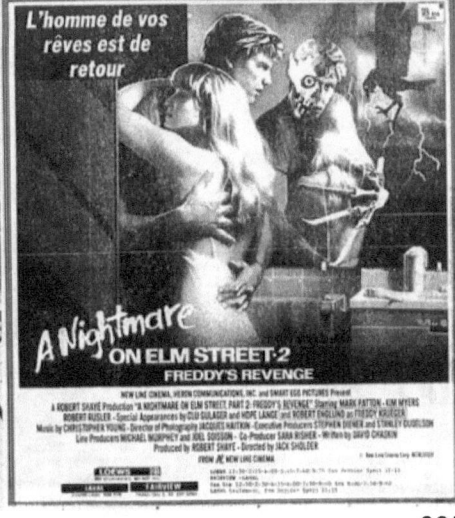

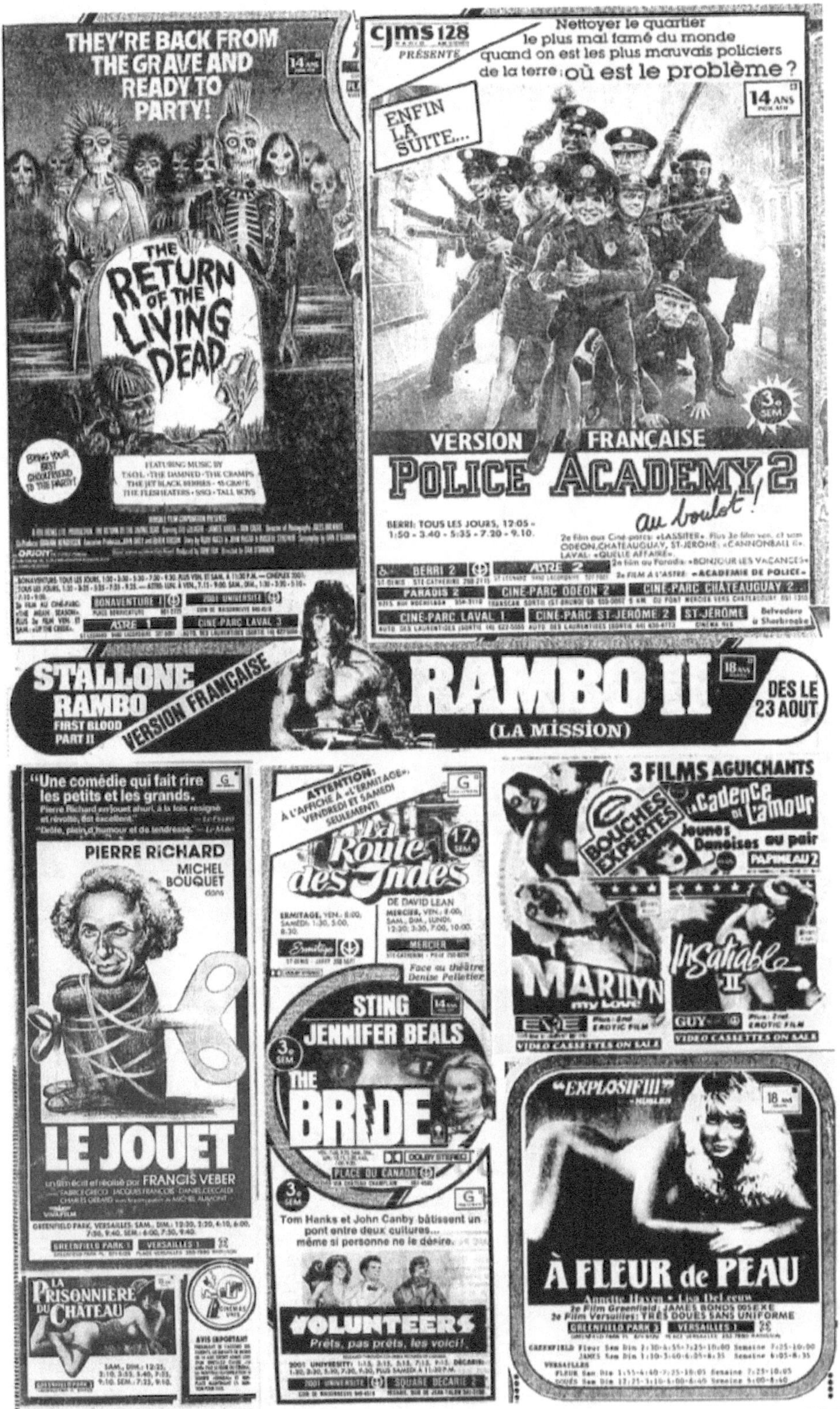
THEY'RE BACK FROM THE GRAVE AND READY TO PARTY!
14 ANS
THE RETURN OF THE LIVING DEAD
FEATURING MUSIC BY T.S.O.L. • THE DAMNED • THE CRAMPS THE JET BLACK BERRIES • 45 GRAVE THE FLESHEATERS • SSQ • TALL BOYS
BONAVENTURE 1
2001 UNIVERSITE
ASTRE 1
CINE-PARC LAVAL 3
CJMS 128
PRÉSENTE
Nettoyer le quartier le plus mal famé du monde quand on est les plus mauvais policiers de la terre : où est le problème ?
14 ANS
ENFIN LA SUITE...
3e SEM
VERSION FRANÇAISE
POLICE ACADEMY 2
au boulot !
BERRI: TOUS LES JOURS, 12:05 - 1:50 - 3:40 - 5:35 - 7:30 - 9:10.
BERRI 2
ASTRE 2
PARADIS 2
CINE-PARC ODEON 2
CINE-PARC CHATEAUGUAY 2
CINE-PARC LAVAL 1
CINE-PARC ST-JEROME 2
ST-JEROME
STALLONE RAMBO FIRST BLOOD PART II
VERSION FRANÇAISE
RAMBO II
(LA MISSION)
18 ANS
DES LE 23 AOUT
"Une comédie qui fait rire les petits et les grands.
PIERRE RICHARD
MICHEL BOUQUET
dans
LE JOUET
un film écrit et réalisé par FRANCIS VEBER
GREENFIELD PARK 1
VERSAILLES 1
LA PRISONNIÈRE DU CHÂTEAU
AVIS IMPORTANT
ATTENTION: À L'AFFICHE À «L'ERMITAGE» VENDREDI ET SAMEDI SEULEMENT!
G
La Route des Indes
17e SEM
DE DAVID LEAN
MERCIER
Face au théâtre Denise Pelletier
STING
JENNIFER BEALS
14 ANS
3e SEM
THE BRIDE
DOLBY STEREO
PLACE DU CANADA
3e SEM
G
Tom Hanks et John Candy bâtissent un pont entre deux cultures... même si personne ne le désire.
VOLUNTEERS
Prêts, pas prêts, les voici!
2001 UNIVERSITE
SQUARE DECARIE 2
3 FILMS AGUICHANTS
BOUCHES EXPERTES
La Cadence de l'amour
Jeunes Danoises au pair
PAPINEAU 2
MARILYN my love
EROTIC FILM
VIDEO CASSETTES ON SALE
Insatiable II
GUY
EROTIC FILM
VIDEO CASSETTES ON SALE
"EXPLOSIF!!!"
18 ANS
À FLEUR de PEAU
GREENFIELD PARK 3
VERSAILLES 1

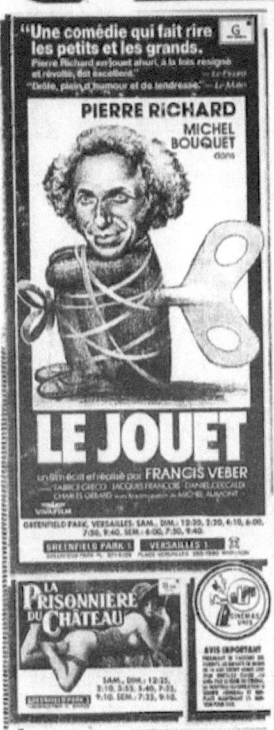

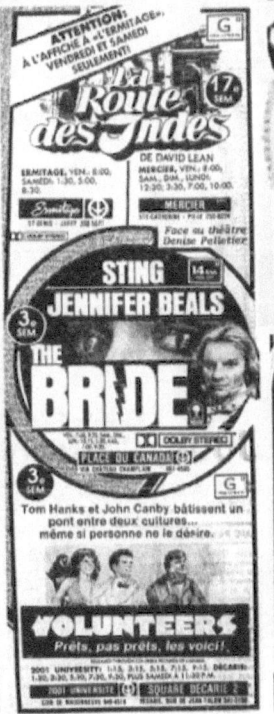

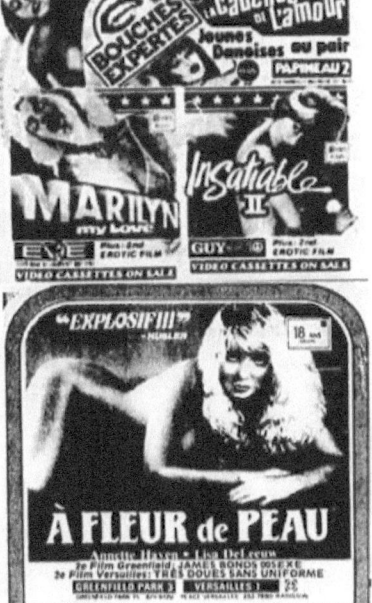

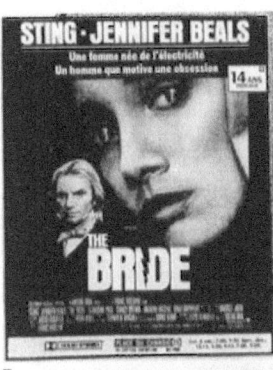

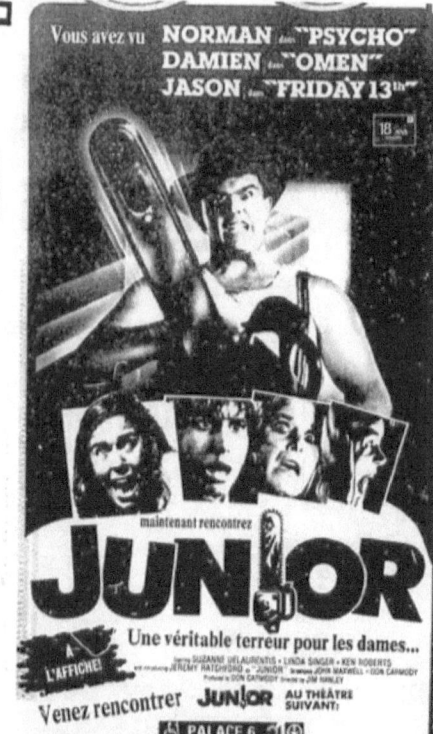

10,000 ANS APRÈS...
LA FORCE DE L'UNIVERS

C'est tout ce dont vous avez rêvé. Et rien de ce que vous attendiez.

L'énergie qu'il produit suffirait probablement à renflouer le Titanic.

— Sheila Benson,
LOS ANGELES TIMES

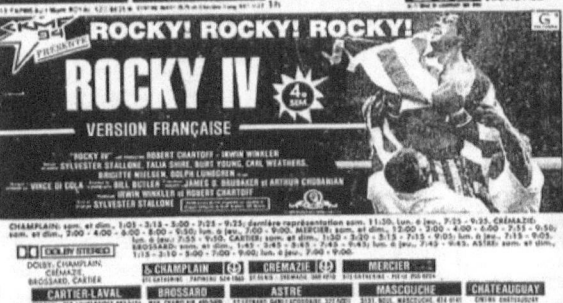

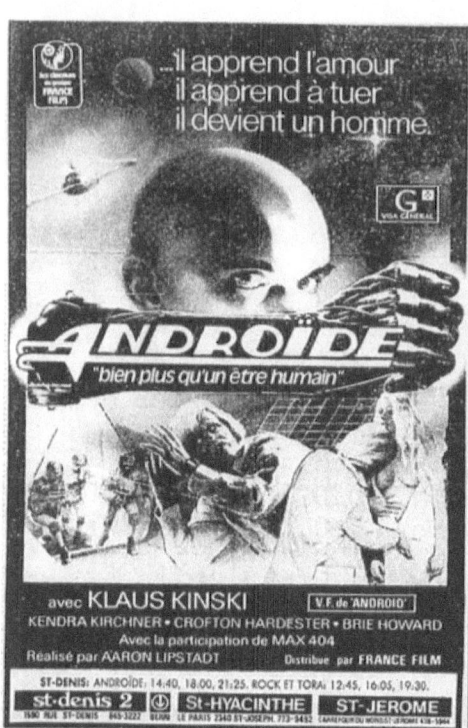

Le viol d'un cimetière...
18 ANS
LA NUIT FANTASTIQUE DES MORTS VIVANTS
GEORGE EASTMAN DIRCE FUNARI MARK SHANON
ST-DENIS

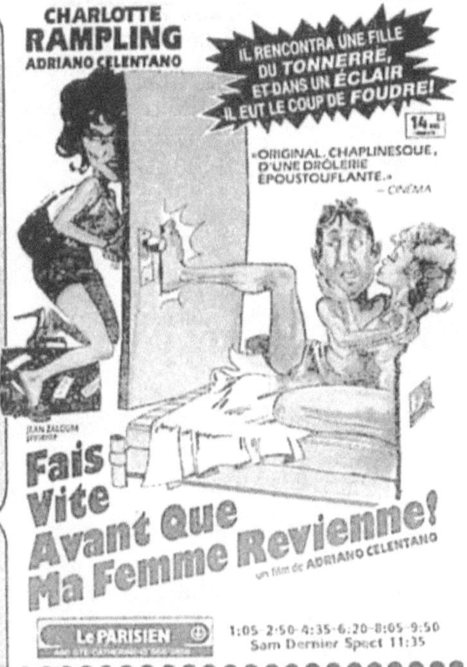

CHARLOTTE RAMPLING
ADRIANO CELENTANO
IL RENCONTRA UNE FILLE DU TONNERRE, ET DANS UN ÉCLAIR IL EUT LE COUP DE FOUDRE!
14 ANS
«ORIGINAL, CHAPLINESQUE, D'UNE DRÔLERIE ÉPOUSTOUFLANTE.» — CINÉMA
Fais Vite Avant Que Ma Femme Revienne!
un film de ADRIANO CELENTANO
Le PARISIEN
1:05-2:50-4:35-6:20-8:05-9:50
Sam Dernier Spect 11:35

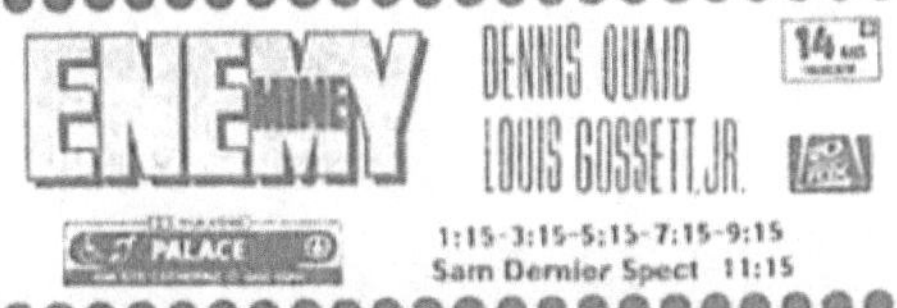

ENEMY MINE
DENNIS QUAID
LOUIS GOSSETT JR.
14 ANS
PALACE
1:15-3:15-5:15-7:15-9:15
Sam Dernier Spect 11:15

Les PRISONS ont leurs lois...
Les femmes ont leur POUVOIR...
18 ANS
RÉVOLTE AU PENITENCIER DE FILLES
LAURA GEMSER GABRIELE TINTI • Un film de GILBERT ROUSSEL
CHAMPLAIN
STE-CATHERINE - PAPINEAU 524-1685

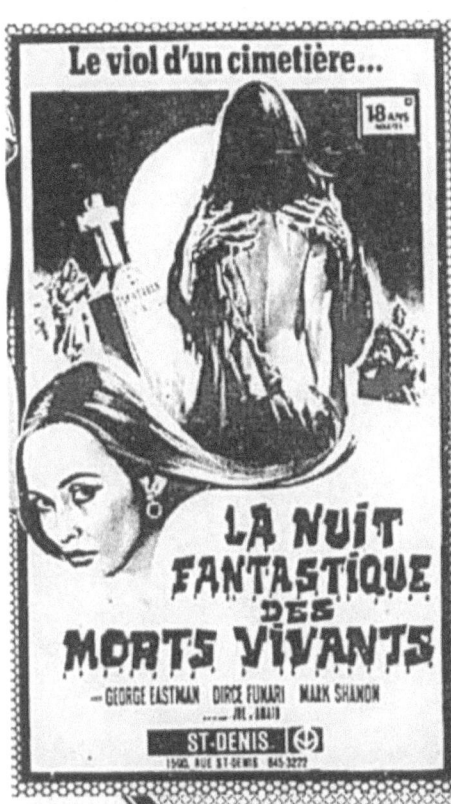

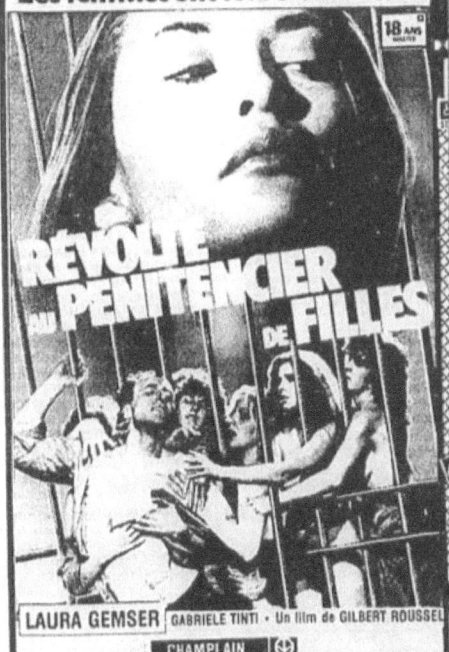

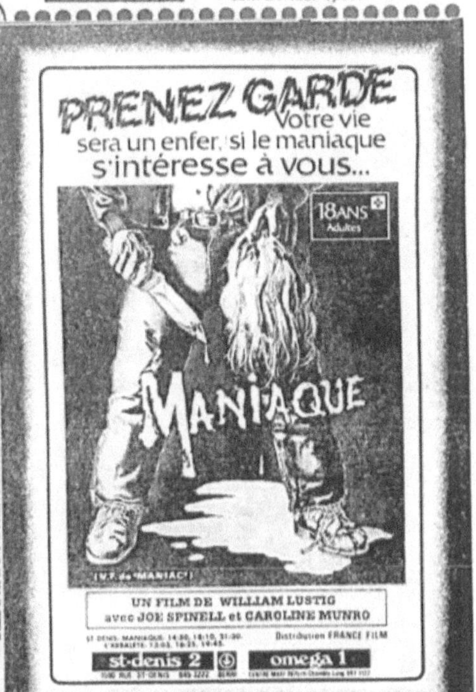

PRENEZ GARDE Votre vie sera un enfer si le maniaque s'intéresse à vous...
18 ANS Adultes
MANIAQUE
(V.F. de "MANIAC")
UN FILM DE WILLIAM LUSTIG
avec JOE SPINELL et CAROLINE MUNRO
Distribution FRANCE FILM
st-denis 2
omega 1

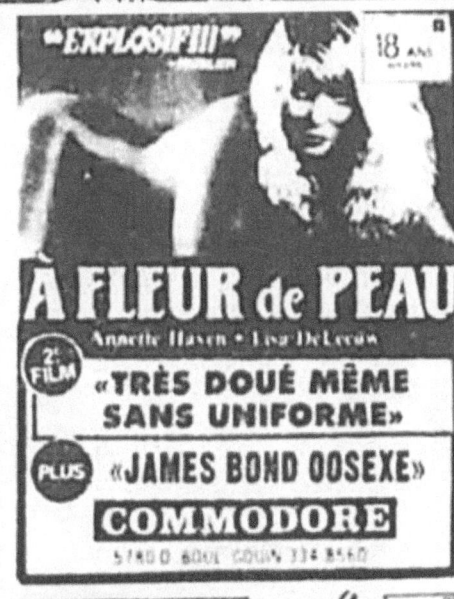

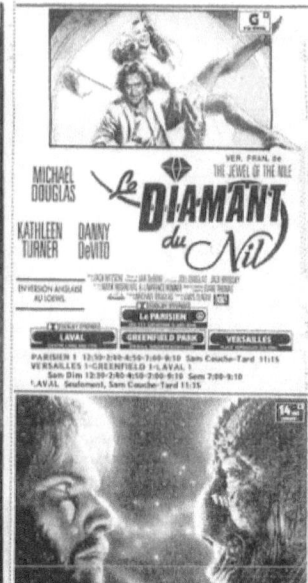

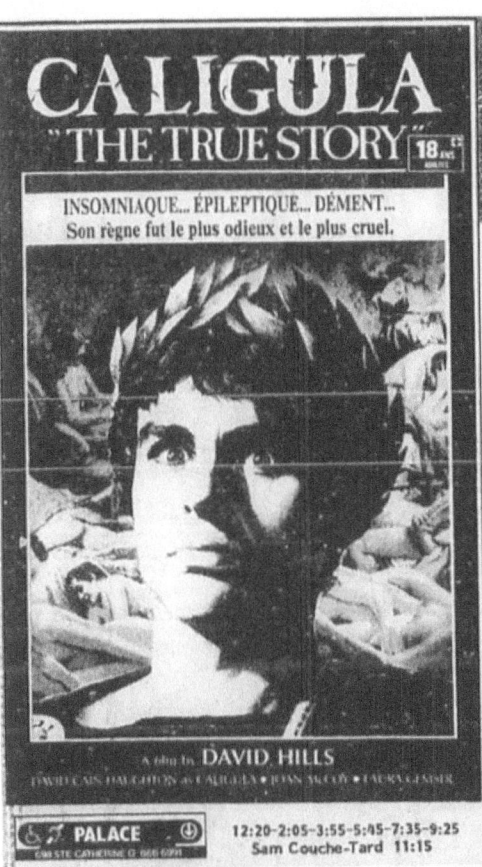

14 ans
LA BATAILLE COMMENÇA DANS UNE LOINTAINE GALAXIE.
ELLE SE TERMINERA DANS LA COUR DES BROWN.
CRITTERS
New Line Cinema in Association with Smart Egg Pictures Presents a Sho Films Production
CRITTERS • Starring DEE WALLACE STONE • M. EMMET WALSH • BILLY GREEN BUSH • SCOTT GRIMES • NADINE VAN DER VELDE
DON OPPER AND TERRENCE MANN • Director of Photography TIM SUHRSTEDT • Music by DAVID NEWMAN
Associate Producer SARA RISHER • Screenplay by DOMONIC MUIR and STEPHEN HEREK
Executive Producer ROBERT SHAYE • Produced by RUPERT HARVEY • Directed by STEPHEN HEREK
From New Line Cinema
PALACE
DORVAL
GREENFIELD PARK
PALACE 1 12:45-2:30-4:15-6:30-7:45-9:30
Sam Couche-tard 11:15
GREENFIELD 3-DORVAL 1
Sam Dim 12:45-2:30-4:15-6:20-7:45-9:30 Sem 6:00-7:45-9:30

GENE HACKMAN
MATT DILLON
G
VERSION FRANÇAISE
TARGET
LE NOUVEAU FILM DE ARTHUR PENN
COMMENÇANT LE 2 MAI!

LE VOILA À NOUVEAU À NEW YORK
APPORTANT LA JUSTICE DANS LES RUES...
CHARLES BRONSON
18 ans
VERSION FRANÇAISE Death Wish 3
LE JUSTICIER DE NEW YORK
CHAMPLAIN: ven.: 7:20, 9:25, sam.-dim.: 1:15, 3:15, 5:15, 7:20, 9:25
BROSSARD: ven.: 7:00, 9:15, sam.-dim.: 12:45, 2:50, 4:55, 7:00, 9:15
LAVAL: ven.: 7:30, 9:30, sam.-dim.: 1:30, 3:30, 5:30, 7:30, 9:30
CHAMPLAIN
ODÉON LAVAL
BROSSARD

EN NOMINATION POUR 3 PRIX DE L'ACADÉMIE
– dont – MEILLEUR ACTEUR - JOHN VOIGHT
Jon Voight Eric Roberts
Rebecca DeMornay
14 ans
Runaway Train
CANNON
BONAVENTURE: 1.00, 3.05, 5.10, 7.15, 9.30.
2001 UNIVERSITE: 1.05, 3.15, 5.20, 7.30, 9.40.
BONAVENTURE
PLACE BONAVENTURE 861-2725
2001 UNIVERSITE
COIN DE MAISONNEUVE 849-4518

LICORNE D'OR
GRAND PRIX
DU 13e FESTIVAL DE PARIS DU FILM
FANTASTIQUE ET DE SCIENCE-FICTION
LE FILM QU'IL FAUT VOIR
SUR GRAND ÉCRAN!
XTRO
Certains Extra-Terrestres
ne sont pas nos amis.
LE KING DES KINGS
14 ans
PLUS!
Elvis Gratton
LE FILM!
MONTREAL, X-TRO, 12:00, 3:15, 6:30, 9:45. ELVIS GRATTON, 1:30, 4:45, 8:00.
MONTRÉAL
PARADIS
PARADIS, X-TRO, ven: 7:30, 10:30 sam., dim.: 1:00, 4:05, 6:45, 9:50. ELVIS, ven.: 8:50, sam., dim.: 2:25, 5:25, 8:10.
CINÉ-PARC ODÉON
CINÉ-PARC CHÂTEAUGUAY
CINÉ-PARC LAVAL

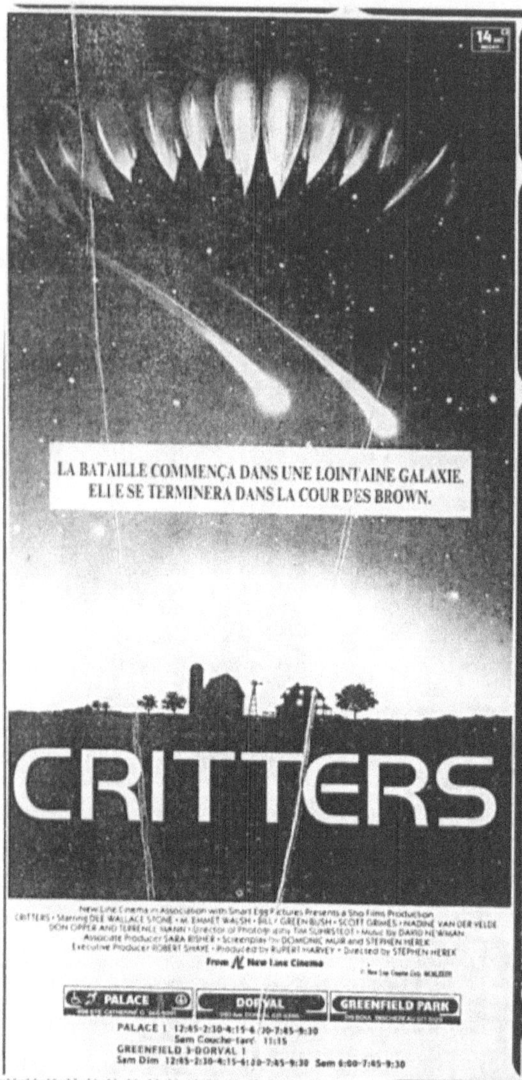

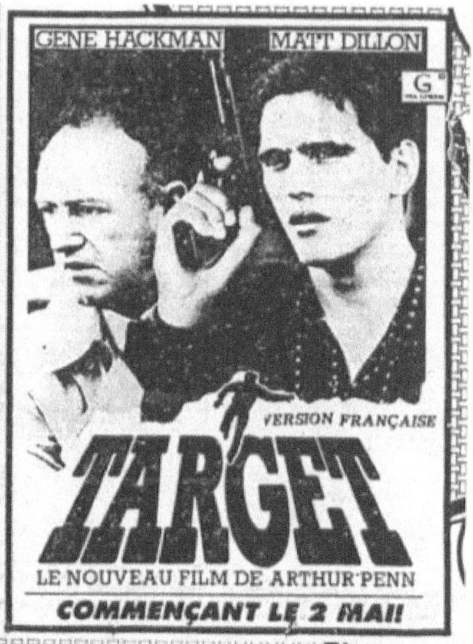

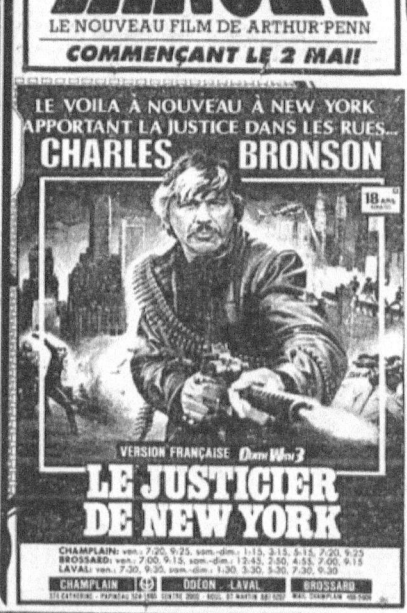

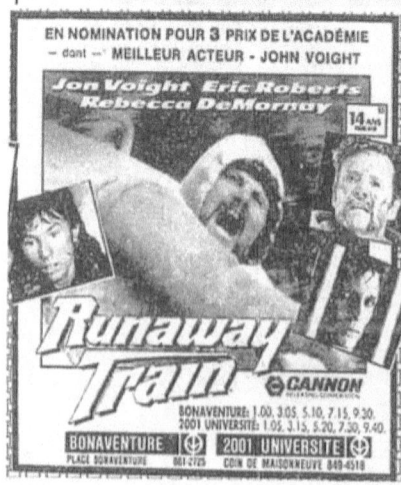

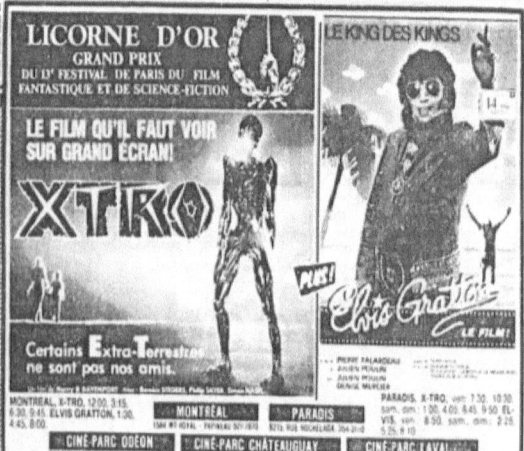

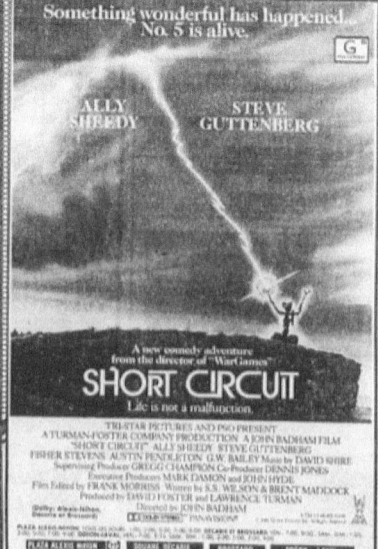

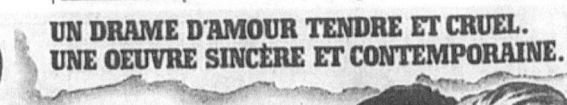

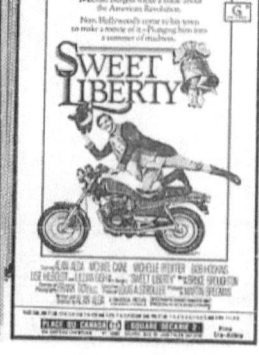

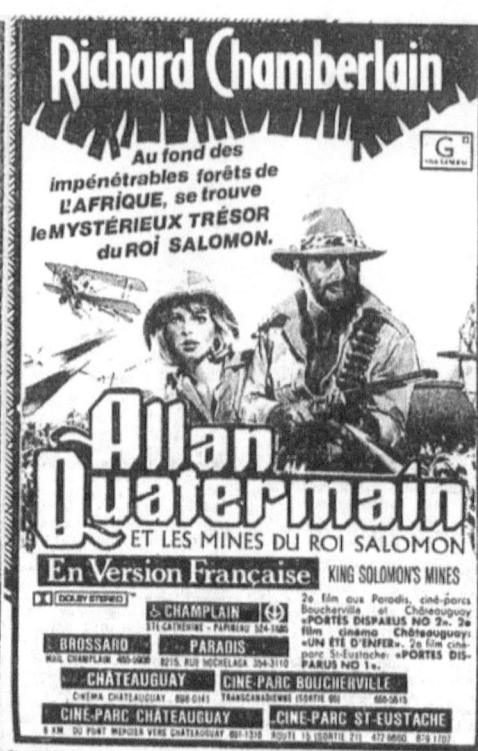

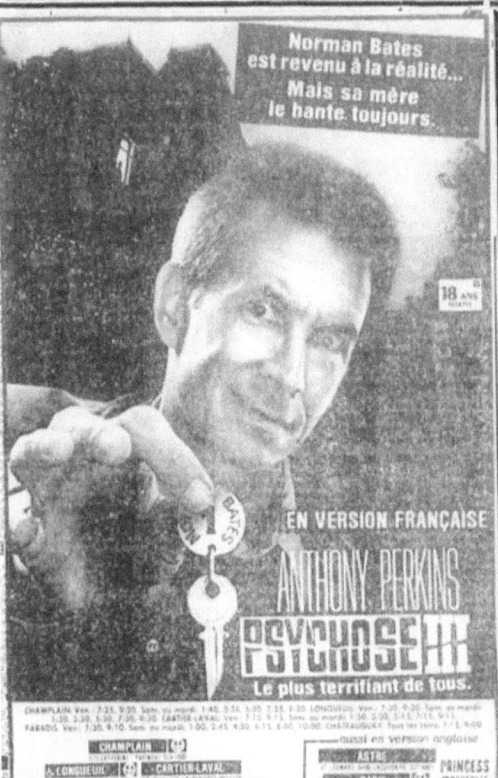

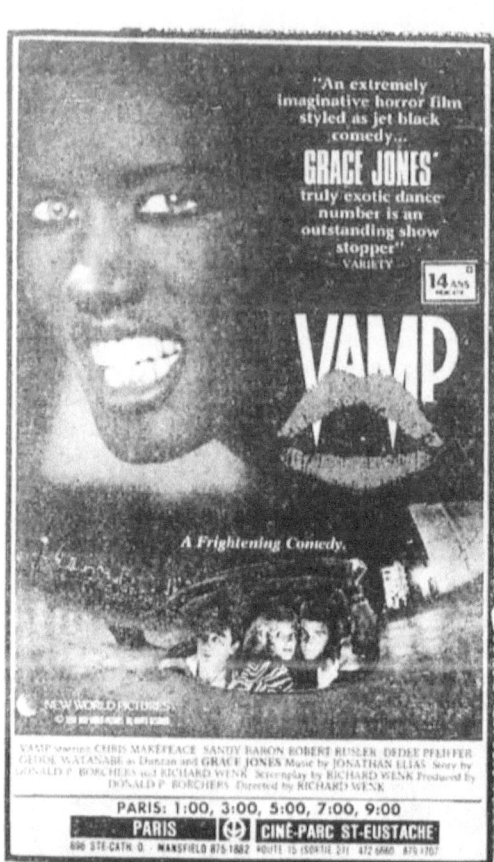

Elle dormait paisiblement sur une des lunes de Saturne depuis 200.000 ans.
MAIS MAINTENANT...!
EN NOMINATION
Meilleurs effets spéciaux
Meilleur film d'horreur
Version Française
CREATURE
Elle vit pour tuer, elle tue pour vivre.
ANDROIDE
LE MAÎTRE DU JEU
st-denis
ST-JÉRÔME

ROMAN POLANSKI
PIRATES
VERSION FRANÇAISE
WALTER MATTHAU
A CANNON GROUP, INC. TARAK BEN AMMAR
WALTER MATTHAU ROMAN POLANSKI'S "PIRATES"
CRIS CAMPION · DAMIEN THOMAS · CHARLOTTE LEWIS · OLU JACOBS
PHILIPPE SARDE · HERVÉ DE LUZE · WILLIAM REYNOLDS, A.C.E.
PIERRE GUFFROY · WITOLD SOBOCINSKI · ANTHONY POWELL
THOM MOUNT · GERARD BRACH · ROMAN POLANSKI
TARAK BEN AMMAR · ROMAN POLANSKI
CANNON
2e FILM DANS LES CINÉ-PARCS
LE DAUPHIN
CINÉ-PARC ST-EUSTACHE
CINÉ-PARC BOUCHERVILLE
CINÉ-PARC ST-JÉRÔME

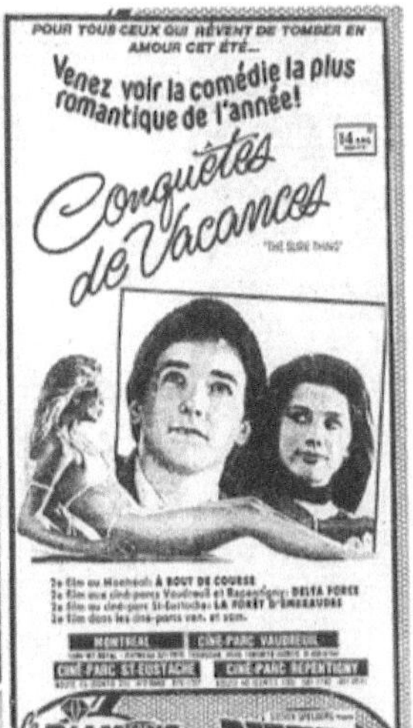
POUR TOUS CEUX QUI RÊVENT DE TOMBER EN AMOUR CET ÉTÉ...
Venez voir la comédie la plus romantique de l'année!
Conquêtes de Vacances
"THE SURE THING"
2e film au Montréal: À BOUT DE COURSE
MONTRÉAL
CINÉ-PARC VAUDREUIL
CINÉ-PARC ST-EUSTACHE
CINÉ-PARC REPENTIGNY

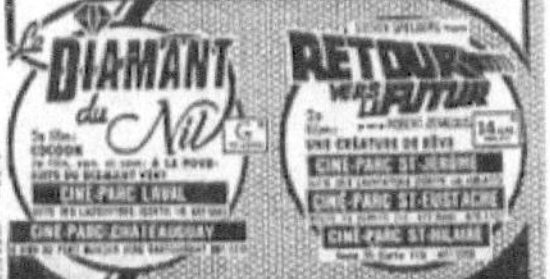
DIAMANT du Nil
RETOUR VERS LE FUTUR
UNE CRÉATURE DE RÊVE
CINÉ-PARC LAVAL
CINÉ-PARC CHÂTEAUGUAY
CINÉ-PARC ST-JÉRÔME
CINÉ-PARC ST-EUSTACHE
CINÉ-PARC ST-HILAIRE

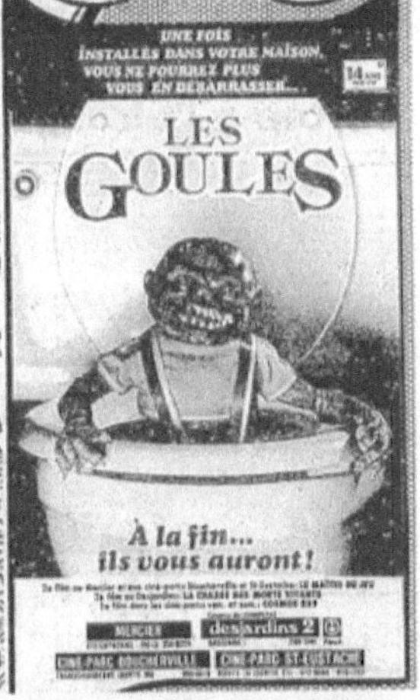
UNE FOIS INSTALLÉS DANS VOTRE MAISON, VOUS NE POURREZ PLUS VOUS EN DÉBARRASSER...
LES GOULES
À la fin... ils vous auront!
MERCIER
desjardins 2
CINÉ-PARC BOUCHERVILLE
CINÉ-PARC ST-EUSTACHE

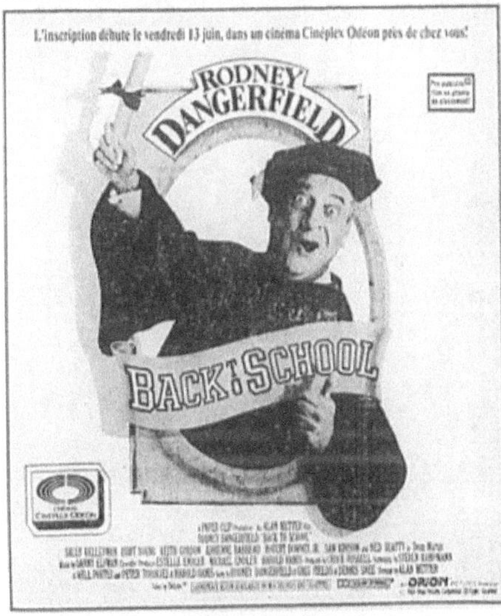
L'inscription débute le vendredi 13 juin, dans un cinéma Cinéplex Odéon près de chez vous!
RODNEY DANGERFIELD
BACK TO SCHOOL
CINÉMAS CINEPLEX ODEON
ORION

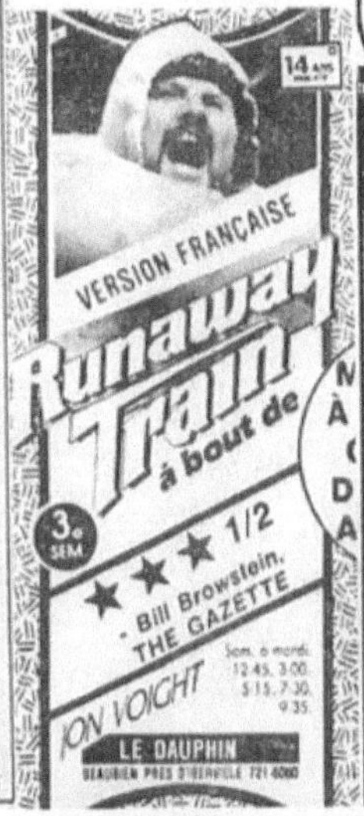
VERSION FRANÇAISE
Runaway Train
à bout de
MÀ CDA
3e SEM.
★★★ 1/2
- Bill Browstein, THE GAZETTE
JON VOIGHT
Sam. à mardi: 12:45, 3:00, 5:15, 7:30, 9:35
LE DAUPHIN
BEAUBIEN PRÈS D'IBERVILLE 721 6060

SÉLECTION OFFICIELLE • CANNES 1986
PERSPECTIVE
LE BONHEUR A ENCORE FRAPPÉ!
CROC
Le magazine qu'on rit
présente
LE GÉNIE DE L'IGNOBLE...
— NOUVEL OBSERVATEUR
Dès le 19 Décembre

Cinéparc DOLLARD
TRANS-CANADIENNE sortie 55 684-8442
LES PORTES OUVRENT À 19:30
Enfants, 13 ans et moins admis gratuitement en tout temps.
Adultes et Adolescents..... $5.50
Mardi..... $2.50
Jeudi..... $5.00 par auto
1 RAW DEAL
2 LE BRAS IMPITOYABLE DE LA LOI!
STALLONE COBRA
PLUS Footloose
PLUS After Hours
3 «Ils sont de retour»
POLTERGEIST II THE OTHER SIDE
PLUS RED SONJA
4 THE MANHATTAN PROJECT
PLUS COCOON

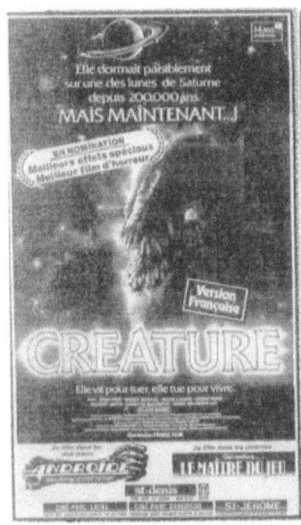

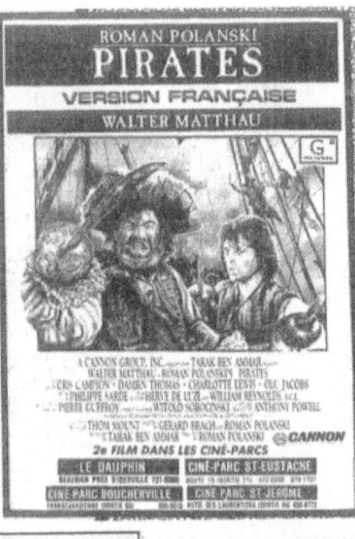

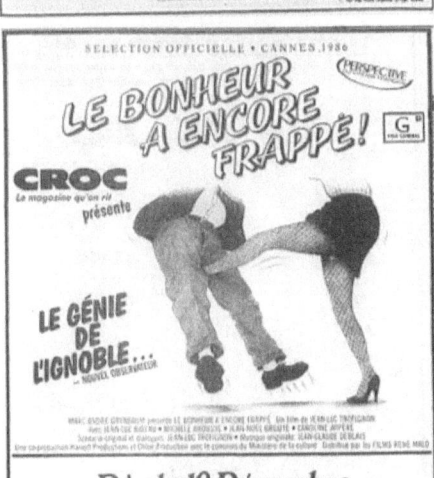

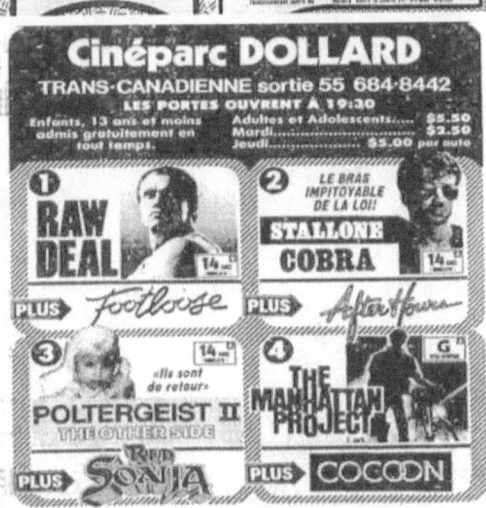

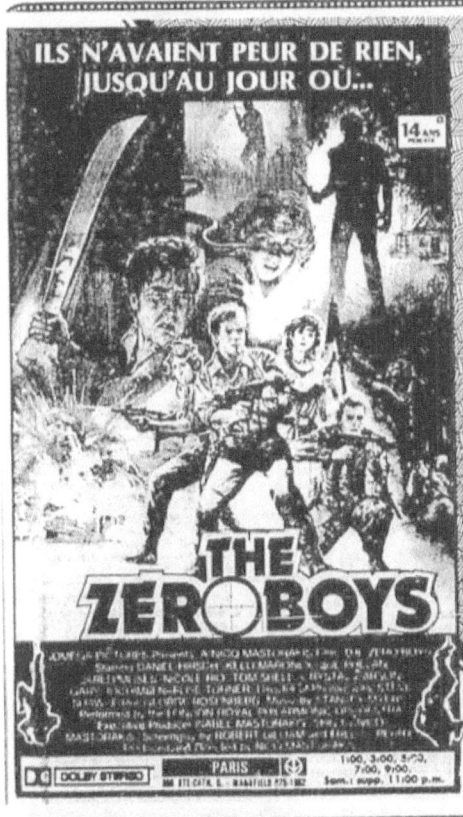

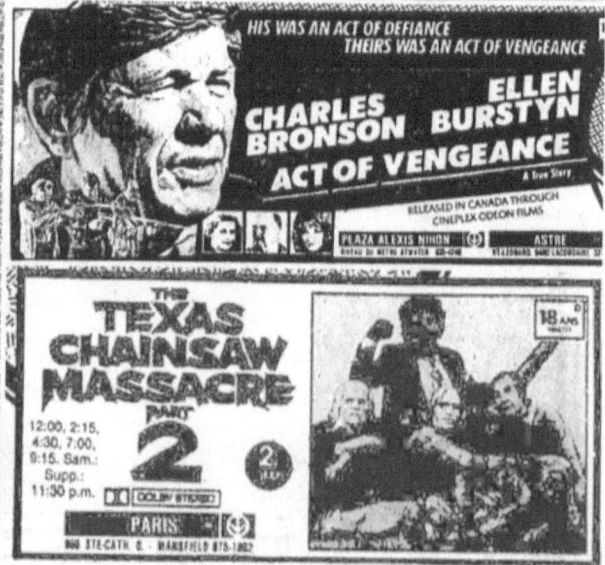

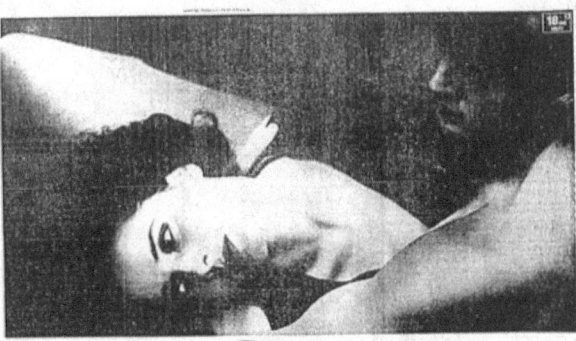

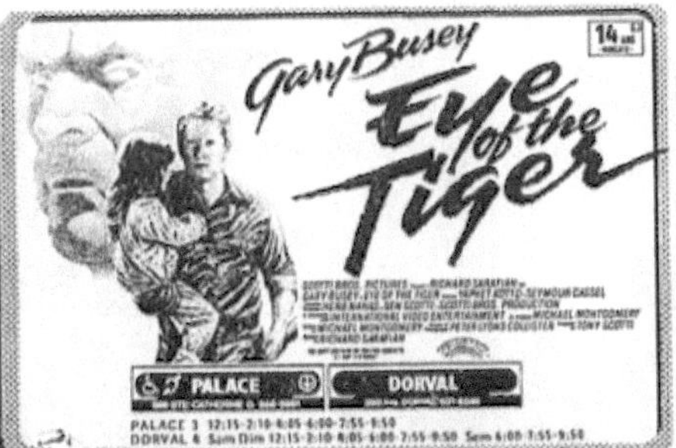

14 ans
Gary Busey
Eye of the Tiger
PALACE
DORVAL
PALACE 3 12:15-2:10-4:05-6:00-7:55-9:50
DORVAL 4 Sam Dim 12:15-2:10-4:05-6:00-7:55-9:50 Sem 6:00-7:55-9:50

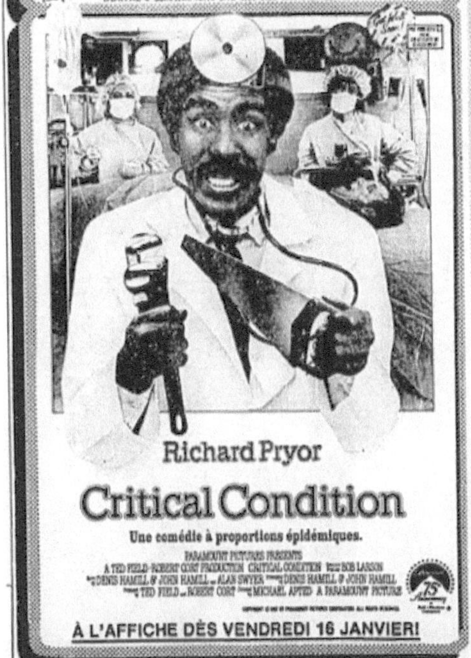

Richard Pryor
Critical Condition
Une comédie à proportions épidémiques.
PARAMOUNT PICTURES PRESENTS
À L'AFFICHE DÈS VENDREDI 16 JANVIER!

G
CROCODILE DUNDEE
PAUL HOGAN
Version française
DOLBY STEREO
Le PARISIEN
VERSAILLES
GREENFIELD PARK
LAVAL
PARISIEN 2 1:25-3:25-5:25-7:30 9:35 Sam Couche tard 11:40
GREENFIELD 1 Sam Dim 5:25-7:30-9:35 Sem 7:30-9:35
VERSAILLES 1-LAVAL 4 Sam Dim 1:25-3:25-5:25-7:30-9:35
Sem 7:30-9:35 Sam Couche tard 11:40
Version anglaise
DOLBY STEREO
PALACE
PALACE 6 1:25-3:25-5:25-7:30-9:35
Sam Couche tard 11:40

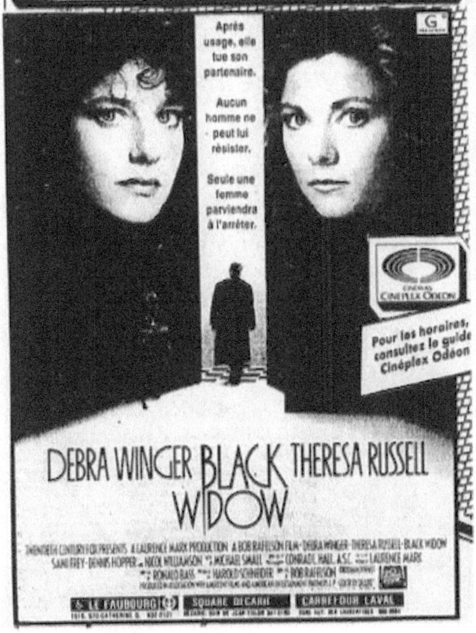

G
Après usage, elle tue son partenaire.
Aucun homme ne peut lui résister.
Seule une femme parviendra à l'arrêter.
CINÉPLEX ODÉON
Pour les horaires, consultez le guide Cinéplex Odéon
DEBRA WINGER BLACK WIDOW THERESA RUSSELL
LE FAUBOURG
SQUARE DECARIE
CARREFOUR LAVAL

«DRÔLEMENT AMER...
STEVE MARTIN EST SAUVAGEMENT DRÔLE...
UN DES 10 MEILLEURS FILMS DE L'ANNÉE...
G
EN NOMINATION POUR 2 «GOLDEN GLOBE» MEILLEUR FILM Comédie musicale MEILLEURE MUSIQUE ORIGINALE
LITTLE SHOP OF HORRORS
70MM
DOLBY STEREO
PALACE
FAIRVIEW
PALACE 1
12:15-2:10-4:05-6:00-7:55-9:50 Sam Couche tard 11:45
FAIRVIEW 1
Sam Dim 12:15-2:10-4:05-6:00-7:55-9:50 Sem 6:00-7:55-9:50

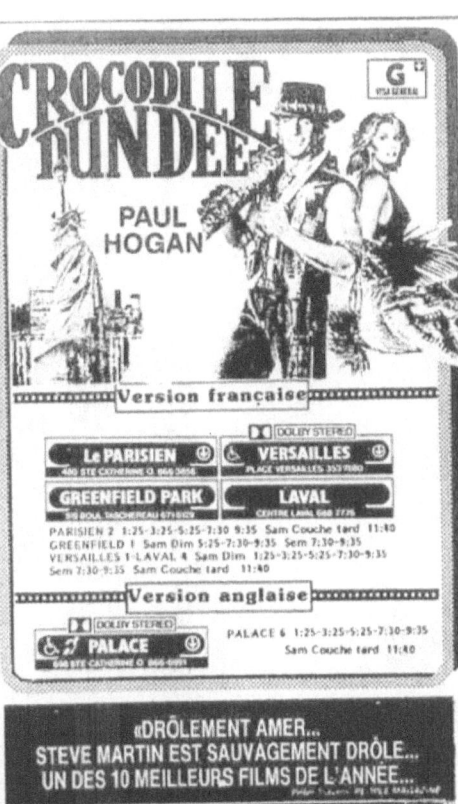

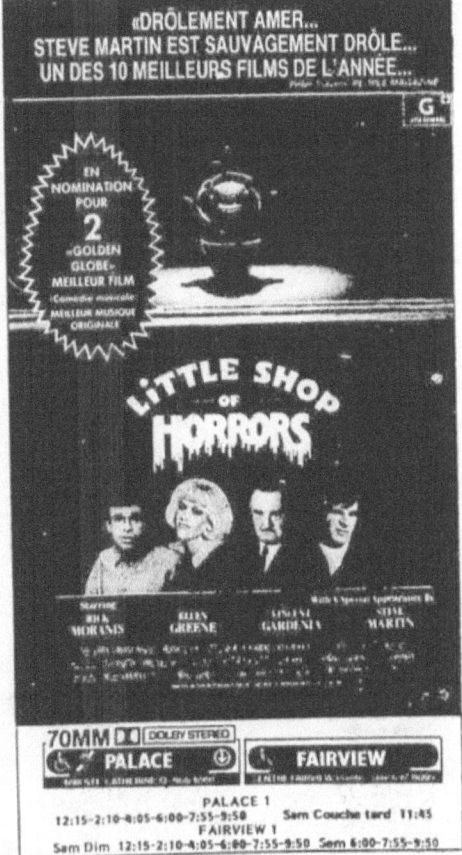

En nomination pour 3 Golden Globe
— dont —
Meilleur film — (Drame)
Meilleure actrice de soutien
Meilleur réalisateur
«MERVEILLEUSEMENT DRÔLE
c'est comme des vacances dépaysantes. Le jeu est superbe. Mlle Bonham Carter nous offre une performance raffinée... Une réussite.
— Vincent Canby NEW YORK TIMES
Chambre avec Vue
VERSION FRANÇAISE
'A ROOM WITH A VIEW'
Cinecom
Dès le 30 janvier!
Pour gagner des laissez-passer pour la première! Écoutez...
Pour les horaires, consultez le guide Cinéplex Odéon!
Les combats d'arts martiaux les plus meurtriers jamais portés à l'écran
LE MAÎTRE NINJA EST DE RETOUR!
Prière pour un Tueur
CARREFOUR LAVAL
CHAMPLAIN
LONGUEUIL
Une nouvelle vedette est née
MARIANNE BASLER
ROSA LA ROSE
Bientôt
One More SATURDAY NIGHT
BONAVENTURE
2001 UNIVERSITÉ
Le nouveau film de Woody Allen!
RADIO DAYS
Dès le 30 janvier!
MGM presente un film spécial plein de courage, d'espoir et de merveilles.
VERSION FRANÇAISE
SOLARBABIES
Dès le 30 janvier!
Le rythme endiablé les entraînera à la MORT!
Murder Rock
Version Française
KEITH EMERSON
CHAMPLAIN
ASTRE
À vous couper le souffle...
BRONSON
ASSASSINATION
RELEASED IN CANADA THROUGH CINEPLEX ODEON FILMS
THE CANNON GROUP, INC. CHARLES BRONSON
ASSASSINATION
JILL IRELAND · STEPHEN ELLIOTT · JAN GAN BOYD
RANDY BROOKS · MICHAEL ANSARA · WILLIAM PRINCE
ROBERT O. RAGLAND
VALENTINE McCALLUM
MENAHEM GOLAN
YORAM GLOBUS
RICHARD SALE
PETER HUNT
PLAZA ALEXIS NIHON
NIVEAU DU MÉTRO ATWATER
BONAVENTURE
ASTRE
BROSSARD
PLACE BONAVENTURE
ST-LÉONARD, 6480 LACORDAIRE 327-5001
MAIL CHAMPLAIN

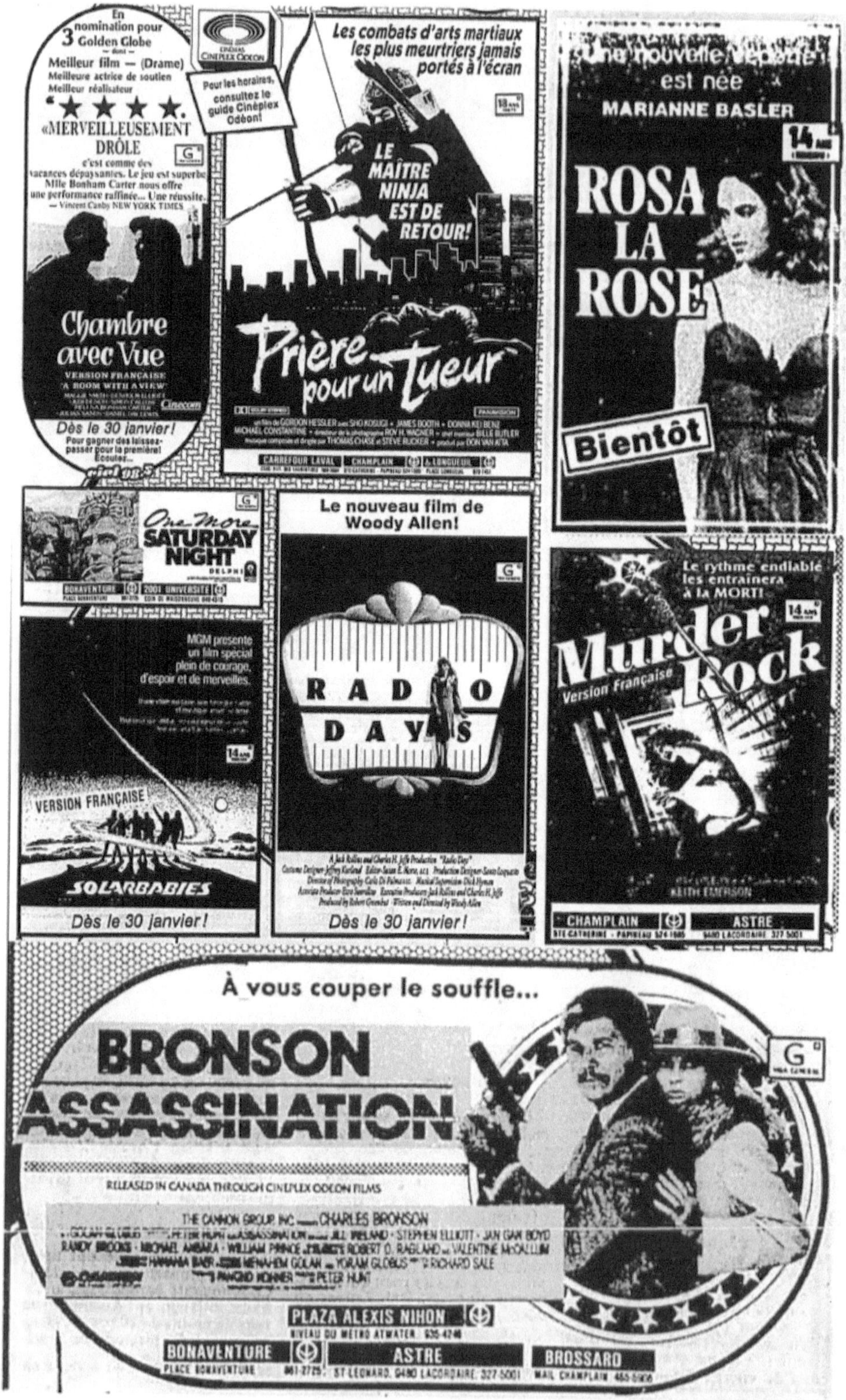

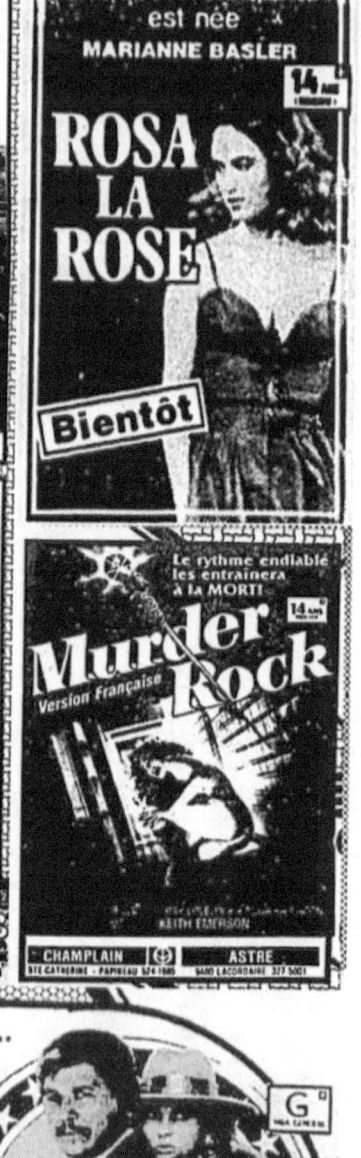

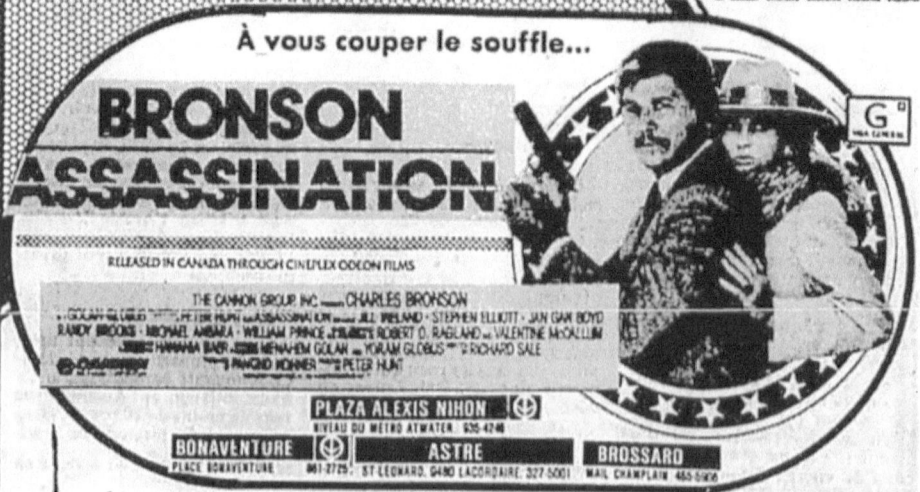

"Bonnaire" miraculeuse!
"Azema" extra! et "Piccoli" fortissimo!
—LIBÉRATION
Ce film inspiré grâce à ses interprètes, une réussite exceptionnelle
—TÉLÉRAMA
Sandrine Bonnaire est admirable et admirablement filmée, puissante et belle, qui s'impose comme la meilleure actrice française de sa génération.
—LE MONDE
Un film de Jacques Doillon
LA PURITAINE
Sandrine Bonnaire, Michel Piccoli, Sabine Azema
ÉLYSÉE
35 MILTON 842-6053
Sam Dim 1:40-3:30-5:20-7:10-9:05 Sem 7:10-9:05

La comédie la plus hilarante de 1986...
CHEVY CHASE
STEVE MARTIN
MARTIN SHORT
3 AMIGOS!
VERSION FRANÇAISE
ORION
In Association With HOME BOX OFFICE
CHAMPLAIN
ASTRE
BROSSARD
CARREFOUR LAVAL

Interlude of LUST
EVE
Plus: 2nd. EROTIC FILM
House of 1001 Pleasures
GUY
Plus: 2nd. EROTIC FILM
3e sem
ÉCHANGES de FEMMES pour le WEEKEND
PAPINEAU 2
Plus: 2e. FILM EROTIQUE
CASSETTES VIDEO À VENDRE

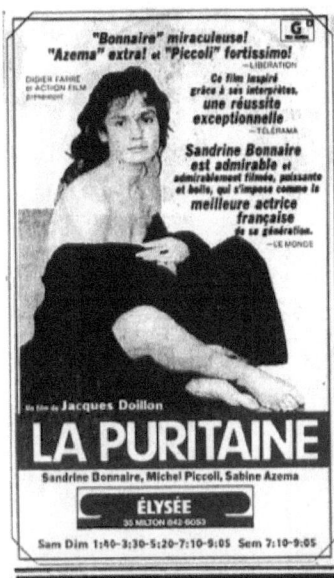

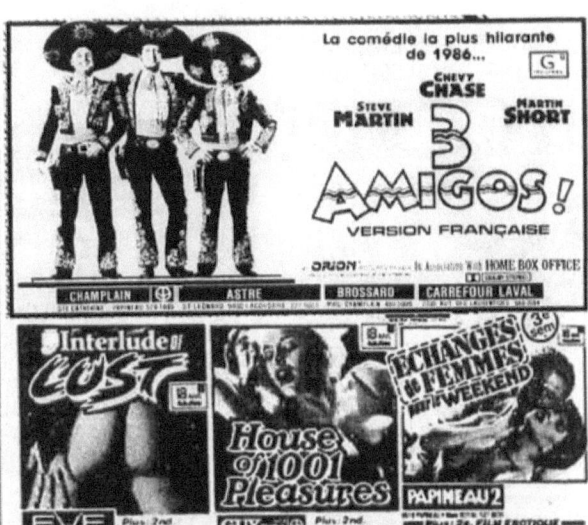

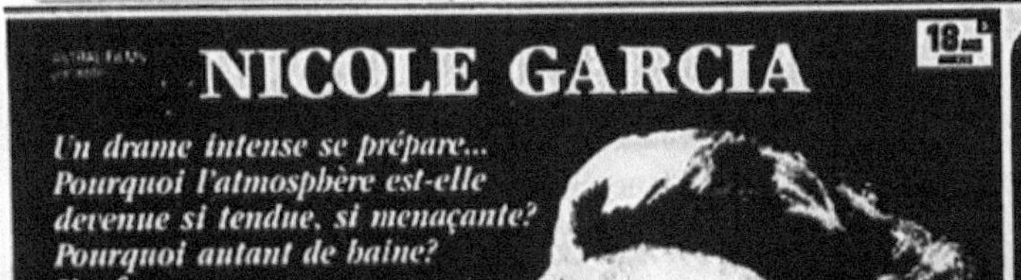
18 ans
NICOLE GARCIA
Un drame intense se prépare...
Pourquoi l'atmosphère est-elle devenue si tendue, si menaçante?
Pourquoi autant de haine?
L'enfer commence...
MORT UN DIMANCHE DE PLUIE
un Film de JOEL SANTONI
avec NICOLE GARCIA • JEAN-PIERRE BACRI • DOMINIQUE LAVANANT • JEAN-PIERRE BISSON
Chanson thème de Marshall Titus «I'M WALKING AWAY»
À L'AFFICHE BIENTÔT!

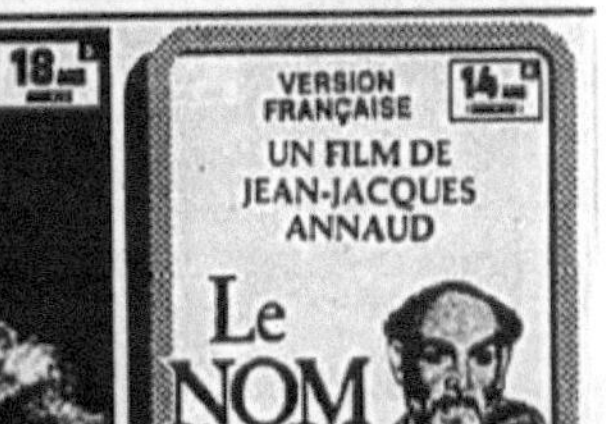
VERSION FRANÇAISE
14 ans
UN FILM DE JEAN-JACQUES ANNAUD
Le NOM de la ROSE
Le PARISIEN
480 STE CATHERINE O 866-3856
VERSAILLES
PLACE VERSAILLES 353-7880
PARISIEN 4 1:45-4:20-7:00-9:35
Sam Couche tard 12:00
VERSAILLES 3 Sam Dim
1:45-4:20-7:00-9:35 Sem 7:00-9:35
Sam Couche tard 12:00
LOEWS
954 STE CATHERINE O 861-7437
LOEWS 5 1:15-3:50-6:30-9:05
Sam Couche tard 11:40
UNITED THEATRES

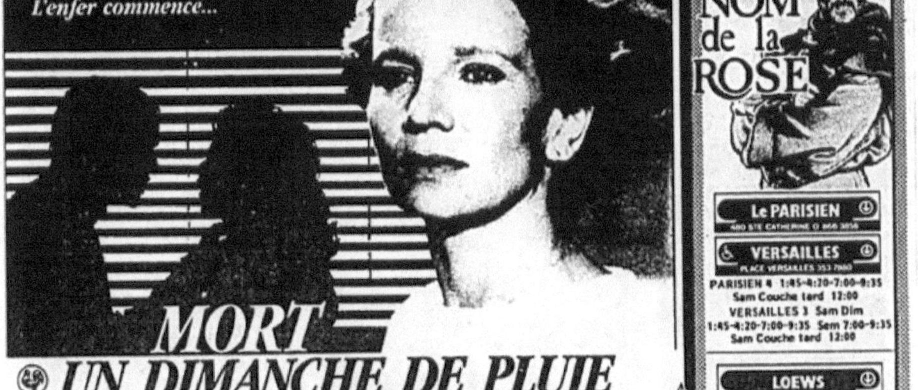
LITTLE SHOP OF HORRORS
«DRÔLEMENT AMER... STEVE MARTIN EST SAUVAGEMENT DRÔLE...
UN DES 10 MEILLEURS FILMS DE L'ANNÉE...
— Peter Travers, PEOPLE MAGAZINE
G
70MM DOLBY STEREO
PALACE
FAIRVIEW
PALACE 1 12:15-2:10-4:05-6:00-7:55-9:50 Sam Couche tard 11:45
FAIRVIEW 1 Sam Dim 12:15-2:10-4:05-6:00-7:55-9:50 Sem 6:00-7:55-9:50

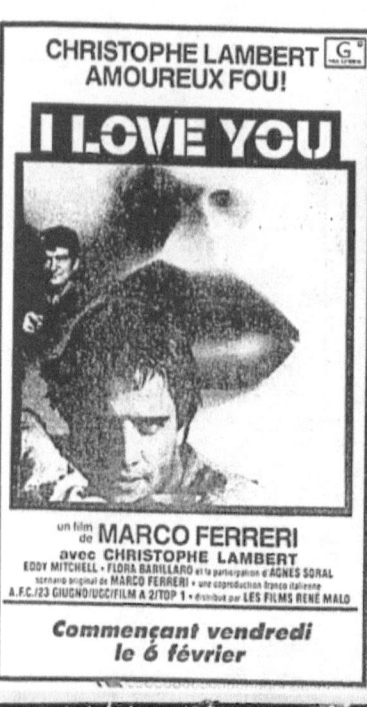

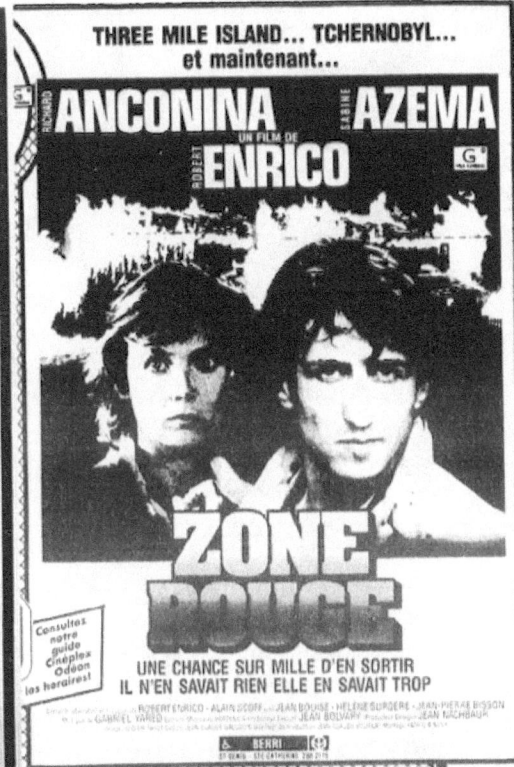

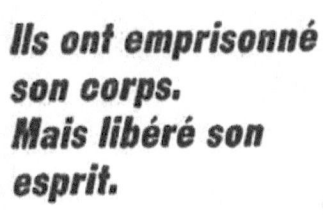

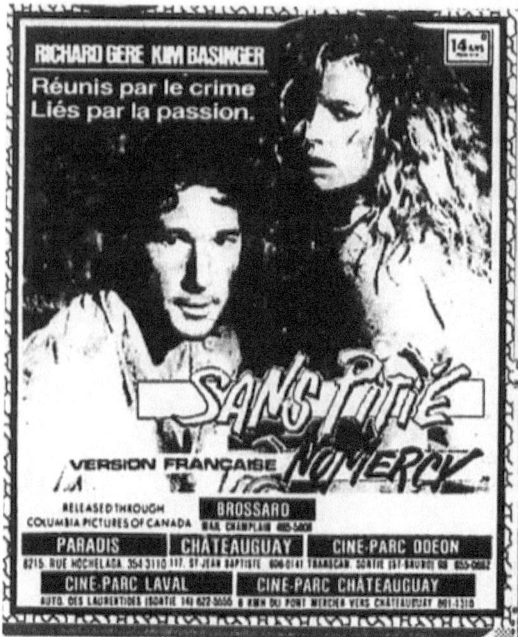
RICHARD GERE KIM BASINGER
14 ans
Réunis par le crime
Liés par la passion.
SANS PITIÉ
VERSION FRANÇAISE NO MERCY
RELEASED THROUGH COLUMBIA PICTURES OF CANADA
BROSSARD
PARADIS
CHÂTEAUGUAY
CINE-PARC ODEON
CINE-PARC LAVAL
CINE-PARC CHÂTEAUGUAY

Les Géants sont de retour...
KIRK DOUGLAS
BURT LANCASTER
G
COUP DOUBLE
DOLBY STEREO
Le PARISIEN
LAVAL
GREENFIELD PARK
VERSAILLES
PARISIEN 3 1:15-3:15-5:15-7:15-9:15
COUCHE TARD samedi 11:10
VERSAILLES 4 Tous les jours 7:15-9:20
MATINEES samedi dimanche 1:00-3:05-5:10
COUCHE TARD samedi 11:30
LAVAL 5 Tous les jours 7:25-9:30
COUCHE TARD samedi 11:35
GREENFIELD 3 Tous les jours 7:10-9:15

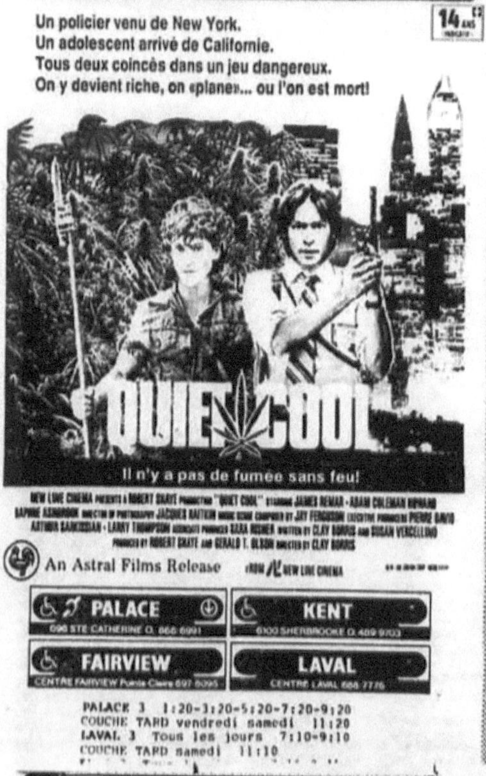
Un policier venu de New York.
Un adolescent arrivé de Californie.
Tous deux coincés dans un jeu dangereux.
On y devient riche, on «plane»... ou l'on est mort!
14 ans
QUIET COOL
Il n'y a pas de fumée sans feu!
An Astral Films Release
PALACE
696 STE CATHERINE O. 866-6991
KENT
6100 SHERBROOKE O. 489-9703
FAIRVIEW
CENTRE FAIRVIEW Pointe Claire 697-5095
LAVAL
CENTRE LAVAL 688-7776
PALACE 3 1:20-3:20-5:20-7:20-9:20
COUCHE TARD vendredi samedi 11:20
LAVAL 3 Tous les jours 7:10-9:10
COUCHE TARD samedi 11:10

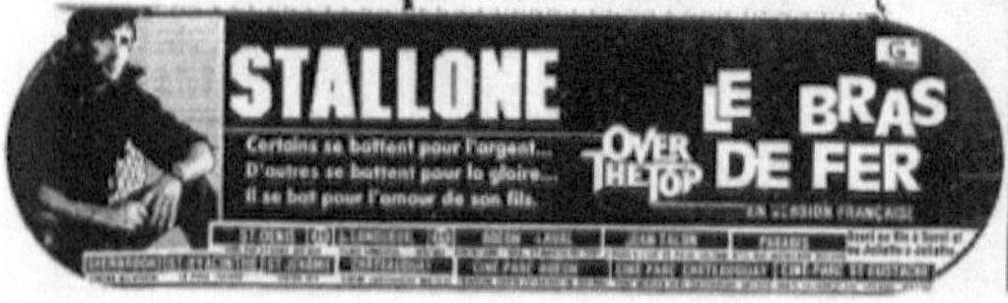
STALLONE
LE BRAS DE FER
OVER THE TOP
Certains se battent pour l'argent...
D'autres se battent pour la gloire...
Il se bat pour l'amour de son fils.
EN VERSION FRANÇAISE

20 ans les séparent...
En cette nuit sordide où meurtre,
haine, amour, passion et suspense
se côtoient, le voile tombe...
CLAUDE BRASSEUR
SOPHIE MARCEAU
ASTRAL FILMS présente
DESCENTE AUX ENFERS
Un film de FRANCIS GIROD
écrit par JEAN-LOUP DABADIE
d'après le roman de DAVID GOODIS
produit par ARIEL ZEITOUN
Le PARISIEN
PARISIEN 3 1:00-2:45-4:30-6:15-8:00-9:45

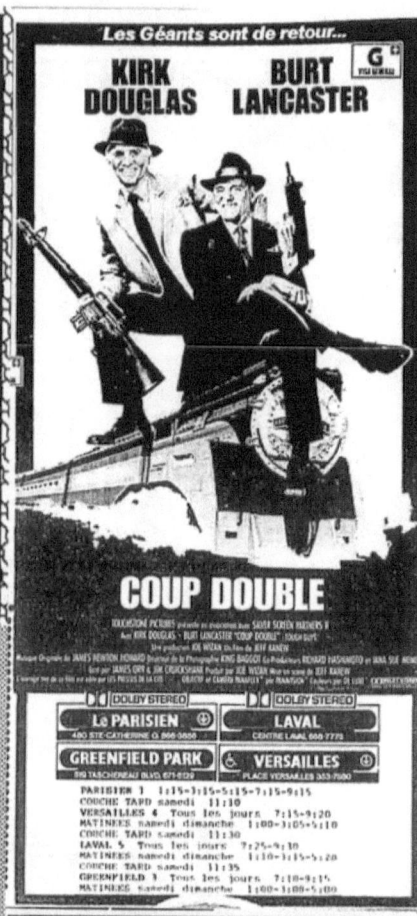

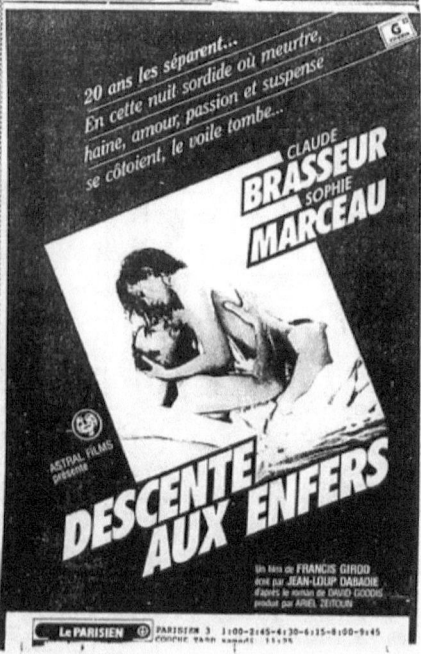

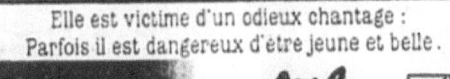

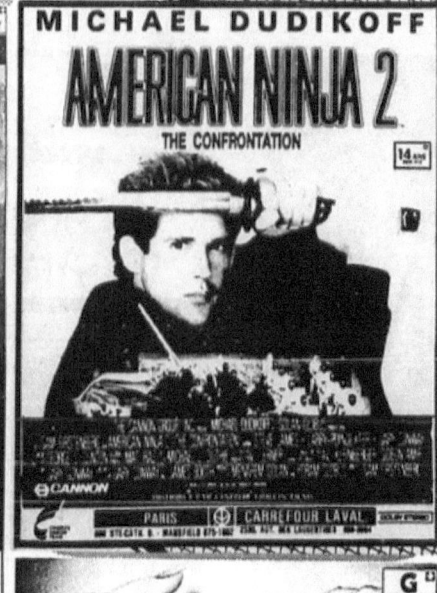

BIENTÔT À L'AFFICHE

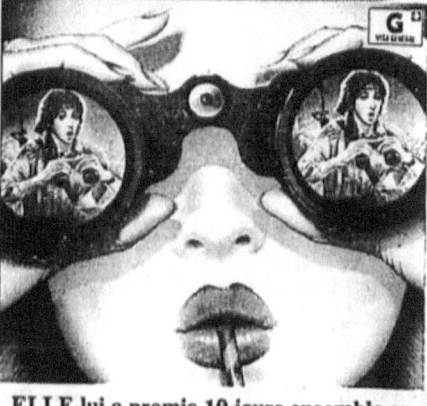

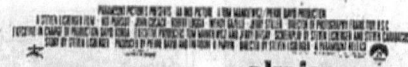

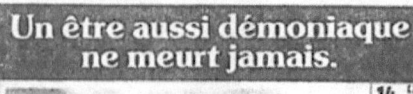

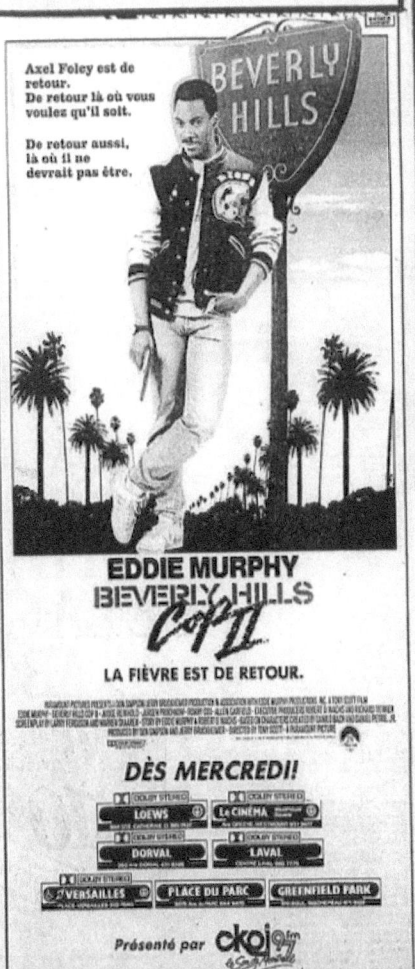

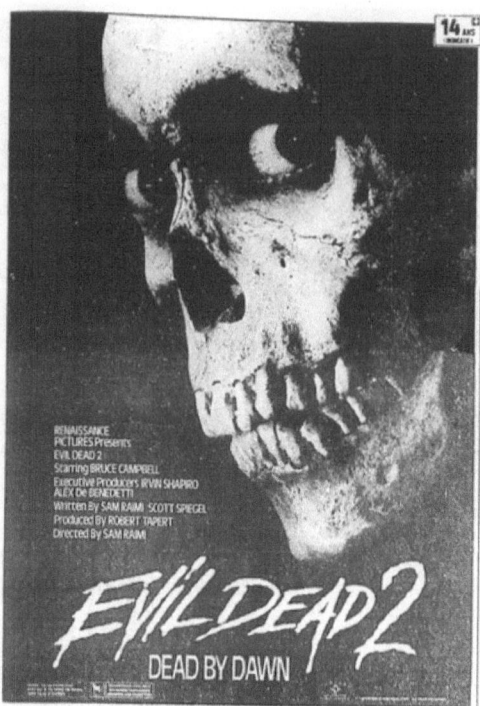

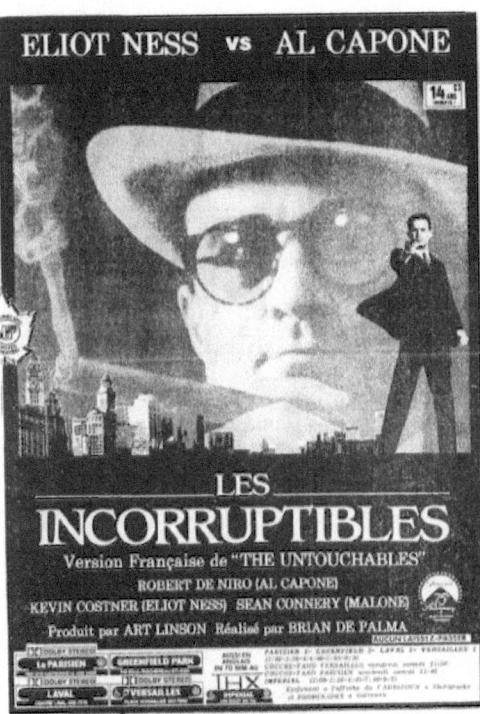

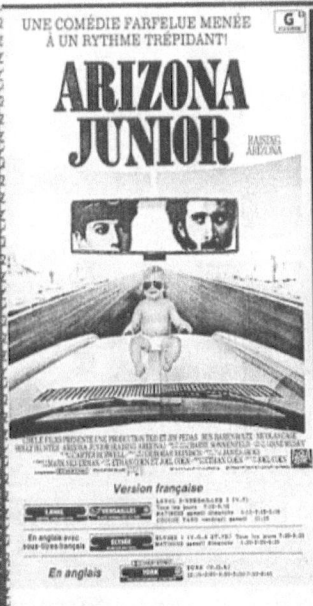

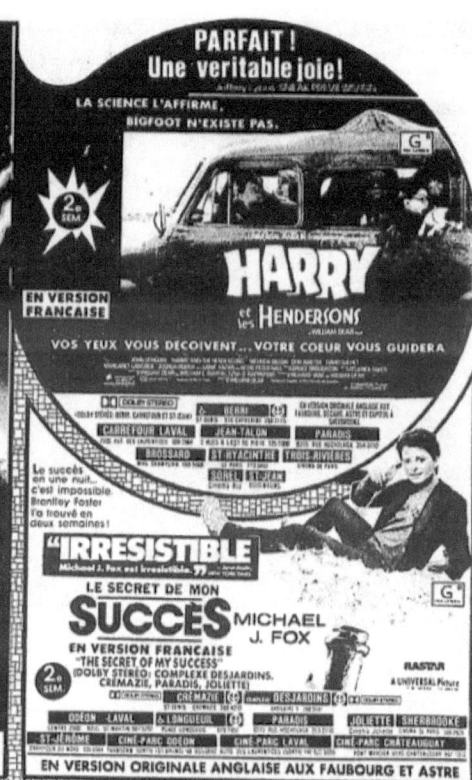

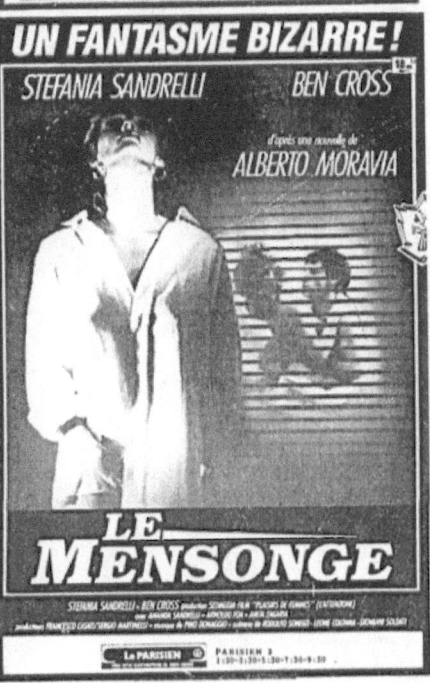

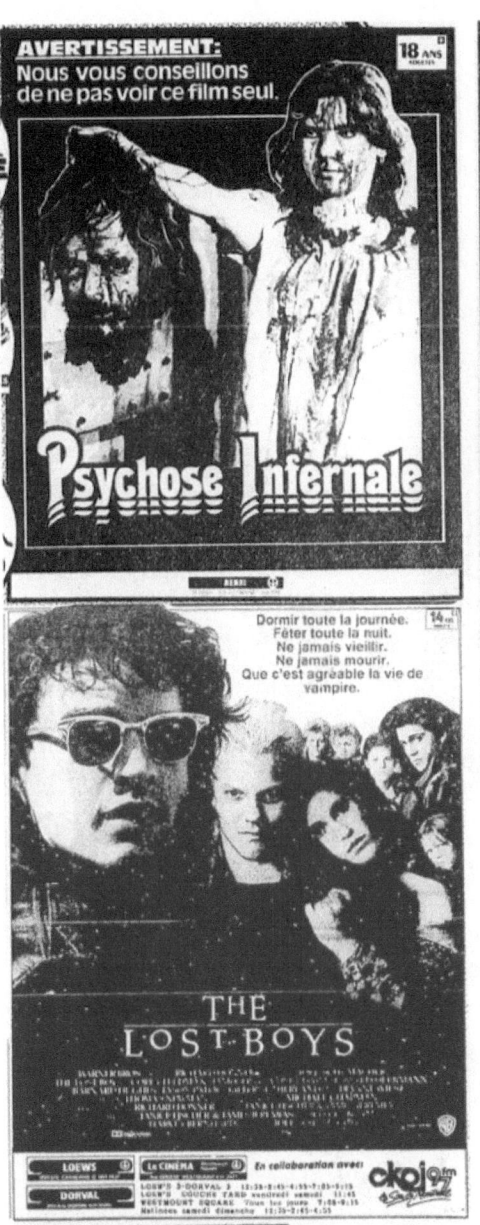

UN BOMBARDIER BAPTISÉ «ONCLE SLAM» CONTRÔLE LES USA VIA LE ROCK'N ROLL . . .
«La comédie la plus lunatique depuis 'Dr. FOLAMOUR'»
-THE GUARDIAN
Dennis HOPPER
Michael J.POLLARD
FESTIVAL D'AVORIAZ '87 «PRIX SPÉCIAL du JURY» FESTIVAL DE MONTRÉAL «SÉLECTION OFFICIELLE»
JEAN ZALOUM présente
version française
AMERICAN WAY
avec WILLIAM ARMSTRONG · GWEN HUMBLE un film de MAURICE PHILLIPS
Le PARISIEN
VERSAILLES
EN ANGLAIS AU PALACE

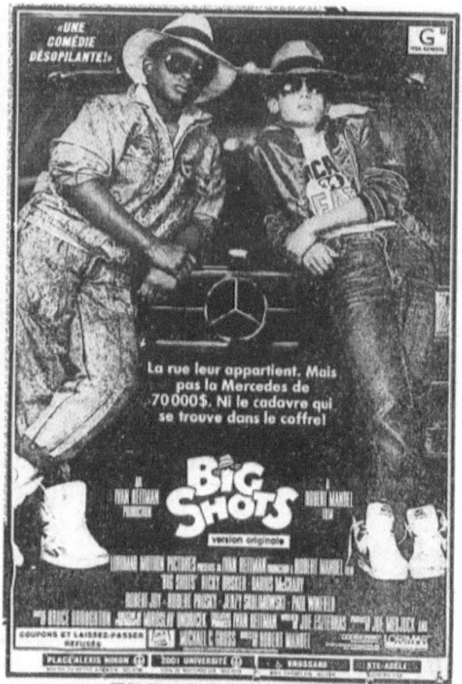
«UNE COMÉDIE DÉSOPILANTE!»
La rue leur appartient. Mais pas la Mercedes de 70 000$. Ni le cadavre qui se trouve dans le coffre!
BIG SHOTS
version originale
COUPONS ET LAISSEZ-PASSER REFUSÉS
PLACE ALEXIS NIHON
2001 UNIVERSITÉ
BROSSARD
STE-ADÈLE

14 ANS
Qui fera ce sale boulot?
RICHARD DREYFUSS
EMILIO ESTEVEZ
LA FILATURE
VERSION FRANÇAISE DE STAKEOUT
Le PARISIEN
1:45-4:15-6:45-9:20
COUCHE TARD samedi 11:35
LAVAL
CENTRE LAVAL
sam dim 12:00-2:25-4:45-7:10-9:40
COUCHE TARD samedi 12:00
Tous les jours 7:10-9:40
GREENFIELD PARK
sam dim 12:10-2:30-4:50-7:10-9:30
Tous les jours 7:10-9:30
VERSAILLES
PLACE VERSAILLES
sam dim 12:10-2:30-4:50-7:10-9:30
COUCHE-TARD samedi 12:45
Tous les jours 7:10-9:30
V.O.A. «STAKEOUT» au LOEWS, KENT et FAIRVIEW.

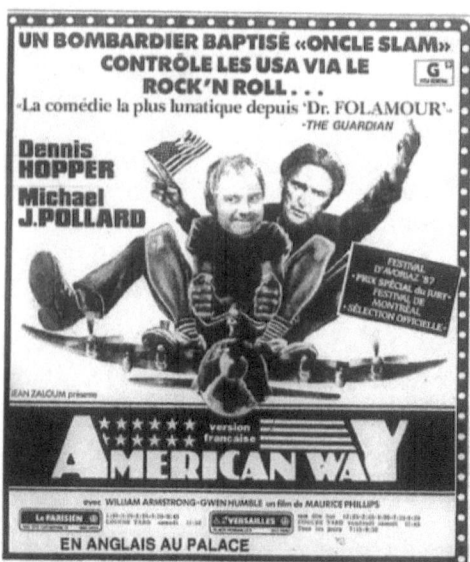

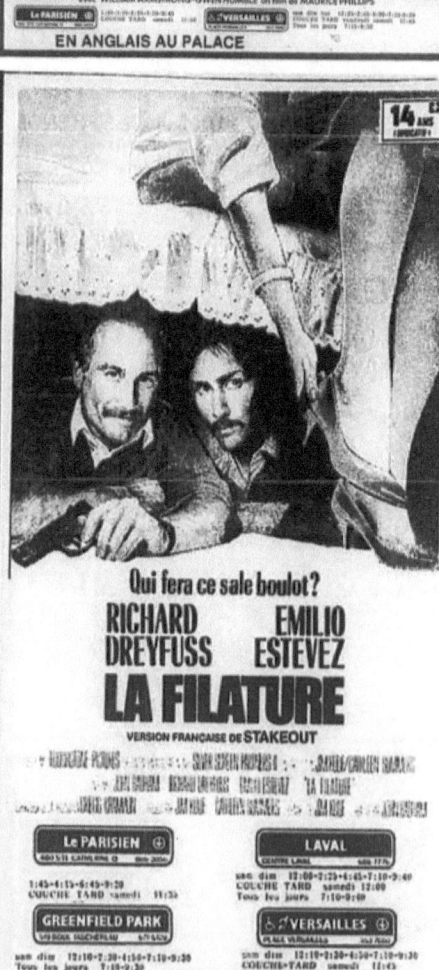

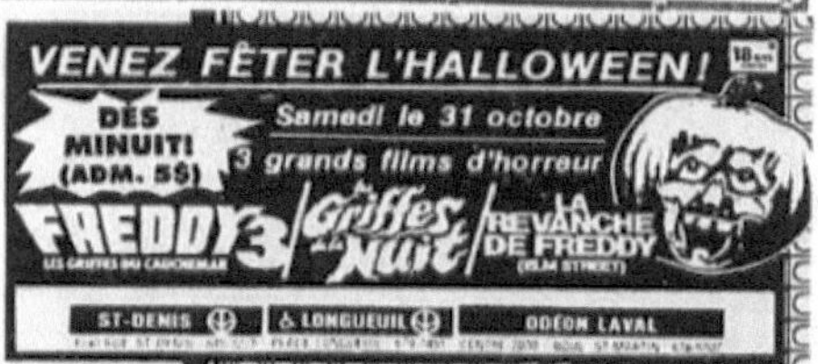
VENEZ FÊTER L'HALLOWEEN!
DÈS MINUIT! (ADM. 5$)
Samedi le 31 octobre
3 grands films d'horreur
FREDDY 3
LES GRIFFES DU CAUCHEMAR
Griffes de la Nuit
LA REVANCHE DE FREDDY
(ELM STREET)
ST-DENIS
LONGUEUIL
ODÉON LAVAL

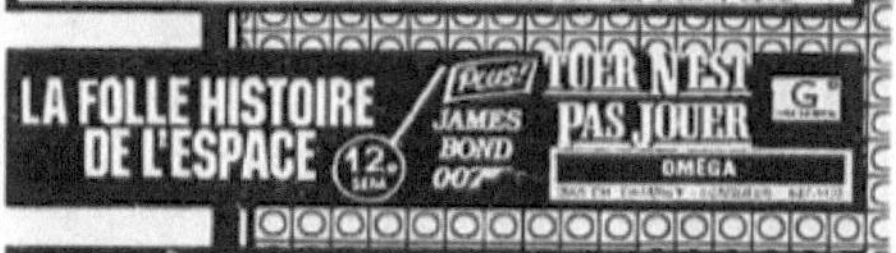
LA FOLLE HISTOIRE DE L'ESPACE
PLUS! JAMES BOND 007
TUER N'EST PAS JOUER
OMÉGA

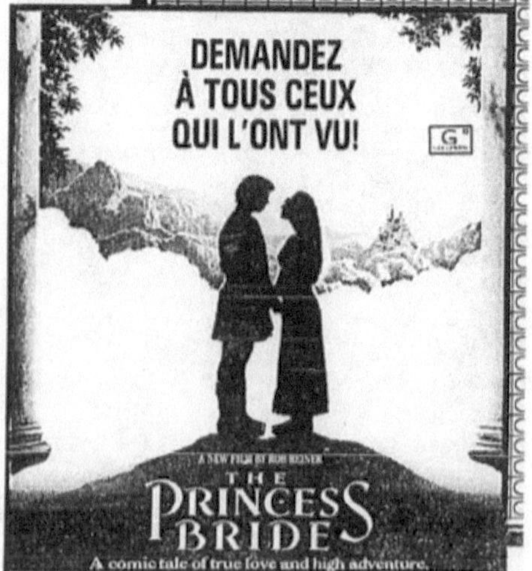
DEMANDEZ À TOUS CEUX QUI L'ONT VU!
A NEW FILM BY ROB REINER
THE PRINCESS BRIDE
A comic tale of true love and high adventure.
version originale
LE FAUBOURG
CARREFOUR LAVAL
SQUARE DÉCARIE

3 SALLES DE CINÉMA INTERNATIONAL — BOGART
3575 Ave. du PARC 844-9470

Une sélection des meilleurs films présentés dans leurs versions originales avec sous-titres français ou anglais.

STATIONNEMENT INTÉRIEUR 1.50$ Situé dans le complexe Place du PARC (LaCité)
(Faites valider votre billet au cinéma.) Métro Place des Arts Autobus 80

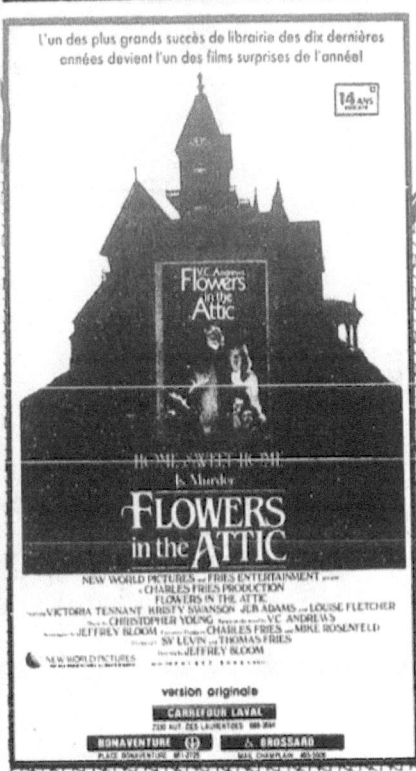

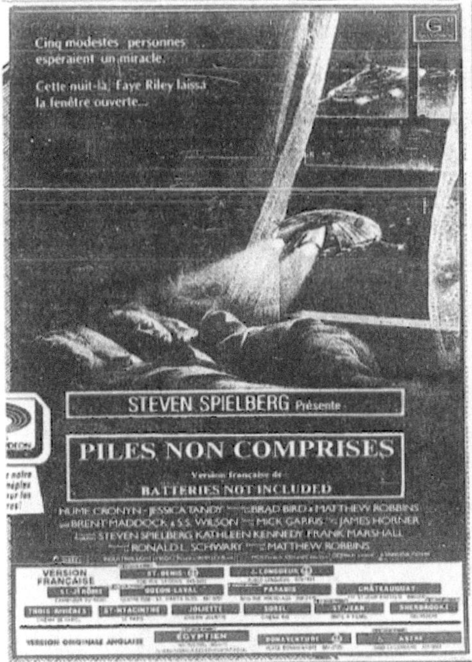
Cinq modestes personnes espéraient un miracle.
Cette nuit-là, Faye Riley laissa la fenêtre ouverte...
G
STEVEN SPIELBERG Présente
PILES NON COMPRISES
Version française de
BATTERIES NOT INCLUDED
HUME CRONYN · JESSICA TANDY
VERSION FRANÇAISE
VERSION ORIGINALE ANGLAISE

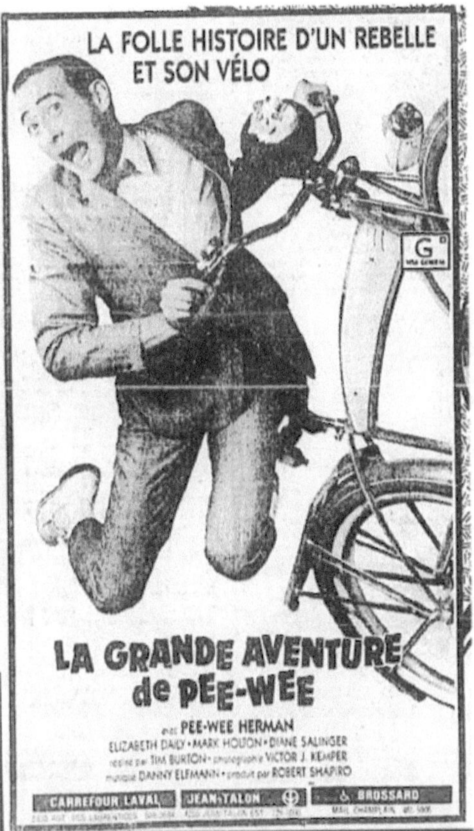
LA FOLLE HISTOIRE D'UN REBELLE
ET SON VÉLO
G
LA GRANDE AVENTURE
de PEE-WEE
avec PEE-WEE HERMAN
ELIZABETH DAILY · MARK HOLTON · DIANE SALINGER
réalisé par TIM BURTON · photographie VICTOR J. KEMPER
musique DANNY ELFMANN · produit par ROBERT SHAPIRO
CARREFOUR LAVAL
JEAN-TALON
BROSSARD

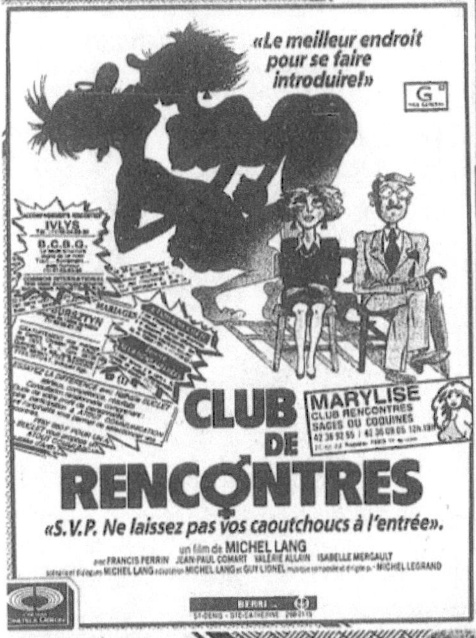
«Le meilleur endroit
pour se faire
introduire!»
G
MARYLISE
CLUB RENCONTRES
SAGES OU COQUINES
CLUB
DE
RENCONTRES
«S.V.P. Ne laissez pas vos caoutchoucs à l'entrée».
un film de MICHEL LANG
avec FRANCIS PERRIN · JEAN-PAUL COMART · VALÉRIE ALLAIN · ISABELLE MERGAULT
BERRI
ST-DENIS - STE-CATHERINE

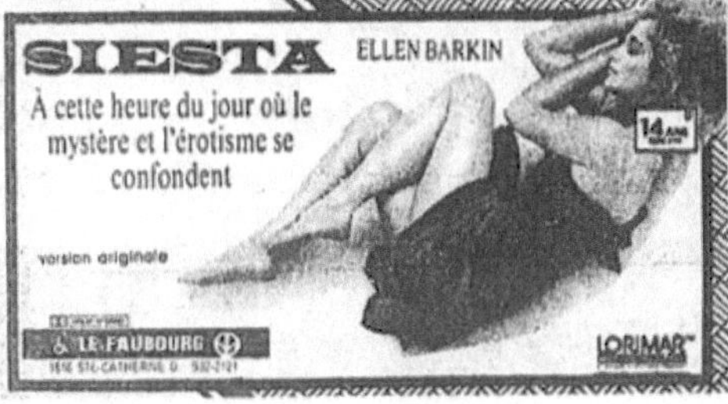
SIESTA
ELLEN BARKIN
À cette heure du jour où le
mystère et l'érotisme se
confondent
version originale
LE FAUBOURG
1616 STE-CATHERINE O.
LORIMAR

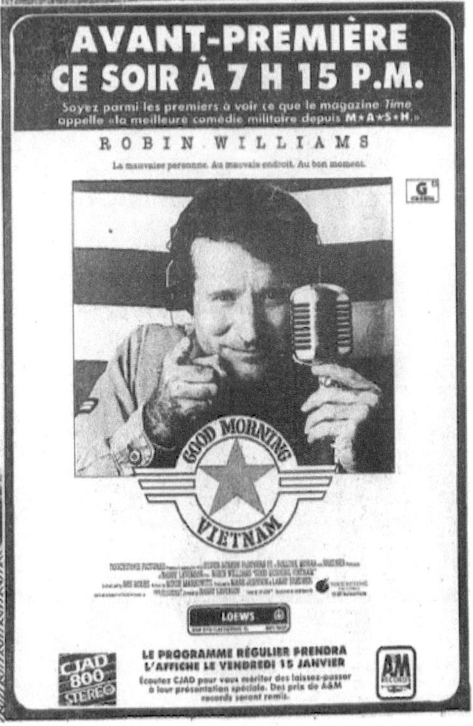
AVANT-PREMIÈRE
CE SOIR À 7 H 15 P.M.
Soyez parmi les premiers à voir ce que le magazine Time appelle «la meilleure comédie militaire depuis M*A*S*H.»
ROBIN WILLIAMS
La mauvaise personne. Au mauvais endroit. Au bon moment.
G
GOOD MORNING
VIETNAM
LOEWS
LE PROGRAMME RÉGULIER PRENDRA
L'AFFICHE LE VENDREDI 15 JANVIER
Écoutez CJAD pour vous mériter des laissez-passer à leur présentation spéciale. Des prix de A&M records seront remis.
CJAD 800 STEREO
A&M

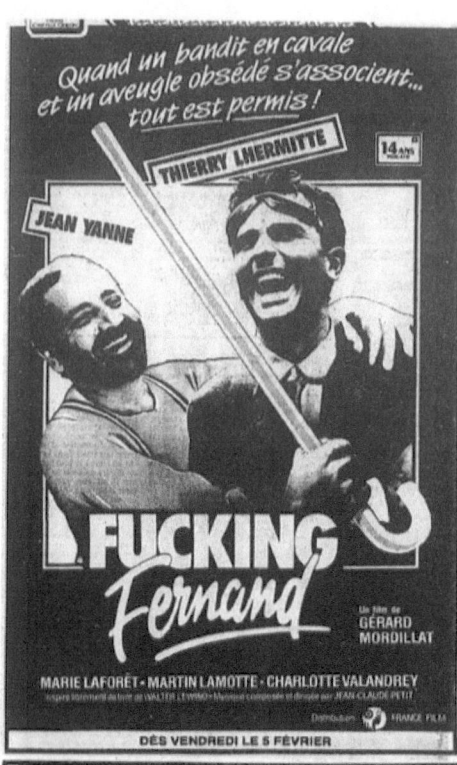

VOICI VENU LE TEMPS DE L'ACTION
Nom: Jericho Jackson
Surnom: Action
Résidence: Détroit
Profession: flic
Instruction: dipl. droit-Harvard
Hobby: combattre le crime.
Armes: vous les voyez!
CARL WEATHERS
IS
ACTION JACKSON
VERSION ORIGINALE ANGLAISE
14 ANS
POINTE-CLAIRE
PLACE ALEXIS-NIHON
BONAVENTURE
CARREFOUR LAVAL
ASTRE

14 ANS
STING
KATHLEEN TURNER
JULIA AND JULIA
VERSION ORIGINALE ANGLAISE
POINTE-CLAIRE
ÉGYPTIEN

2 NOMINATIONS AUX OSCARS
DONT
MEILLEURS COSTUMES
MEILLEURE ADAPTATION DE SCÉNARIO
LE MEILLEUR FILM DE L'ANNÉE
— La société des critiques de cinéma américains
ANJELICA HUSTON
DONAL McCANN
les Gens de Dublin
Un film de
JOHN HUSTON
d'après le chef-d'oeuvre de JAMES JOYCE
VESTRON PICTURES
DÈS VENDREDI
26 FÉVRIER

APRÈS L'APARTHEID
VOICI L'APPARTEMENTHEID!!
G
APPARTEMENT
5½ A LOUER.
MURS LEZARDES.
PLOMBERIE
DEFECTUEUSE.
COQUERELLES OU
PUCES FOURNIES.
IDEAL POUR PUNKS
OU PAUVRES
IMMIGRANTS.
L'OEIL AU BEURRE NOIR
UNE COMÉDIE QUI VOUS EN FERA
VOIR TOUTES LES COULEURS!
un film de SERGE MEYNARD
DOMINIQUE LAVANANT et MARTIN LAMOTTE
avec PATRICK BRAOUDE JEAN-PAUL LILIENFELD MICHEL BERTO
BERRI

MICHAEL DOUGLAS CHARLIE SHEEN DARYL HANNAH
EN VERSION
FRANÇAISE
WALL STREET
DÈS VENDREDI
12 FÉVRIER!
(Présentement en version originale anglaise aux Pointe-Claire, Faubourg et Carrefour Laval)

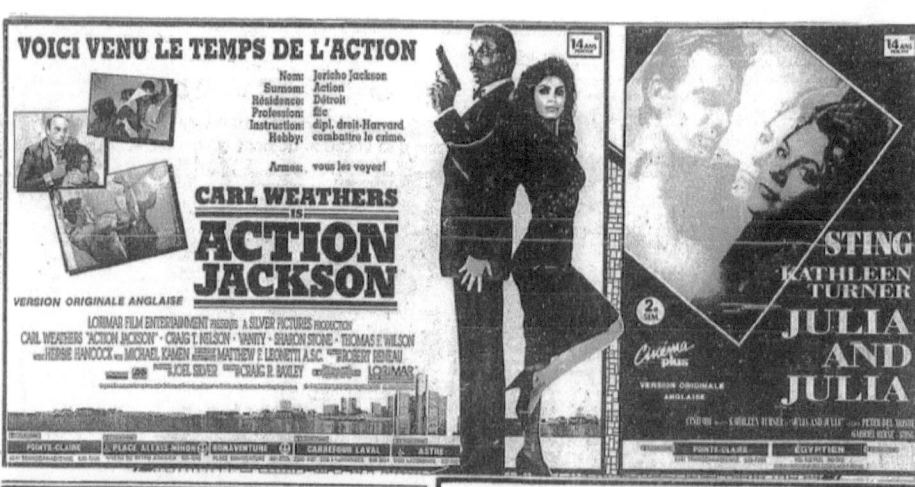

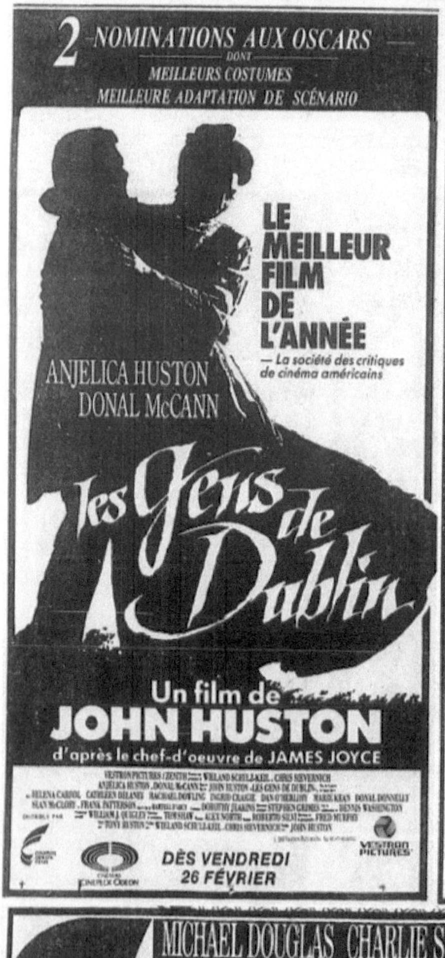

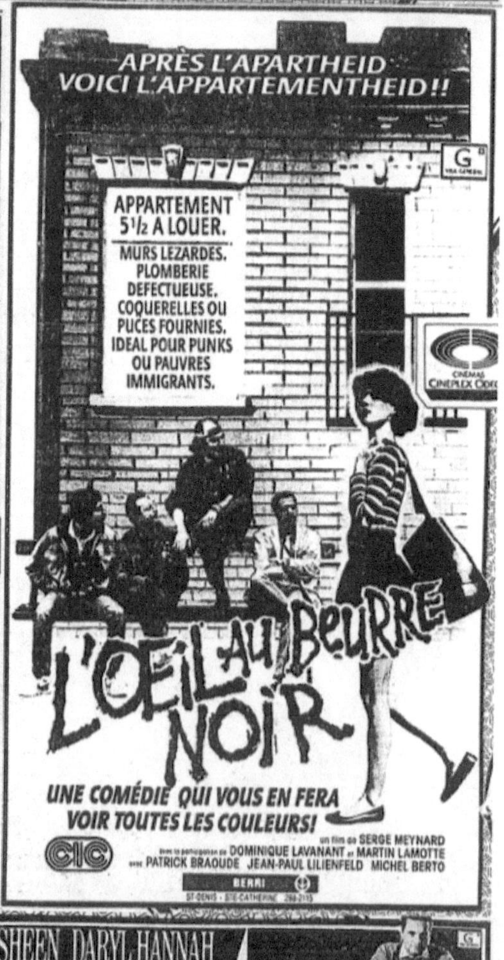

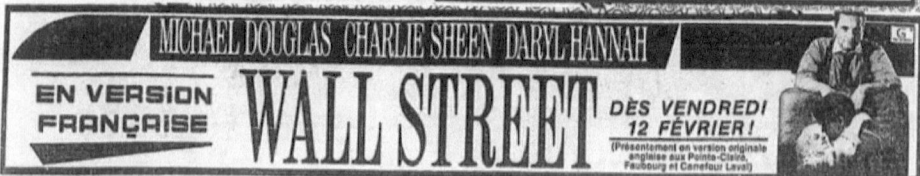

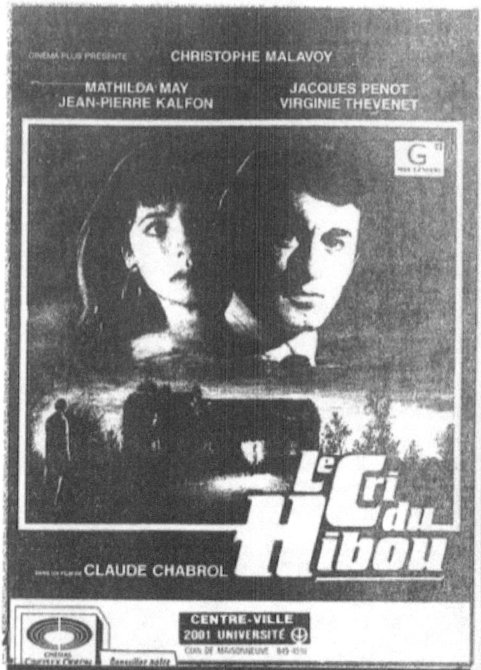
CHRISTOPHE MALAVOY
MATHILDA MAY
JEAN-PIERRE KALFON
JACQUES PENOT
VIRGINIE THEVENET
G
Le Cri du Hibou
CLAUDE CHABROL
CENTRE-VILLE
2001 UNIVERSITÉ

MATTHEW BRODERICK
L'ARMÉE A FAIT UN HOMME D'EUGENE, MAIS C'EST AUPRÈS DE DAISY QU'IL A EFFECTUÉ SA PÉRIODE DE FORMATION!
G
RASTAR
MIKE NICHOLS
NEIL SIMON'S
BILOXI BLUES
VERSION ORIGINALE ANGLAISE
COMMENÇANT LE VENDREDI 25 MARS!

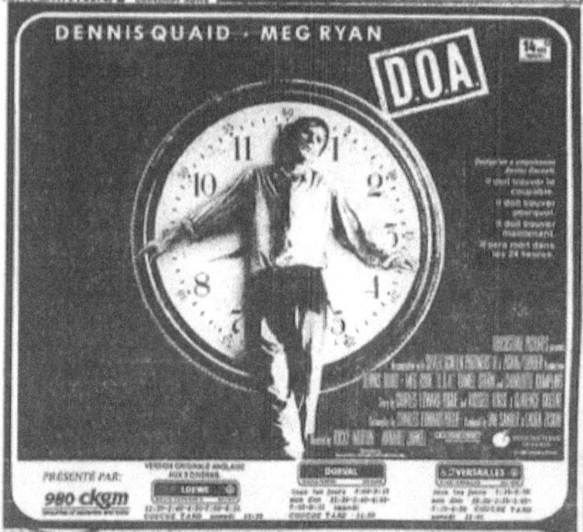
DENNIS QUAID · MEG RYAN
D.O.A.
980 ckgm

POLICE ACADEMY 5
ASSIGNMENT MIAMI BEACH
Attention! Les cadets sont arrivés sur les plages de Miami pour une nouvelle aventure.
WARNER BROS. Presents A PAUL MASLANSKY Production "POLICE ACADEMY 5: ASSIGNMENT MIAMI BEACH"
Starring BUBBA SMITH • DAVID GRAF • MICHAEL WINSLOW • LESLIE EASTERBROOK • MARION RAMSEY • JANET JONES
LANCE KINSEY • MATT McCOY as Nick • G.W. BAILEY as Capt. Harris and GEORGE GAYNES as Cmdt. Lassard
Music Composed by ROBERT FOLK Written by STEPHEN J. CURWICK Produced by PAUL MASLANSKY Directed by ALAN MYERSON
Dès vendredi 18 mars
Aux cinémas Famous Players

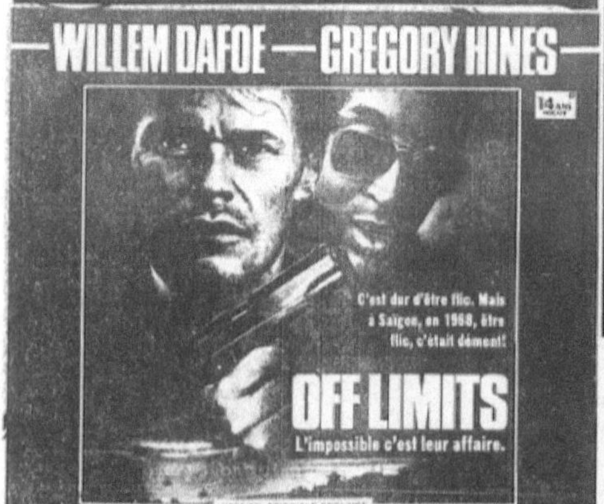
WILLEM DAFOE — GREGORY HINES
14 ANS
C'est dur d'être flic. Mais à Saïgon, en 1968, être flic, c'était dément!
OFF LIMITS
L'impossible c'est leur affaire.
VERSION ORIGINALE ANGLAISE

VIDÉO CASSETTES EN VENTE
18 ANS
Loves of Lolita
CINÉMA
L'AMOUR
849-6227
4015 ST LAURENT
dès 11h
AUSSI 2e FILM EROTIQUE

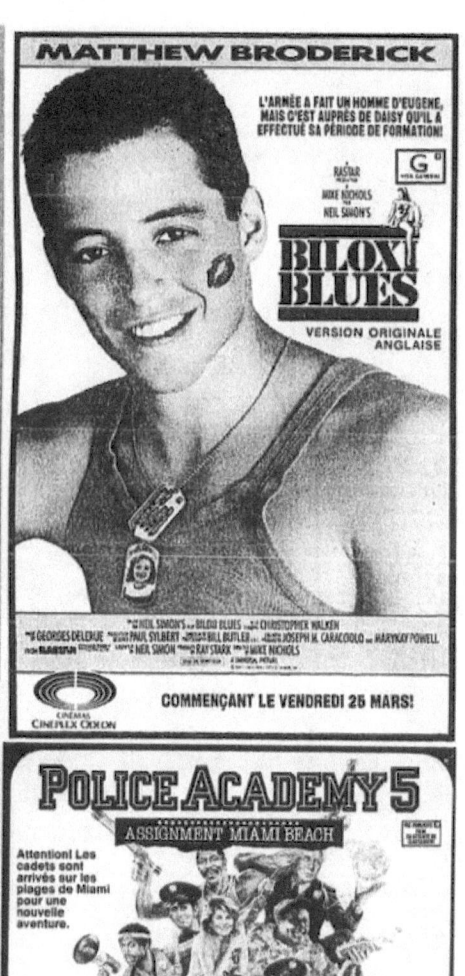

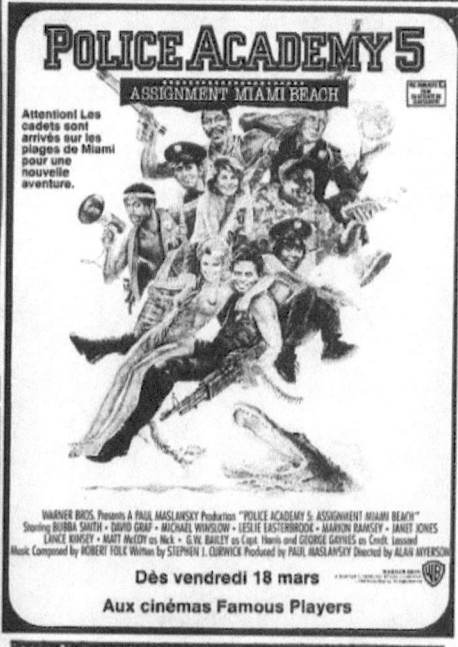

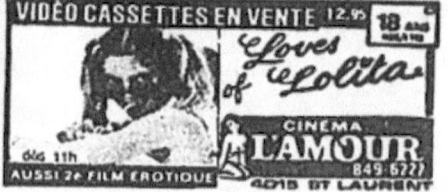

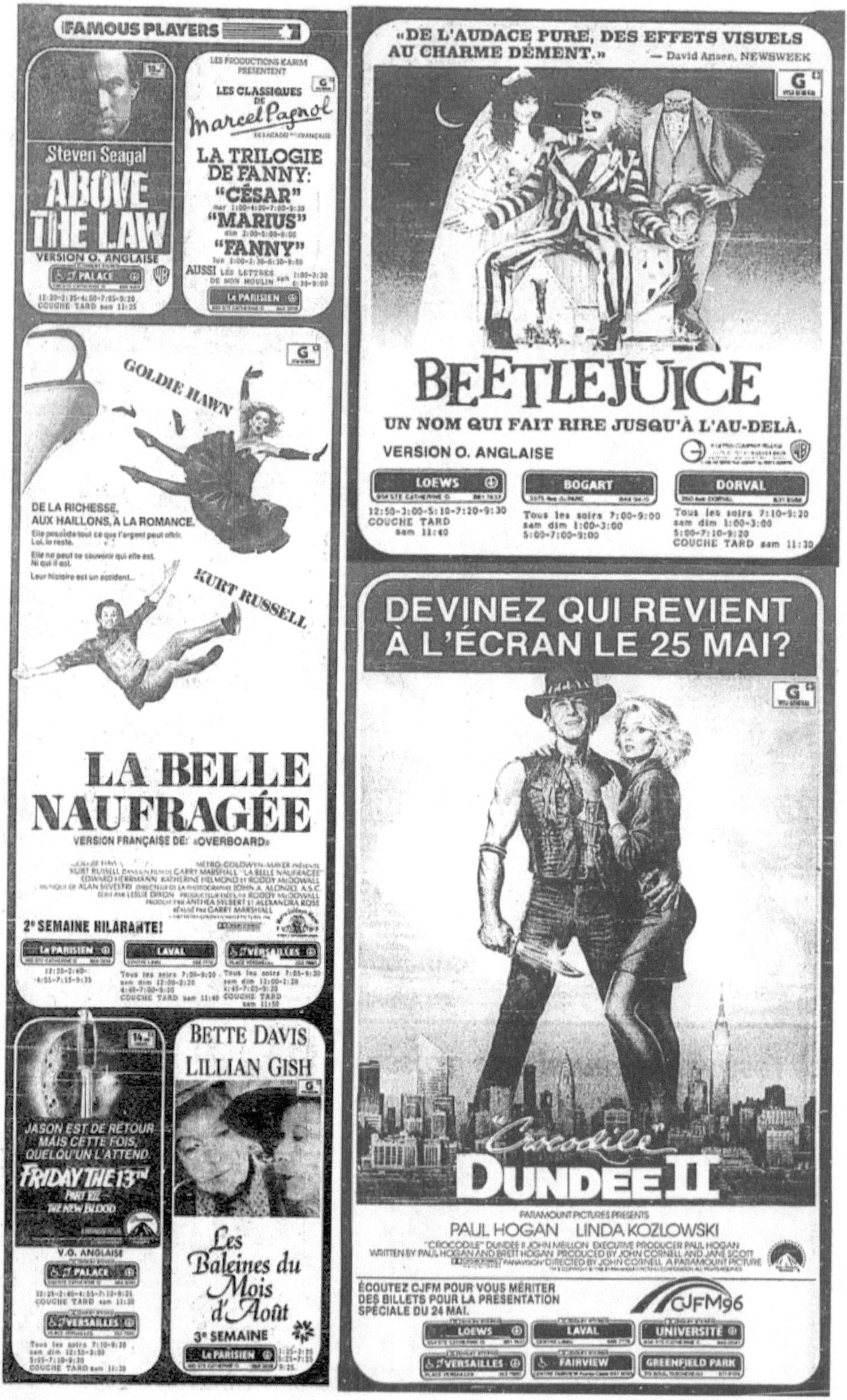
FAMOUS PLAYERS

Steven Seagal
ABOVE THE LAW
VERSION O. ANGLAISE
PALACE
12:20-2:35-4:50-7:05-9:20
COUCHE TARD sam 11:35

LES PRODUCTIONS KARIM PRÉSENTENT
LES CLASSIQUES DE Marcel Pagnol
LA TRILOGIE DE FANNY:
"CÉSAR"
"MARIUS"
"FANNY"
AUSSI LES LETTRES DE MON MOULIN
Le PARISIEN

«DE L'AUDACE PURE, DES EFFETS VISUELS AU CHARME DÉMENT.» — David Ansen, NEWSWEEK
BEETLEJUICE
UN NOM QUI FAIT RIRE JUSQU'À L'AU-DELÀ.
VERSION O. ANGLAISE
LOEWS
12:50-3:00-5:10-7:20-9:30
COUCHE TARD sam 11:40
BOGART
Tous les soirs 7:00-9:00
sam dim 1:00-3:00
5:00-7:00-9:00
DORVAL
Tous les soirs 7:10-9:20
sam dim 1:00-3:00
5:00-7:10-9:20
COUCHE TARD sam 11:30

GOLDIE HAWN
DE LA RICHESSE, AUX HAILLONS, À LA ROMANCE.
Elle possède tout ce que l'argent peut offrir. Lui, le reste.
Elle ne peut se souvenir qui elle est. Ni qui il est.
Leur histoire est un accident...
KURT RUSSELL
LA BELLE NAUFRAGÉE
VERSION FRANÇAISE DE: «OVERBOARD»
2e SEMAINE HILARANTE!
Le PARISIEN
LAVAL
VERSAILLES
Tous les soirs 7:05-9:20
sam dim 12:00-2:20
4:45-7:05-9:20
COUCHE TARD sam 11:40
Tous les soirs 7:05-9:30
sam dim 11:00-2:30
4:45-7:05-9:30
COUCHE TARD sam 11:50

DEVINEZ QUI REVIENT À L'ÉCRAN LE 25 MAI?
"Crocodile" DUNDEE II
PARAMOUNT PICTURES PRESENTS
PAUL HOGAN LINDA KOZLOWSKI
"CROCODILE" DUNDEE II JOHN MEILLON EXECUTIVE PRODUCER PAUL HOGAN
WRITTEN BY PAUL HOGAN AND BRETT HOGAN PRODUCED BY JOHN CORNELL AND JANE SCOTT
PANAVISION DIRECTED BY JOHN CORNELL A PARAMOUNT PICTURE
ÉCOUTEZ CJFM POUR VOUS MÉRITER DES BILLETS POUR LA PRÉSENTATION SPÉCIALE DU 24 MAI.
CJFM96
LOEWS
LAVAL
UNIVERSITÉ
VERSAILLES
FAIRVIEW
GREENFIELD PARK

JASON EST DE RETOUR MAIS CETTE FOIS, QUELQU'UN L'ATTEND.
FRIDAY THE 13TH PART VII THE NEW BLOOD
V.O. ANGLAISE
PALACE
COUCHE TARD sam 11:30
VERSAILLES
Tous les soirs 7:10-9:20
COUCHE TARD sam 11:30

BETTE DAVIS
LILLIAN GISH
Les Baleines du Mois d'Août
3e SEMAINE
Le PARISIEN

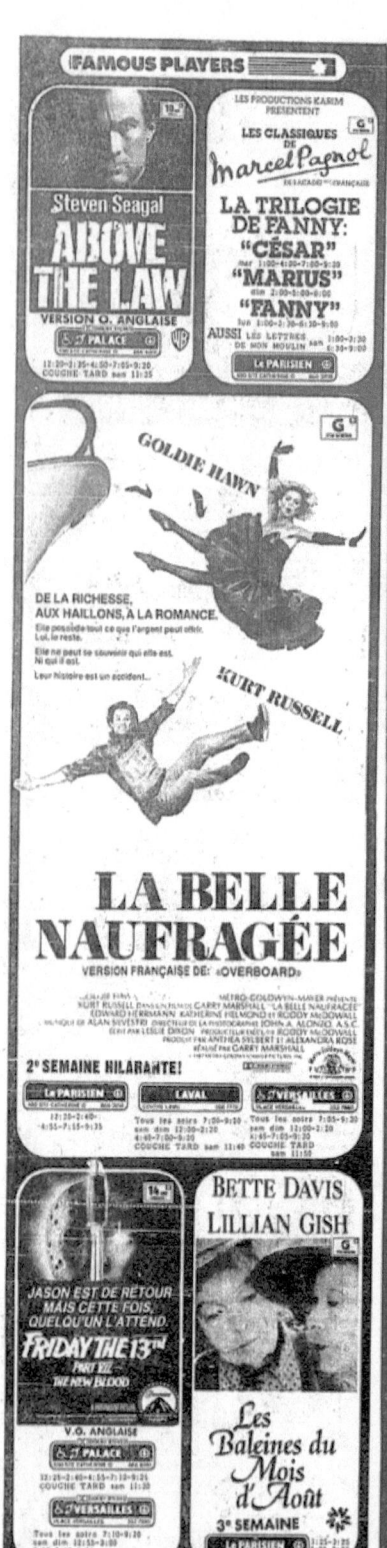

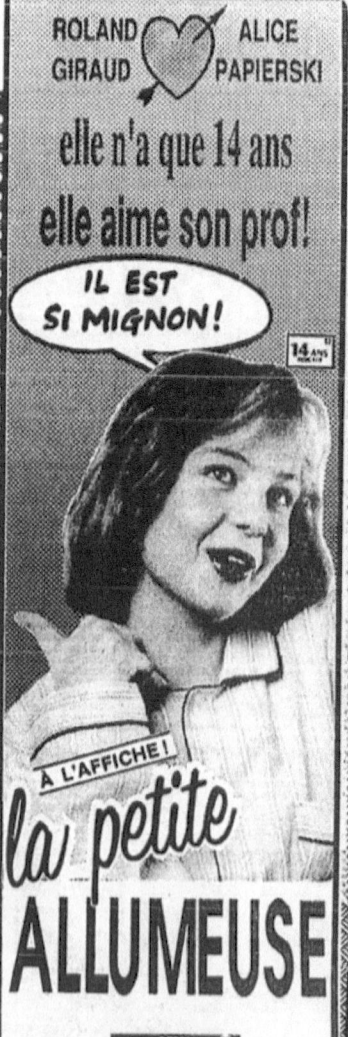

APRÈS L'AMÉRIQUE INTERDITE
L'insolite nous revient avec des scènes choquantes jamais filmées auparavant dans le monde.
18 ANS
À L'AFFICHE!
HONG KONG
Une roulette russe à vous couper le souffle.
SRI LANKA:
Un fakir dont le corps est suspendu par des crochets.
AFRIQUE:
Orphelinat pour jeunes filles que l'on prépare pour les harems.
MONDO FLASH
un film de ALBERT THOMAS
DANEMARK:
Etrange concours entre étudiants mannequins travaillant pour des revues porno.
BANGKOK:
Acuponcture qui guérit de l'impuissance.
DESJARDINS

Who framed ROGER RABBIT
C'EST L'HISTOIRE D'UN HOMME, D'UNE FEMME ET D'UN LAPIN DANS UN IMBROGLIO...
À L'AFFICHE DÈS MERCREDI 22 JUIN !

G
dudley moore
liza minnelli
arthur 2
ON THE ROCKS
VERSION ORIGINALE ANGLAISE
À L'AFFICHE!
Plus!
2ième FILM
CINÉ-PARC ST-EUSTACHE
CINÉ-PARC VAUDREUIL

POLICE ACADEMY 5
G
AFFECTATION MIAMI BEACH
VERSION FRANÇAISE
11e SEM
CARREFOUR LAVAL
2330 AUT DES LAURENTIDES 688-3584

27e SEM
GAGNANT DE 9 OSCARS
G
LE DERNIER EMPEREUR
DAUPHIN

G
13e SEM
FRANTIC
V.O. AVEC SOUS-TITRES FRANÇAIS
COMPLEXE DESJARDINS

WILLIAM HURT
G
BROADCAST NEWS
16e SEM
EN VERSION FRANÇAISE
DAUPHIN
ST-JEAN

GLENDA JACKSON
STRATFORD JOHNS
IMOGEN MILLAIS SCOTT
14 ANS
À L'AFFICHE!
SALOME'S LAST DANCE
A KEN RUSSELL FILM OF AN OSCAR WILDE STORY
VESTRON PICTURES
VERSION ORIGINALE ANGLAISE
LE FAUBOURG

18 ANS
LES PLAISIRS INTERDITS
Où commencent-ils... Où s'arrêtent-ils...
2e SEMAINE
Le PARISIEN
SALVATORE SAMPERI
1:25-3:25-5:25-7:25-9:25

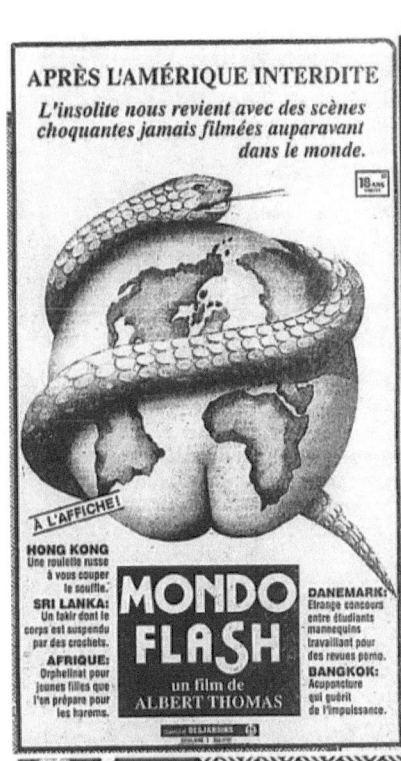

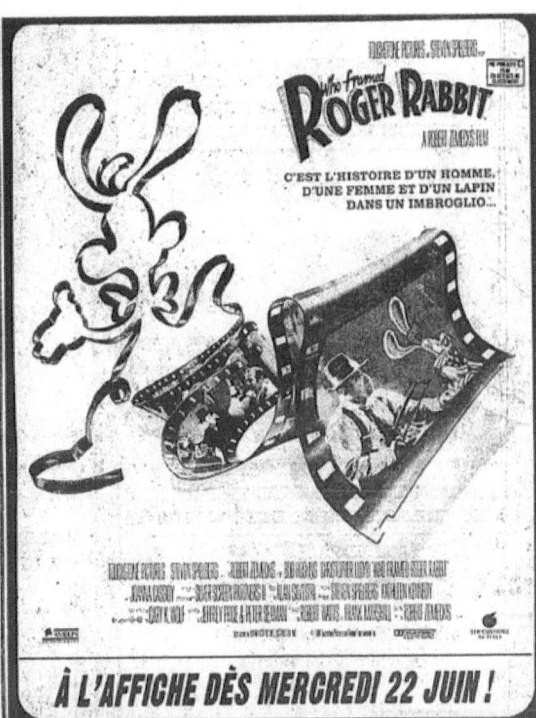

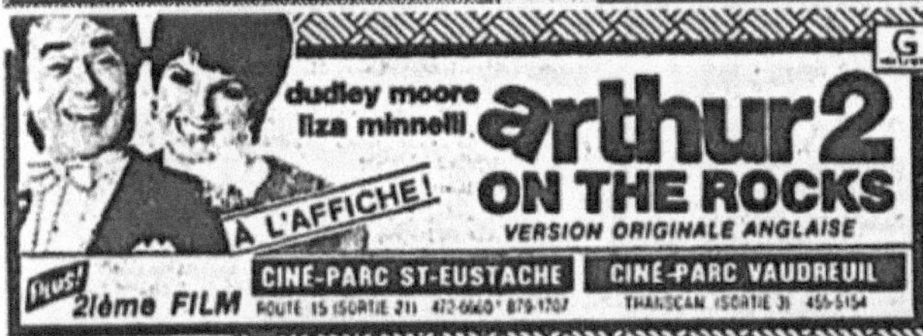

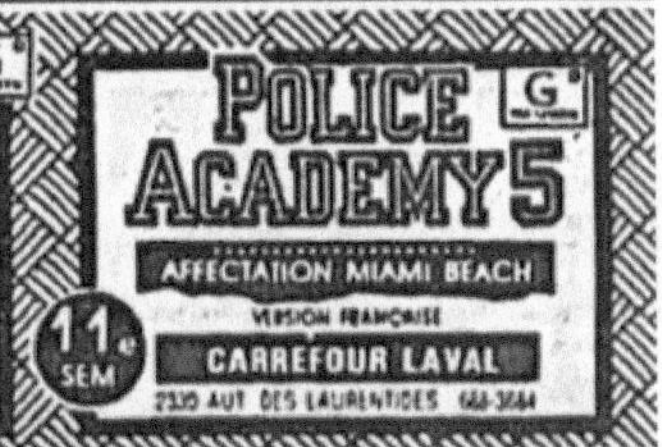

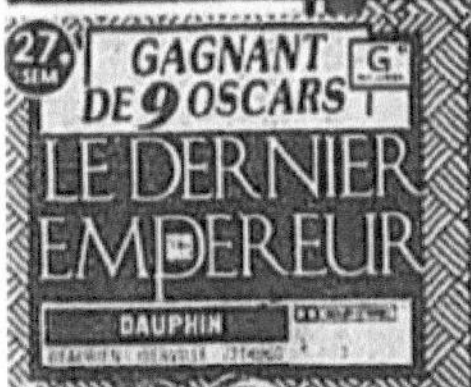

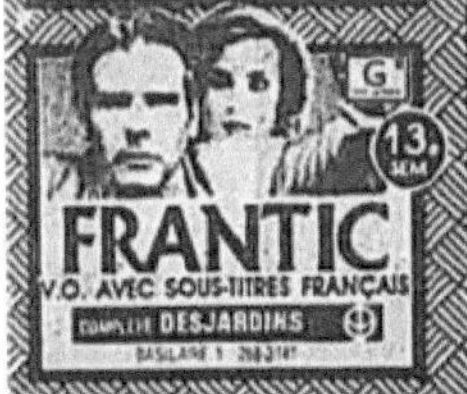

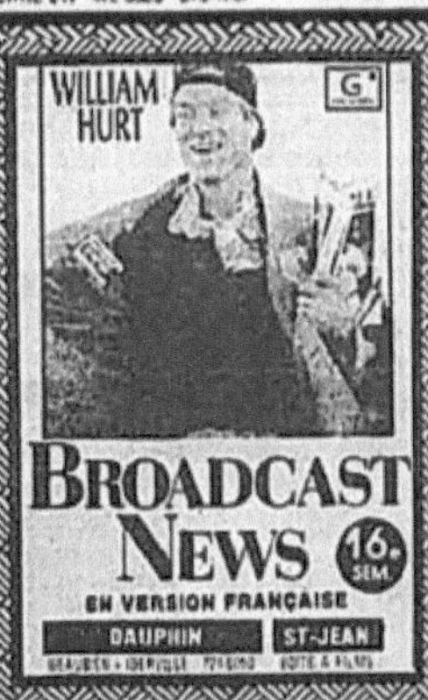

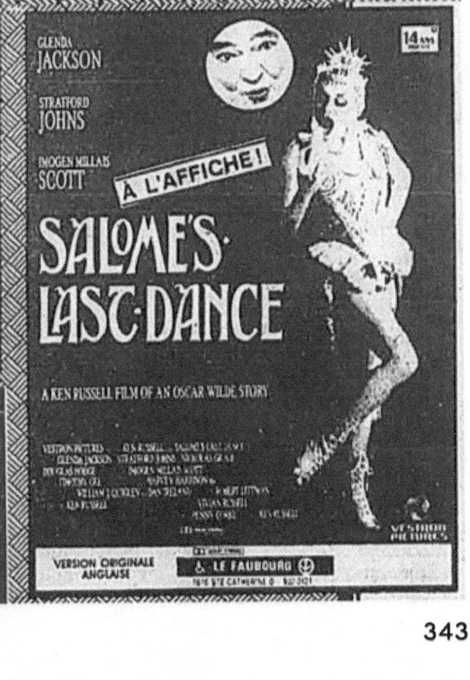

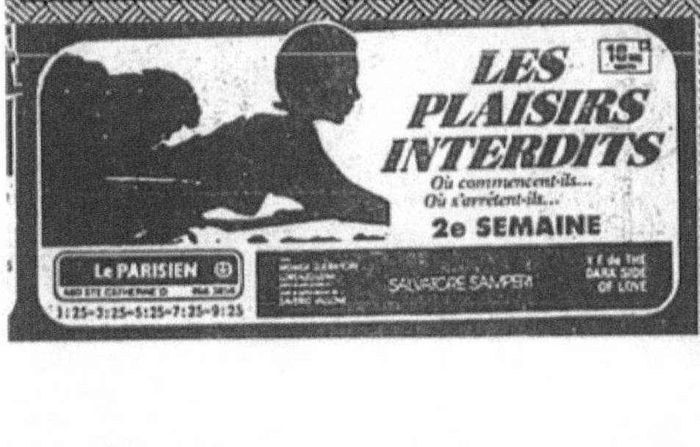

BETTE MIDLER
LILY TOMLIN
et
LILY TOMLIN
BETTE MIDLER
G
TROUBLE EN DOUBLE
TOUCHSTONE PICTURES
SILVER SCREEN PARTNERS III
BETTE MIDLER · LILY TOMLIN
"TROUBLE EN DOUBLE"
DORI PIERSON
MARC RUBEL
STEVE TISCH
MICHAEL PEYSER
JIM ABRAHAMS
VERSION FRANÇAISE DE «BIG BUSINESS»
Le PARISIEN
GREENFIELD PARK
V.O. ANGLAISE AU LOEWS

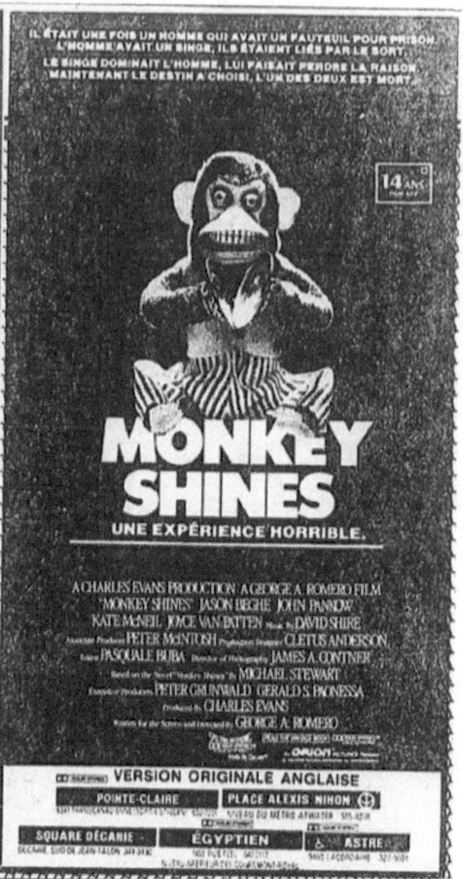
IL ÉTAIT UNE FOIS UN HOMME QUI AVAIT UN FAUTEUIL POUR PRISON.
L'HOMME AVAIT UN SINGE, ILS ÉTAIENT LIÉS PAR LE SORT.
LE SINGE DOMINAIT L'HOMME, LUI FAISAIT PERDRE LA RAISON.
MAINTENANT LE DESTIN A CHOISI, L'UN DES DEUX EST MORT.
14 ANS
MONKEY SHINES
UNE EXPÉRIENCE HORRIBLE.
A CHARLES EVANS PRODUCTION A GEORGE A. ROMERO FILM
"MONKEY SHINES" JASON BEGHE JOHN PANKOW
KATE McNEIL JOYCE VAN PATTEN DAVID SHIRE
PETER McINTOSH CLETUS ANDERSON
PASQUALE BUBA JAMES A. CONTNER
MICHAEL STEWART
PETER GRUNWALD GERALD S. PAONESSA
CHARLES EVANS
GEORGE A. ROMERO
ORION
VERSION ORIGINALE ANGLAISE
POINTE-CLAIRE
PLACE ALEXIS NIHON
SQUARE DÉCARIE
ÉGYPTIEN
ASTRE

VERSION ORIGINALE ANGLAISE
THE RESCUE
À L'AFFICHE
VENDREDI
5 AOÛT
chom 97.7 fm

RENÉ MALO PRÉSENTE
UNE SÉLECTION DES AGENTS DU PERMANENT
Le succès de Cannes '88!
G
Les portes tournantes
MONIQUE SPAZIANI
GABRIEL ARCAND
MIOU MIOU
REMY GIRARD
JACQUES PENOT
FRANÇOISE FAUCHER
MALOFILM PRODUCTION
UGC
FRANCIS MANKIEWICZ
RENÉ MALO
FRANCYNE MORIN
MONIQUE SPAZIANI GABRIEL ARCAND MIOU MIOU JACQUES PENOT RÉMY GIRARD FRANÇOISE FAUCHER
JEAN-LOUIS ROUX RITA LAFONTAINE HUBERT LOISELLE MARCEL SABOURIN FRANÇOIS MÉTHÉ
JACQUES SAVOIE
FRANCIS MANKIEWICZ
THOMAS VAMOS
ANNE PRITCHARD
FRANÇOIS BARBEAU
ANDRÉ CORRIVEAU
FRANÇOIS DOMPIERRE
MALOFILM DISTRIBUTION
DÈS LE VENDREDI 12 AOÛT!

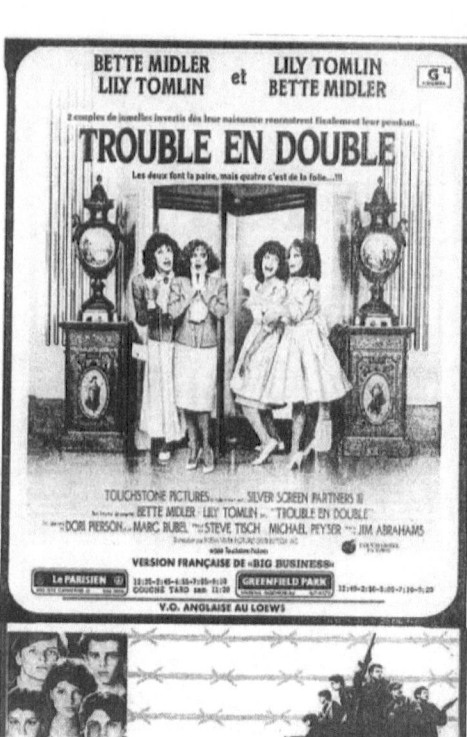

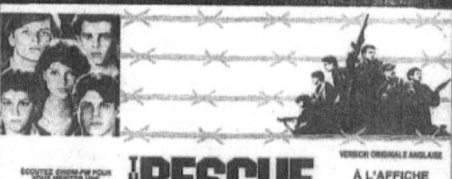

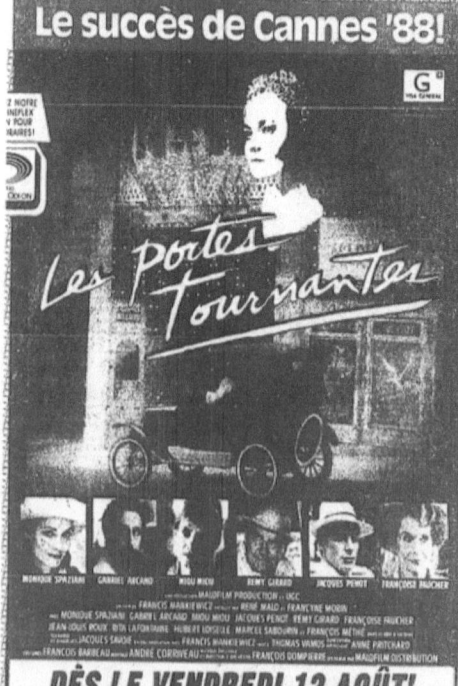

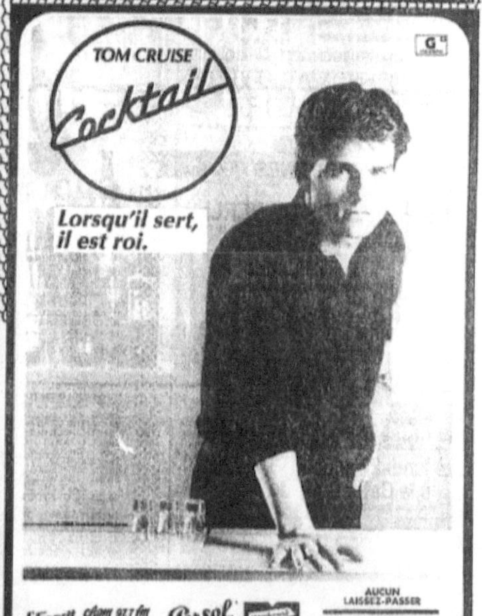
G
TOM CRUISE
Cocktail
Lorsqu'il sert,
il est roi.
chom 97.7 fm
Persol
AUCUN
LAISSEZ-PASSER
VERSION ORIGINALE
ANGLAISE
YORK
CINÉMA V
BOGART
FAIRVIEW

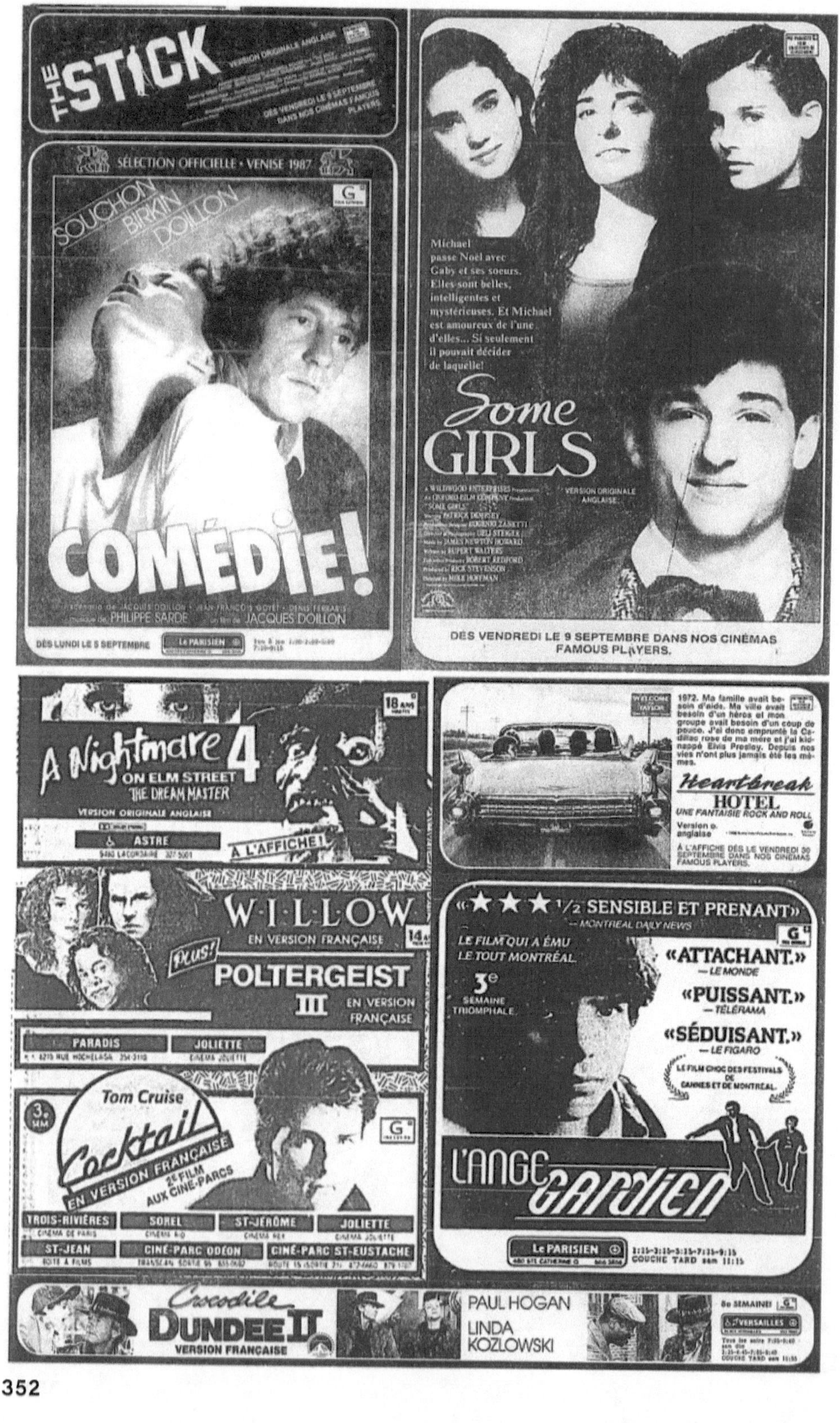

VOILÀ DIX ANS,
IL CHANGEA
L'ASPECT DE
HALLOWEEN
14 ANS
CE SOIR
IL REVIENT.
HALLOWEEN 4
LE RETOUR DE MICHAEL MYERS
MOUSTAPHA AKKAD
DONALD PLEASENCE
A GALAXY RELEASE
VERSION ORIGINALE ANGLAISE
LE FAUBOURG
2e SEM
POINTE-CLAIRE
BONAVENTURE
ASTRE
SQUARE DÉCARIE
14 ANS
UN CRI
DE DÉTRESSE.
UN APPEL À
LA JUSTICE.
KELLY McGILLIS
JODIE FOSTER
THE
ACCUSED
Maintenant à l'affiche!
LOEWS
CINÉMA V
FAIRVIEW
CINÉMA DU PARC
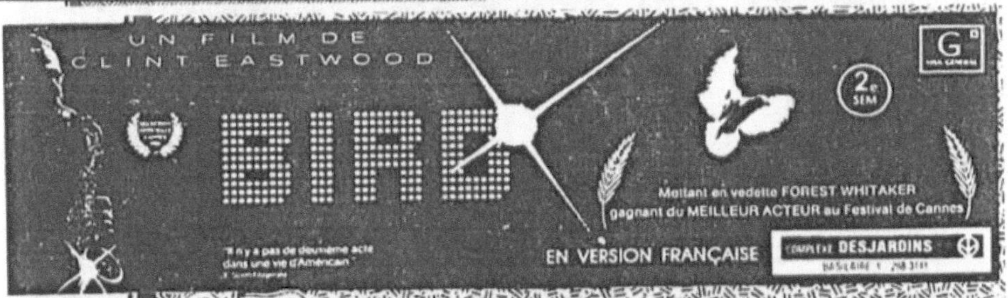
UN FILM DE
CLINT EASTWOOD
G
BIRD
2e SEM
Mettant en vedette FOREST WHITAKER
gagnant du MEILLEUR ACTEUR au Festival de Cannes
"Il n'y a pas de deuxième acte dans une vie d'Américain."
EN VERSION FRANÇAISE
DESJARDINS
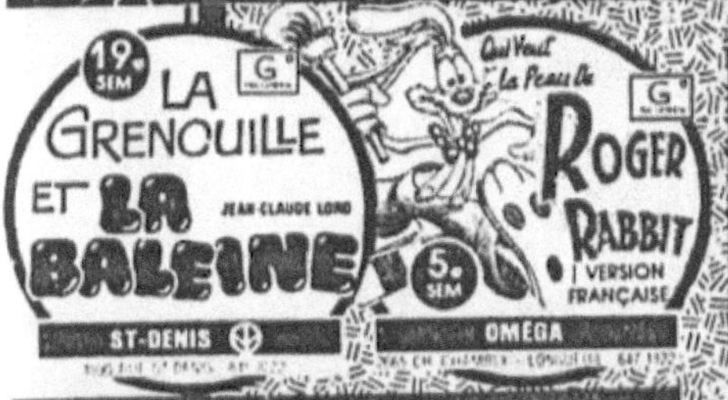
19e SEM
LA
GRENOUILLE
ET LA
BALEINE
G
JEAN-CLAUDE LORD
ST-DENIS
Qui Veut La Peau De
ROGER
RABBIT
VERSION FRANÇAISE
5e SEM
OMÉGA
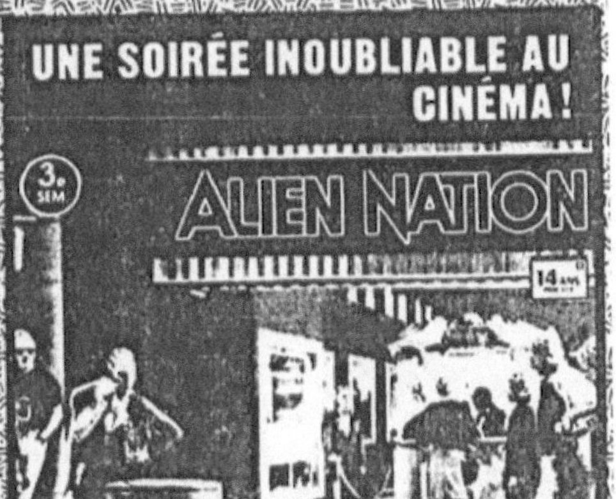
UNE SOIRÉE INOUBLIABLE AU
CINÉMA!
3e SEM
ALIEN NATION
14 ANS
VERSION ORIGINALE ANGLAISE
PLACE ALEXIS NIHON
POINTE-CLAIRE
CARREFOUR LAVAL
ASTRE
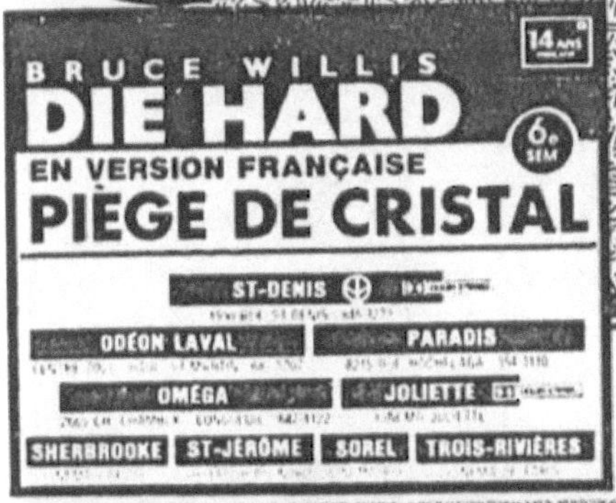
14 ANS
BRUCE WILLIS
DIE HARD
6e SEM
EN VERSION FRANÇAISE
PIÈGE DE CRISTAL
ST-DENIS
ODÉON LAVAL
PARADIS
OMÉGA
JOLIETTE
SHERBROOKE
ST-JÉRÔME
SOREL
TROIS-RIVIÈRES
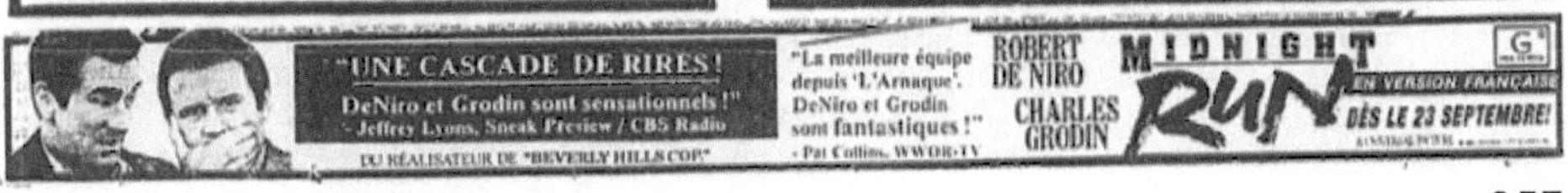
"UNE CASCADE DE RIRES!
DeNiro et Grodin sont sensationnels!"
- Jeffrey Lyons, Sneak Preview / CBS Radio
DU RÉALISATEUR DE "BEVERLY HILLS COP"
"La meilleure équipe depuis 'L'Arnaque'. DeNiro et Grodin sont fantastiques!"
- Pat Collins, WWOR-TV
ROBERT DE NIRO
CHARLES GRODIN
MIDNIGHT RUN
G
EN VERSION FRANÇAISE
DÈS LE 23 SEPTEMBRE!

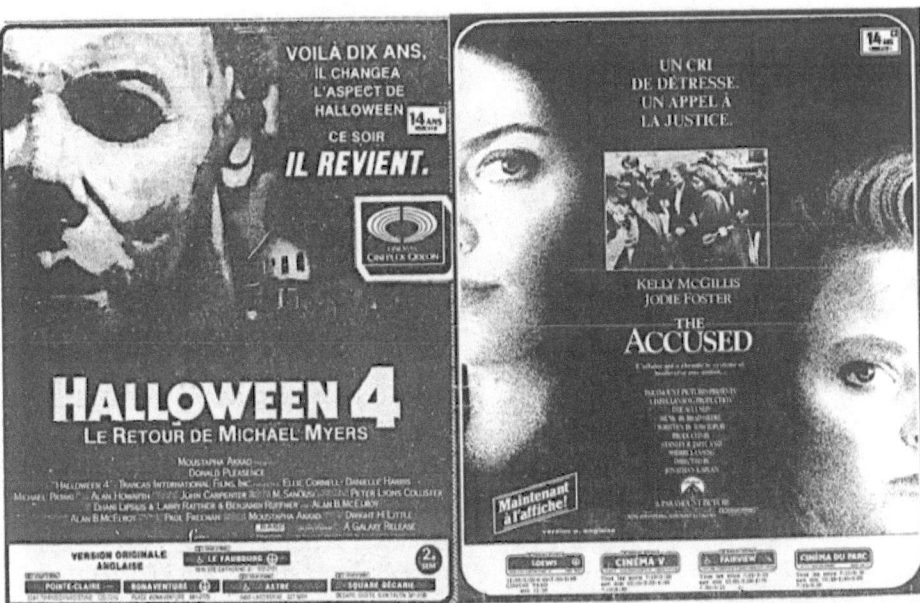

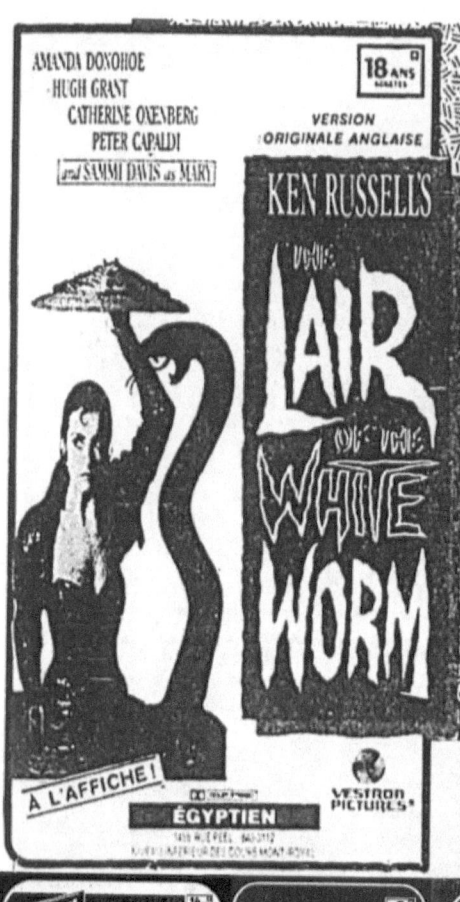

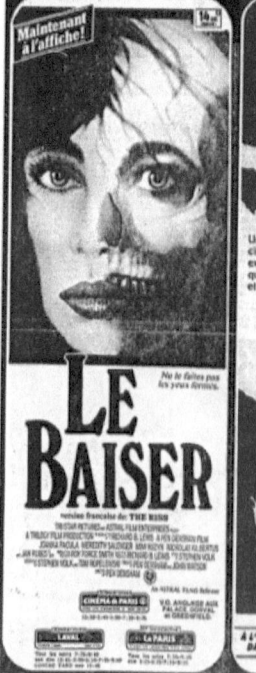
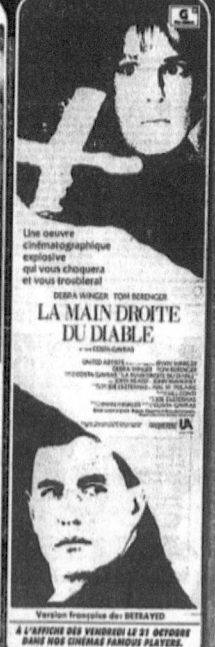

LOUIS GOSSETT, JR.
Le Général Chappy Sinclair dirige un escadron de renégats Russes et Américains dans la lutte contre une nation hors-la-loi qui détient le monde en otage. Les desseins sauvages y seront poussés à leur paroxysme.
G
IRON EAGLE II
Version originale anglaise
ALLIANCE
DOLBY STEREO
PALACE
DORVAL
Maintenant à l'affiche!
COUCHE TARD

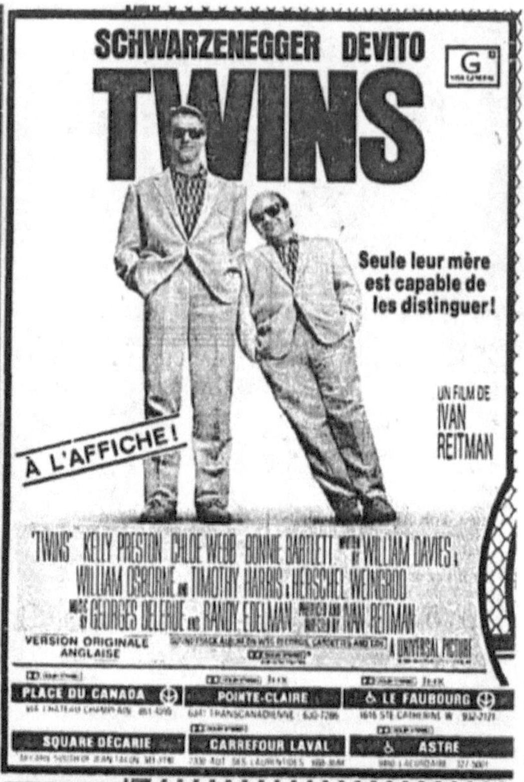
SCHWARZENEGGER DEVITO
G
TWINS
Seule leur mère est capable de les distinguer!
UN FILM DE
IVAN REITMAN
À L'AFFICHE!
"TWINS" KELLY PRESTON CHLOE WEBB BONNIE BARTLETT WILLIAM DAVIES WILLIAM OSBORNE TIMOTHY HARRIS HERSCHEL WEINGROD GEORGES DELERUE RANDY EDELMAN IVAN REITMAN
VERSION ORIGINALE ANGLAISE
A UNIVERSAL PICTURE
PLACE DU CANADA
POINTE-CLAIRE
LE FAUBOURG
SQUARE DÉCARIE
CARREFOUR LAVAL
ASTRE

Crossing Delancey
Version originale anglaise
G
LA CINÉMA
DISTANT THUNDER
G
LOEWS
COUCHE TARD

Il est Américain.
Elle est un fantôme.
14 ans
Pas surprenant que leurs vacances soient pleines d'imprévu.
DARYL HANNAH
PETER O'TOOLE
STEVE GUTTENBERG
HIGH SPIRITS
version o. anglaise
VISION
Maintenant à l'affiche!
PALACE
DORVAL
COUCHE TARD

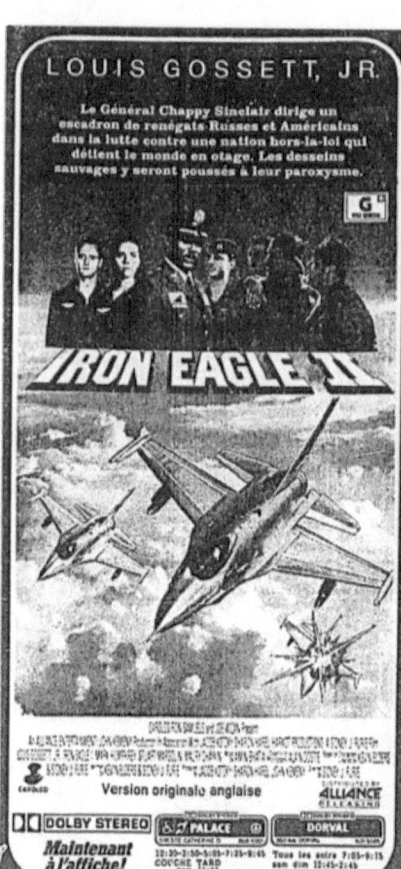

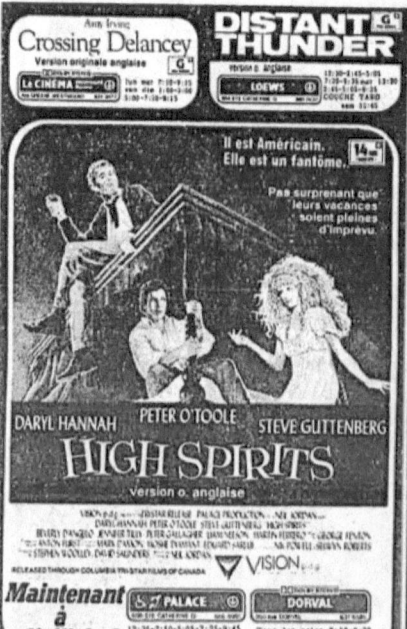

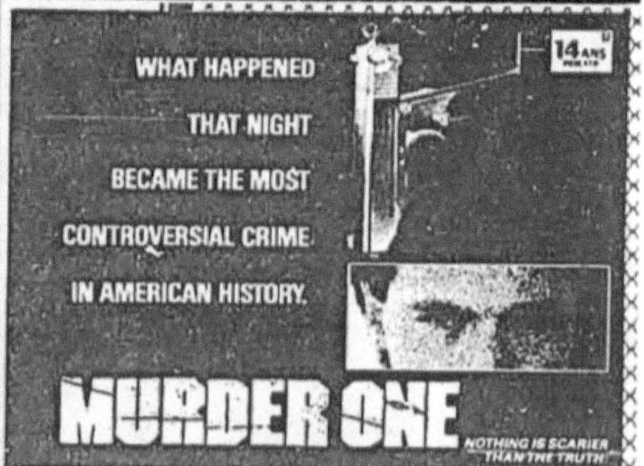
14 ans
WHAT HAPPENED
THAT NIGHT
BECAME THE MOST
CONTROVERSIAL CRIME
IN AMERICAN HISTORY.
MURDER ONE
NOTHING IS SCARIER THAN THE TRUTH
À L'AFFICHE!
CENTRE-VILLE
2001 UNIVERSITÉ

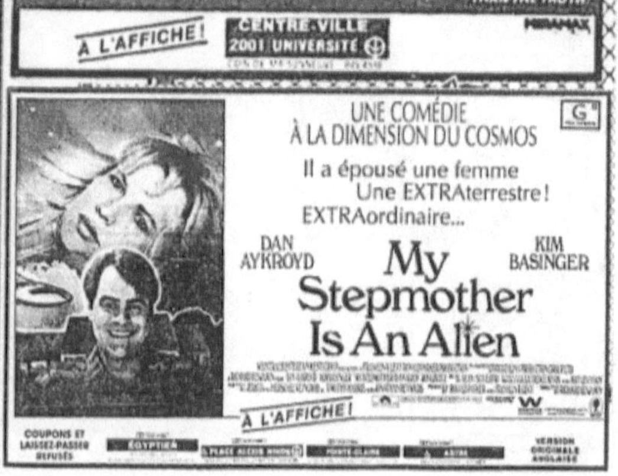
G
UNE COMÉDIE
À LA DIMENSION DU COSMOS
Il a épousé une femme
Une EXTRAterrestre!
EXTRAordinaire...
DAN AYKROYD
KIM BASINGER
My Stepmother Is An Alien
À L'AFFICHE!
COUPONS ET LAISSEZ-PASSER REFUSÉS
ÉGYPTIEN
POINTE-CLAIRE
ASTRE
VERSION ORIGINALE ANGLAISE

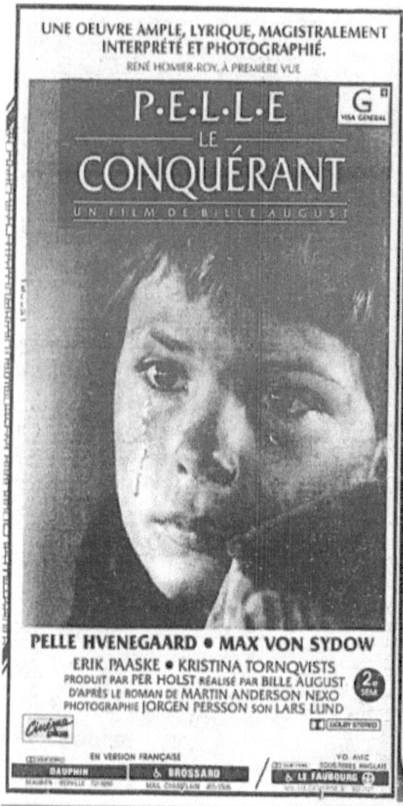
UNE OEUVRE AMPLE, LYRIQUE, MAGISTRALEMENT INTERPRÉTÉ ET PHOTOGRAPHIÉ.
RENÉ HOMIER-ROY, À PREMIÈRE VUE
P·E·L·L·E
LE
CONQUÉRANT
UN FILM DE BILLE AUGUST
G
VISA GÉNÉRAL
PELLE HVENEGAARD • MAX VON SYDOW
ERIK PAASKE • KRISTINA TORNQVISTS
PRODUIT PAR PER HOLST RÉALISÉ PAR BILLE AUGUST
D'APRÈS LE ROMAN DE MARTIN ANDERSON NEXO
PHOTOGRAPHIE JORGEN PERSSON SON LARS LUND
2e SEM.
EN VERSION FRANÇAISE
DAUPHIN
BROSSARD
LE FAUBOURG

Le Maître de Musique
un film de GERARD CORBIAU
LE FILM IDÉAL POUR LA NOUVELLE ANNÉE!
PALACE
UNIVERSITÉ
G

LA PASSERELLE
G
AIMER
C'EST TOUJOURS
PRENDRE LE RISQUE
DE LA JALOUSIE,
DE L'ÉCHEC
ET DE LA HAINE.
"Mathilda May, l'actrice qui ensorcelle le tout-Paris."
TIME MAGAZINE
"Mathilda May, la révélation de l'année 88."
N.Y. ELLE
UN FILM DE
JEAN-CLAUDE SUSSFELD
PIERRE ARDITI
MATHILDA MAY
AVEC JANY HOLT
Maintenant à l'affiche!
CINÉMA de PARIS

PRIX STELLA ARTOIS
FESTIVAL des FILMS du MONDE 1988
G
AVEUGLÉE PAR LE CHAGRIN,
OBSÉDÉE PAR LA VENGEANCE,
ELLE IRA JUSQU'AU BOUT DE SA RÉVOLTE.
OBSÉDÉE
V.F. de OBSESSED
À L'AFFICHE DÈS VENDREDI LE 16 DÉCEMBRE!

DUSTIN
HOFFMAN
TOM
CRUISE
A BARRY LEVINSON FILM
RAIN MAN
UNITED ARTISTS PRESENTS
A GUBER-PETERS COMPANY PRODUCTION A BARRY LEVINSON FILM
DUSTIN HOFFMAN · TOM CRUISE · RAIN MAN · VALERIA GOLINO
MUSIC BY HANS ZIMMER · PRODUCTION DESIGNER IDA RANDOM
DIRECTOR OF PHOTOGRAPHY JOHN SEALE, A.C.S. · CO-PRODUCER GERALD R. MOLEN
EXECUTIVE PRODUCERS PETER GUBER AND JON PETERS · STORY BY BARRY MORROW
SCREENPLAY BY RONALD BASS AND BARRY MORROW · PRODUCED BY MARK JOHNSON
DIRECTED BY BARRY LEVINSON
UA
PREVIEW
VERSION O. ANGLAISE
AUCUN LAISSEZ-PASSER
À L'AFFICHE DÈS LE 16 DÉCEMBRE!

PHILIPPE NOIRET ORNELLA MUTI
LA FEMME DE MES AMOURS
À L'AFFICHE DÈS VENDREDI LE 27 JANVIER
«GAGNANT DU MEILLEUR FILM DE L'ANNÉE.»
THE ACCIDENTAL TOURIST
WILLIAM HURT KATHLEEN TURNER GEENA DAVIS
version o. anglaise
SA PASSION... LA MUSIQUE IL VIENT DE DÉCOUVRIR ENFIN CEUX QU'IL ATTENDAIT...
SAXO
GÉRARD LANVIN
MUSIQUE DE ROY BUCHANAN ARCHIE SHEPP ETTA JAMES
UN FILM DE ARIEL ZEITOUN
GAGNANT-OSCAR 1988-MEILLEUR FILM ÉTRANGER
"SUPERBEMENT PHOTOGRAPHIÉ. MERVEILLEUSEMENT INTERPRÉTÉ. ★★★ À VOIR SANS FAUTE."
"STÉPHANE AUDRAN EST MAGNIFIQUE" - LE MONDE
"UN PETIT BIJOU" - LA CROIX
"UN FORMIDABLE HYMNE À LA VIE" - LE FIGARO
"TELLEMENT BEAU TELLEMENT ATTACHANT... UN FILM EN OR" - PREMIÈRE
"UN MONUMENT DE CINÉMA GASTRONOMIQUE... BON APPÉTIT" - PREMIÈRE
Le Festin de Babette
UN FILM DE GABRIEL AXEL
EN VERSION
V.O. AVEC SOUS-TITRES ANGLAIS
LA COULEUR DU VENT
ELIZABETH BOURGINE
PIERRE GRANIER-DEFERRE
GRAND PRIX DES AMÉRIQUES 1988
SÉLECTION OSCARS 89
REPRÉSENTE LA FRANCE DANS LA COURSE AUX OSCARS
"MIOU-MIOU... LA REINE"
MIOU-MIOU dans LA LECTRICE
un film de MICHEL DEVILLE
MACBETH
Maintenant à l'affiche!
PRIX DU JURY CANNES '88
«GAGNANT - 10 MEILLEURS FILMS DE L'ANNÉE.»
«Un film vraiment foudroyant.»
«Un film à voir sans faute.»
«Magistral, bouleversant: à découvrir d'urgence!»
«Le film le plus fort, un électrochoc.»
«Urgent et nécessaire.»
«À couper le souffle!»
TU NE TUERAS POINT
UN FILM DE KRZYSZTOF KIESLOWSKI
DÈS LE VENDREDI 27 JANVIER!
MIS EN NOMINATION AUX "GOLDEN GLOBE" MEILLEUR FILM ÉTRANGER
SÉLECTION OSCARS '89
«Un très bon film duquel on entendra beaucoup parler.»
SALAAM BOMBAY!
EN VERSION FRANÇAISE
"★★★★"
SCHWARZENEGGER DEVITO
JUMEAUX TWINS
Seule leur mère est capable de les distinguer!
EN VERSION FRANÇAISE DÈS LE VENDREDI 27 JANVIER!
À 15 ANS, PEUT-ON AIMER À BOUT DE SOUFFLE?...
CRAZY LOVE
DÈS LE VENDREDI 27 JANVIER!
Things Change
ROGER RABBIT

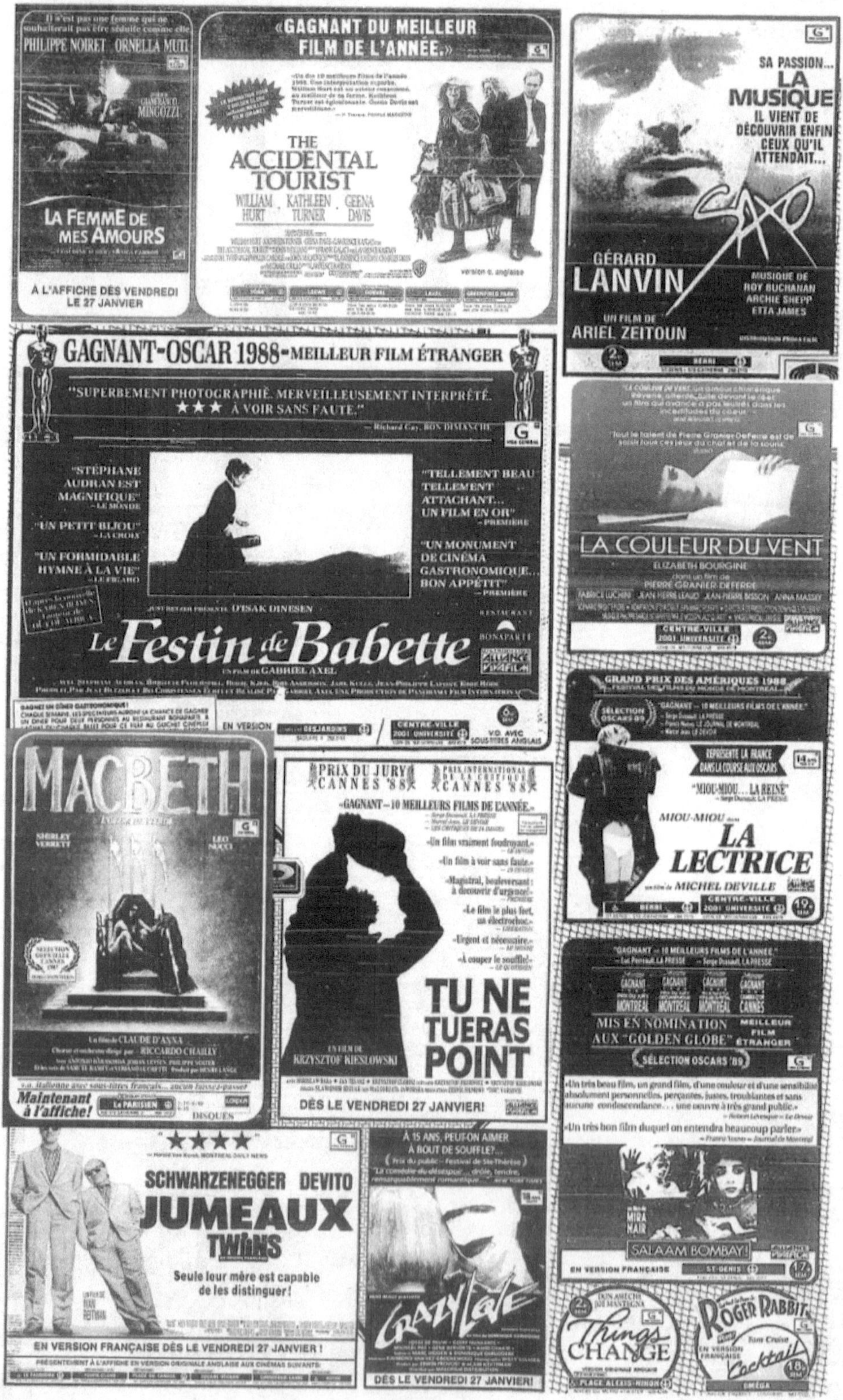

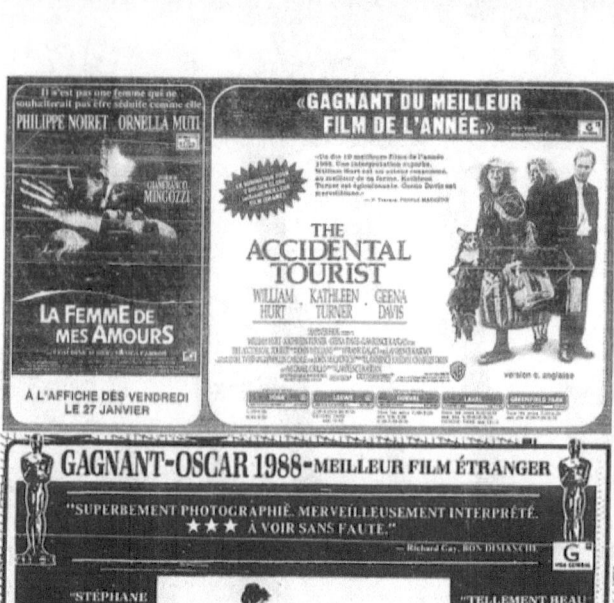

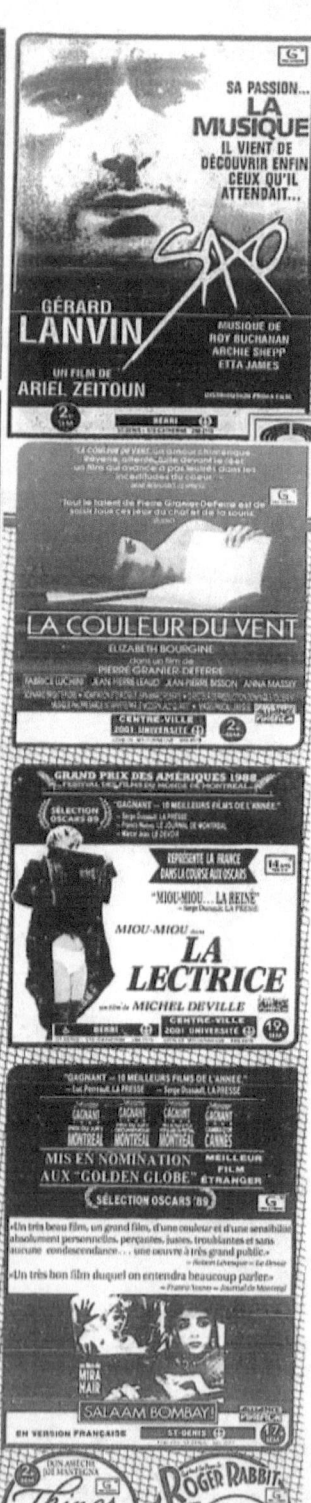

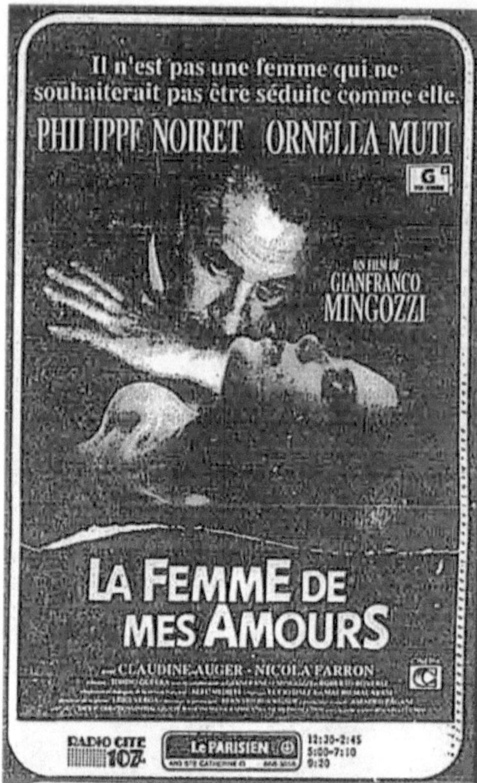
Il n'est pas une femme qui ne souhaiterait pas être séduite comme elle.
PHILIPPE NOIRET ORNELLA MUTI
UN FILM DE GIANFRANCO MINGOZZI
LA FEMME DE MES AMOURS
CLAUDINE AUGER · NICOLA FARRON
RADIO CITÉ 107
Le PARISIEN
12:30-2:45
5:00-7:10
9:20

GAGNANT DU MEILLEUR FILM DE L'ANNÉE!
—NEW YORK FILM CRITICS' CIRCLE
«Follement romantique et touchant. Un autre point tournant de la carrière de William Hurt et Lawrence Kasdan.»
— B. Williamson, NEW WOMAN
THE ACCIDENTAL TOURIST
Version o. anglaise
LOEWS
1:30-4:05-6:40-9:15
COUCHE TARD
ven sam 11:40
CINÉMA DU PARC
Tous les soirs 7:00-9:30
sam dim 1:30-4:15
7:00-9:30 merc 9:30

Six milles sous la surface de l'océan, ce qui dépasse les bornes de l'imagination et vous mettra hors de vous.
Maintenant à l'affiche!
VERSION FRANÇAISE
DEEP STAR SIX
(Monstre Aquatique en Liberté)
COLUMBIA TRI-STAR FILMS OF CANADA
Le PARISIEN
12:20-2:40
7:10
LAVAL
Tous les soirs 7:00-9:10
sam dim 12:40-2:40-4:50
7:00-9:10
COUCHE TARD sam 11:30
VERSAILLES
Tous les soirs 7:10-9:20
sam dim 12:40-2:50
5:00-7:10-9:20
COUCHE TARD
ven sam 11:20
ST-JÉRÔME
Cinéma REX
Tous les soirs 7:20-9:15
sam dim 12:00-1:55-3:50
5:45-7:45-9:40
et en anglais au PALACE

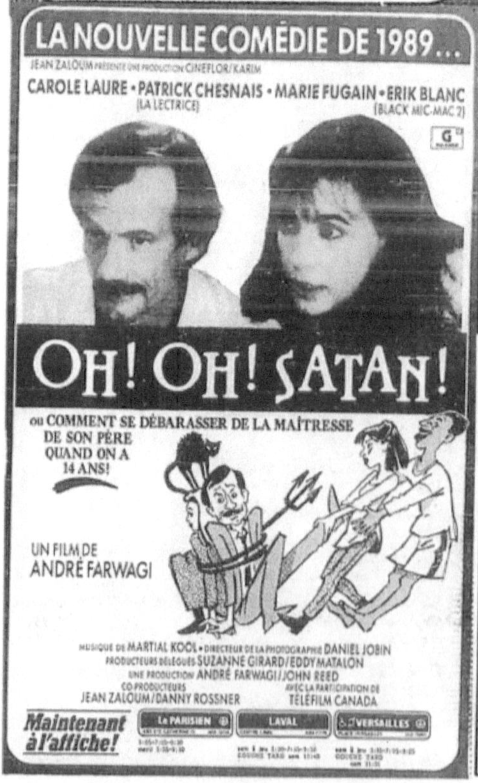
LA NOUVELLE COMÉDIE DE 1989...
JEAN ZALOUM PRÉSENTE UNE PRODUCTION CINEFLOR/KARIM
CAROLE LAURE · PATRICK CHESNAIS · MARIE FUGAIN · ERIK BLANC
(LA LECTRICE)
(BLACK MIC-MAC 2)
OH! OH! SATAN!
ou COMMENT SE DÉBARASSER DE LA MAÎTRESSE DE SON PÈRE QUAND ON A 14 ANS!
UN FILM DE ANDRÉ FARWAGI
MUSIQUE DE MARTIAL KOOL · DIRECTEUR DE LA PHOTOGRAPHIE DANIEL JOBIN
PRODUCTEURS DÉLÉGUÉS SUZANNE GIRARD/EDDY MATALON
UNE PRODUCTION ANDRÉ FARWAGI/JOHN REED
CO-PRODUCTEURS JEAN ZALOUM/DANNY ROSSNER
AVEC LA PARTICIPATION DE TÉLÉFILM CANADA
Maintenant à l'affiche!
Le PARISIEN
LAVAL
VERSAILLES

"BEGUILING DARK COMEDY"
–Richard Corliss, TIME
HANDMADE FILMS PRESENTS A NICOLAS ROEG FILM
TRACK 29
THERESA RUSSELL GARY OLDMAN AND CHRISTOPHER LLOYD
LE RIALTO, 5723, av. du Parc 274-3550
Une semaine seulement, du 10 au 17 février 1989

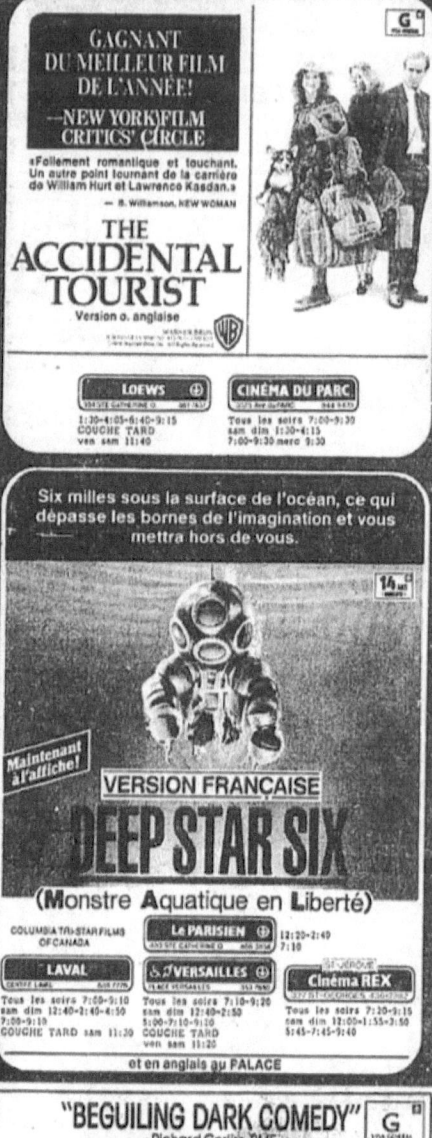

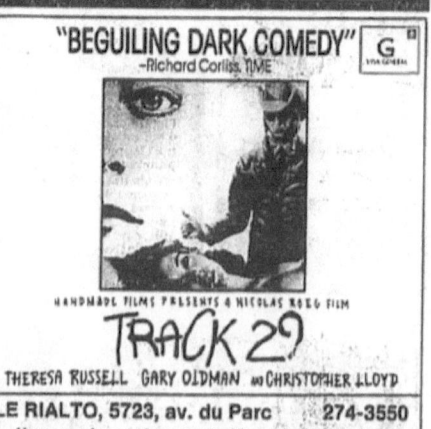

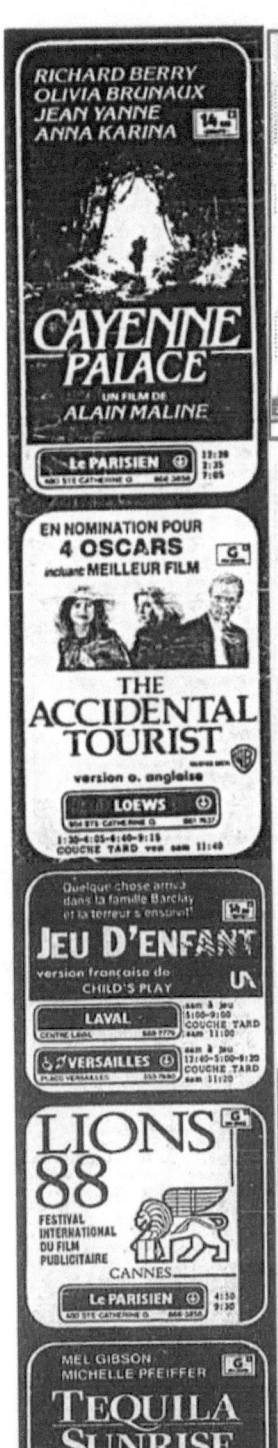

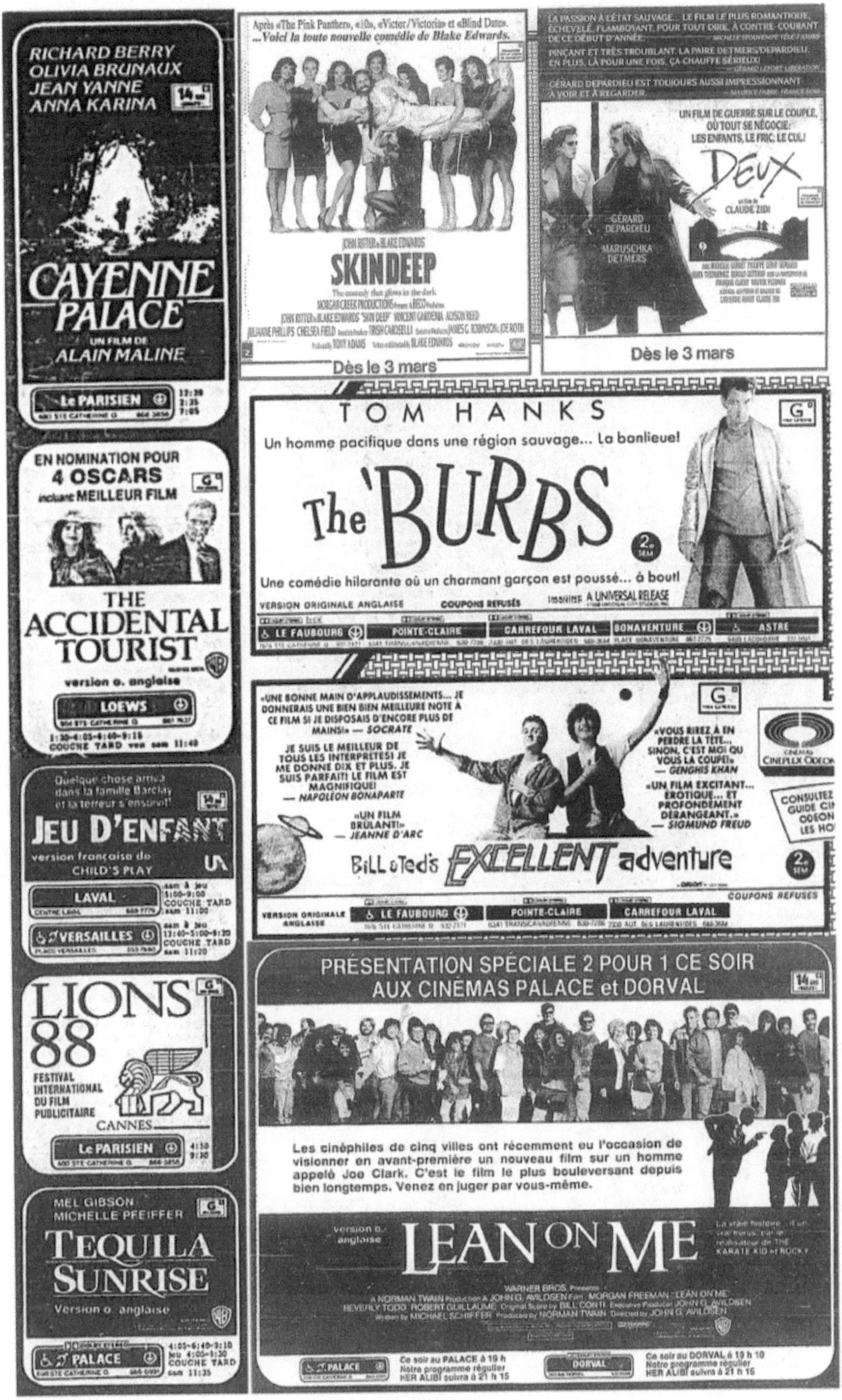
RICHARD BERRY
OLIVIA BRUNAUX
JEAN YANNE
ANNA KARINA
14 ans
CAYENNE PALACE
UN FILM DE ALAIN MALINE
Le PARISIEN
480 STE CATHERINE O. 866-3856
12:20 2:35 7:05
Après «The Pink Panther», «10», «Victor/Victoria» et «Blind Date»
...Voici la toute nouvelle comédie de Blake Edwards.
JOHN RITTER in BLAKE EDWARDS'
SKIN DEEP
The comedy that glows in the dark.
Dès le 3 mars
LA PASSION À L'ÉTAT SAUVAGE... LE FILM LE PLUS ROMANTIQUE, ÉCHEVELÉ, FLAMBOYANT, POUR TOUT DIRE, À CONTRE-COURANT DE CE DÉBUT D'ANNÉE.
PINÇANT ET TRÈS TROUBLANT. LA PAIRE DETMERS/DEPARDIEU, EN PLUS, LÀ POUR UNE FOIS, ÇA CHAUFFE SÉRIEUX!
GÉRARD DEPARDIEU EST TOUJOURS AUSSI IMPRESSIONNANT À VOIR ET À REGARDER.
UN FILM DE GUERRE SUR LE COUPLE, OÙ TOUT SE NÉGOCIE: LES ENFANTS, LE FRIC, LE CUL!
DEUX
un film de CLAUDE ZIDI
GÉRARD DEPARDIEU
MARUSCHKA DETMERS
Dès le 3 mars
EN NOMINATION POUR
4 OSCARS
incluant MEILLEUR FILM
G
THE ACCIDENTAL TOURIST
version o. anglaise
LOEWS
1:30-4:05-6:40-9:15
COUCHE TARD ven sam 11:40
TOM HANKS
G
Un homme pacifique dans une région sauvage... La banlieue!
The 'BURBS
2e SEM
Une comédie hilarante où un charmant garçon est poussé... à bout!
VERSION ORIGINALE ANGLAISE
COUPONS REFUSÉS
A UNIVERSAL RELEASE
LE FAUBOURG
POINTE-CLAIRE
CARREFOUR LAVAL
BONAVENTURE
ASTRE
Quelque chose arriva dans la famille Barclay et la terreur s'ensuivit!
14 ans
JEU D'ENFANT
version française de CHILD'S PLAY
LAVAL
CENTRE LAVAL
sam à jeu 5:00-9:00
COUCHE TARD sam 11:00
VERSAILLES
PLACE VERSAILLES
sam à jeu 12:40-5:00-9:20
COUCHE TARD sam 11:20
«UNE BONNE MAIN D'APPLAUDISSEMENTS... JE DONNERAIS UNE BIEN BIEN MEILLEURE NOTE À CE FILM SI JE DISPOSAIS D'ENCORE PLUS DE MAINS!» — SOCRATE
JE SUIS LE MEILLEUR DE TOUS LES INTERPRÈTES! JE ME DONNE DIX ET PLUS. JE SUIS PARFAIT! LE FILM EST MAGNIFIQUE! — NAPOLÉON BONAPARTE
«UN FILM BRÛLANT!» — JEANNE D'ARC
«VOUS RIREZ À EN PERDRE LA TÊTE... SINON, C'EST MOI QU VOUS LA COUPE!» — GENGHIS KHAN
«UN FILM EXCITANT... ÉROTIQUE... ET PROFONDÉMENT DÉRANGEANT.» — SIGMUND FREUD
G
CINÉMAS CINEPLEX ODEON
CONSULTEZ GUIDE CI ODEON LES HO
BILL & Ted's EXCELLENT adventure
2e SEM
COUPONS REFUSÉS
VERSION ORIGINALE ANGLAISE
LE FAUBOURG
POINTE-CLAIRE
CARREFOUR LAVAL
LIONS 88
G
FESTIVAL INTERNATIONAL DU FILM PUBLICITAIRE
CANNES
Le PARISIEN
480 STE CATHERINE O. 866-3856
4:50 9:30
PRÉSENTATION SPÉCIALE 2 POUR 1 CE SOIR
AUX CINÉMAS PALACE et DORVAL
14 ans
Les cinéphiles de cinq villes ont récemment eu l'occasion de visionner en avant-première un nouveau film sur un homme appelé Joe Clark. C'est le film le plus bouleversant depuis bien longtemps. Venez en juger par vous-même.
version o. anglaise
LEAN ON ME
La vraie histoire... d'un vrai héros par le réalisateur de THE KARATE KID et ROCKY
WARNER BROS. Presents
A NORMAN TWAIN Production A JOHN G. AVILDSEN Film MORGAN FREEMAN "LEAN ON ME"
BEVERLY TODD ROBERT GUILLAUME Original Score by BILL CONTI Executive Producer JOHN G. AVILDSEN
Written by MICHAEL SCHIFFER Produced by NORMAN TWAIN Directed by JOHN G. AVILDSEN
PALACE
Ce soir au PALACE à 19 h
Notre programme régulier
HER ALIBI suivra à 21 h 15
DORVAL
Ce soir au DORVAL à 19 h 10
Notre programme régulier
HER ALIBI suivra à 21 h 15
MEL GIBSON
MICHELLE PFEIFFER
G
TEQUILA SUNRISE
Version o. anglaise
PALACE
698 STE CATHERINE O.
4:05-6:40-9:10
jeu 4:05-9:30
COUCHE TARD sam 11:35

GRAND PRIX DE RIO
SÉLECTION: 10 MEILLEURS FILMS DE L'ANNÉE
BAGDAD CAFE
EN VERSION FRANÇAISE
DISTRIBUTION ACTION FILM
32e SEM
CENTRE-VILLE 2001 UNIVERSITÉ
DAUPHIN
DIDIER FARRE PRÉSENTE
SOPHIE MARCEAU
VINCENT LINDON
L'Étudiante
CLAUDE PINOTEAU
DANIÈLE THOMPSON
BERRI
2e SEM
SCHWARZENEGGER DEVITO
JUMEAUX
VERSION FRANÇAISE DE TWINS
Seule leur mère est capable de les distinguer!
UN FILM DE IVAN REITMAN
6e SEM
ST-DENIS
JEAN-TALON
LONGUEUIL
ODEON-LAVAL
PARADIS
SHERBROOKE
ST-JÉRÔME
JOLIETTE
TROIS-RIVIÈRES
VERSION ORIGINALE ANGLAISE
BONAVENTURE
CENTRE-VILLE 2001 UNIVERSITÉ
7 NOMINATIONS AUX OSCARS
DONT
MEILLEUR FILM
MEILLEURE ACTRICE Glenn Close
MEILLEURE ACTRICE DE SOUTIEN Michelle Pfeiffer
14 ANS
GLENN CLOSE
JOHN MALKOVICH MICHELLE PFEIFFER
Dangerous LIAISONS
VERSION ORIGINALE ANGLAISE
8e SEM
LE FAUBOURG
POINTE-CLAIRE
TOM HANKS
Un homme pacifique dans une région sauvage... La banlieue!
The 'BURBS
Une comédie hilarante où un charmant garçon est poussé... à bout!
A UNIVERSAL RELEASE
COUPONS REFUSÉS
VERSION ORIGINALE ANGLAISE
3e SEM
LE FAUBOURG
POINTE-CLAIRE
CARREFOUR LAVAL
BONAVENTURE
ASTRE
JASON ROBARDS COREY FELDMAN PIPER LAURIE
MEREDITH SALENGER WITH HARRY DEAN STANTON AND COREY HAIM
DREAM A LITTLE DREAM
La vie est étrange, dangereuse, confuse et incroyablement excitante...
VERSION ORIGINALE ANGLAISE
À L'AFFICHE!
BONAVENTURE
IL RISQUE SA VIE POUR L'AMOUR D'UNE FEMME.
UN SUSPENSE QUI DÉPASSE L'AVENTURE EXTRAORDINAIRE DE «PAPILLON»
RICHARD BERRY
OLIVIA BRUNAUX
JEAN YANNE
ANNA KARINA
UN FILM DE ALAIN MALINE
CAYENNE PALACE
14 ans
Maintenant à l'affiche!
Le PARISIEN
WOODY ALLEN - MIA FARROW - JULIE KAVNER - GIANCARLO GIANNINI
TALIA SHIRE - NICK NOLTE - ROSANNA ARQUETTE
TROIS HISTOIRES EXCEPTIONNELLES DANS UN FILM PARTICULIÈREMENT SPÉCIAL.
NEW YORK STORIES
WOODY ALLEN'S OEDIPUS WRECKS
FRANCIS COPPOLA'S LIFE WITHOUT ZOE
MARTIN SCORSESE'S LIFE LESSONS
«Woody Allen au sommet de sa forme comique.» —D. Ansen, NEWSWEEK
«Vraiment magique à voir.» —R. Schickel, TIME MAGAZINE
«Rempli de merveilles, de fabuleux contes de fées.» —R. Freedman, NEWHOUSE NEWSPAPER
«Du début à la fin, LIFE LESSONS est vibrant et vivant.» —D. Ansen, NEWSWEEK
TOUCHSTONE PICTURES
version o. anglaise
À L'AFFICHE DÈS LE VENDREDI 10 MARS DANS NOS CINÉMAS FAMOUS PLAYERS.

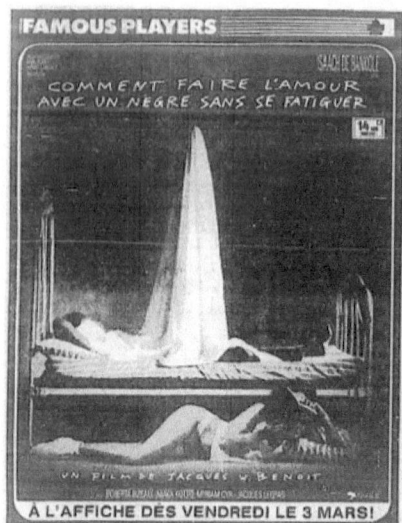

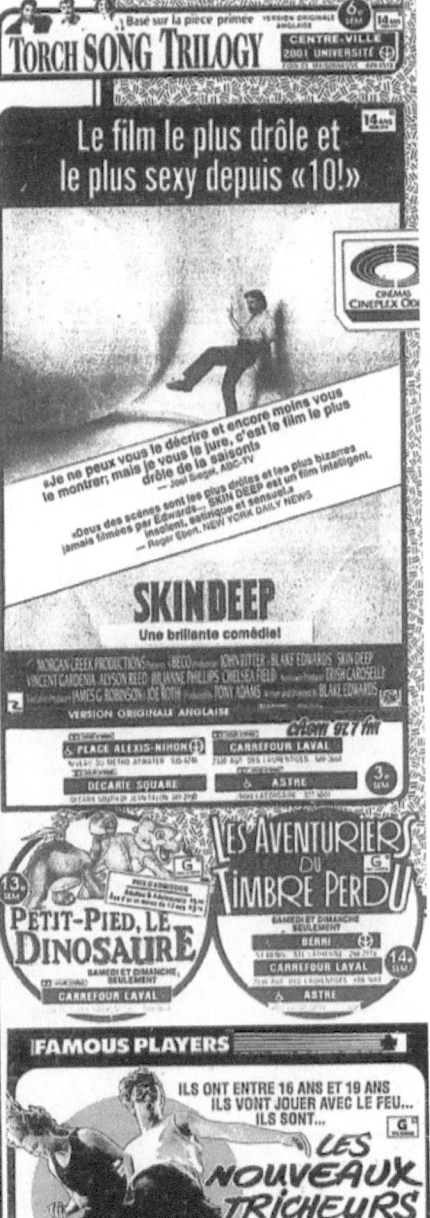

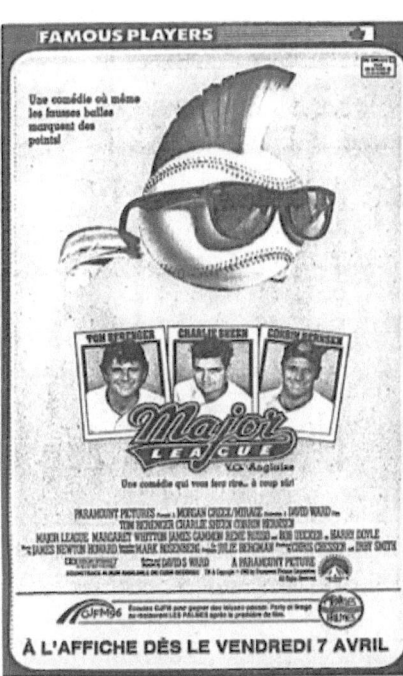

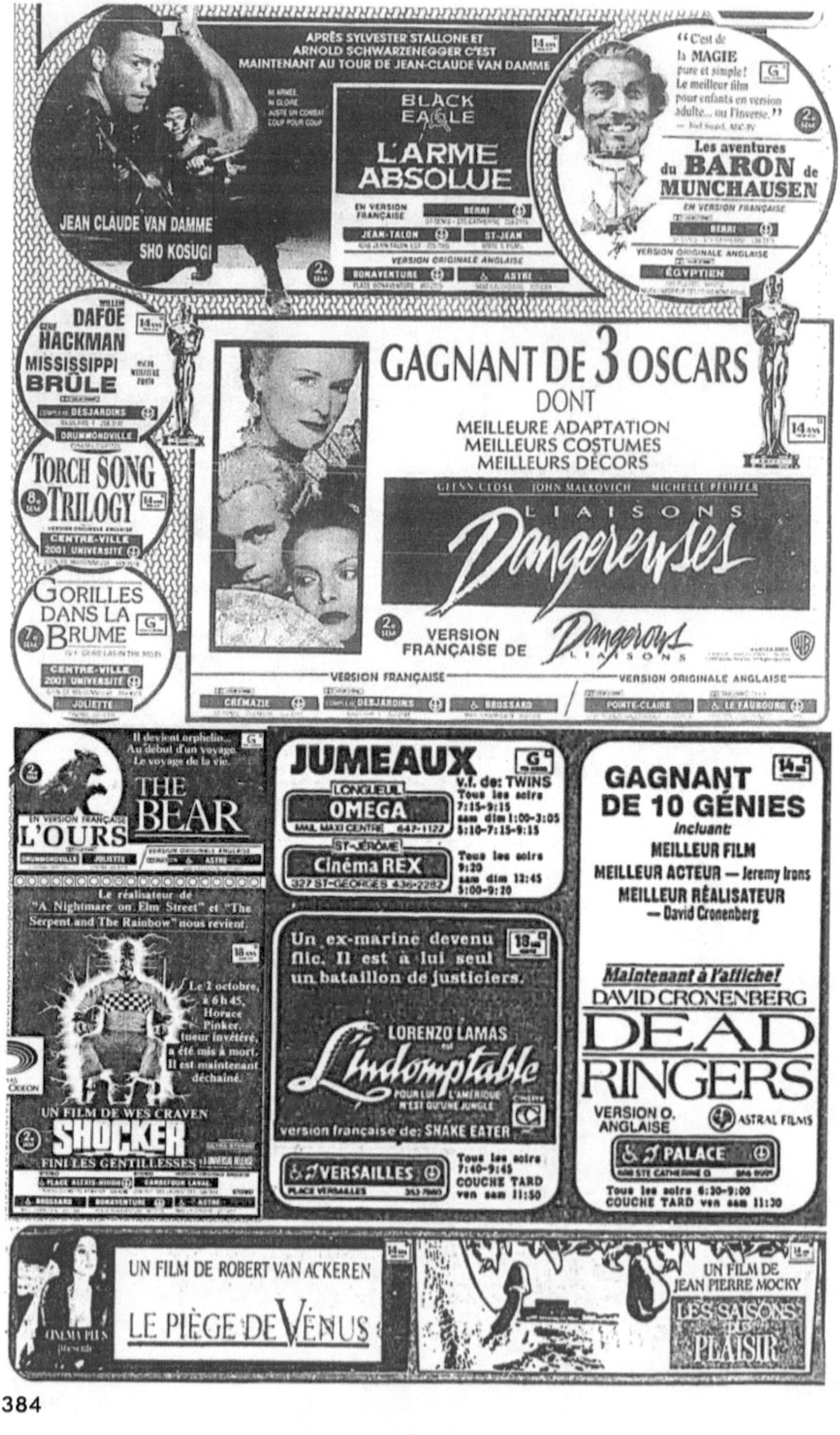
APRÈS SYLVESTER STALLONE ET ARNOLD SCHWARZENEGGER C'EST MAINTENANT AU TOUR DE JEAN-CLAUDE VAN DAMME
BLACK EAGLE
L'ARME ABSOLUE
JEAN CLAUDE VAN DAMME
SHO KOSUGI
EN VERSION FRANÇAISE
BERRI
JEAN-TALON
ST-JEAN
VERSION ORIGINALE ANGLAISE
BONAVENTURE
ASTRE
« C'est de la MAGIE pure et simple! Le meilleur film pour enfants en version adulte... ou l'inverse. »
Les aventures du BARON de MUNCHAUSEN
EN VERSION FRANÇAISE
BERRI
VERSION ORIGINALE ANGLAISE
ÉGYPTIEN
WILLEM DAFOE
GENE HACKMAN
MISSISSIPPI BRÛLE
DESJARDINS
DRUMMONDVILLE
TORCH SONG TRILOGY
CENTRE-VILLE
2001 UNIVERSITÉ
GORILLES DANS LA BRUME
CENTRE-VILLE
2001 UNIVERSITÉ
JOLIETTE
GAGNANT DE 3 OSCARS
DONT
MEILLEURE ADAPTATION
MEILLEURS COSTUMES
MEILLEURS DÉCORS
GLENN CLOSE JOHN MALKOVICH MICHELLE PFEIFFER
LIAISONS Dangereuses
VERSION FRANÇAISE DE Dangerous LIAISONS
VERSION FRANÇAISE
CRÉMAZIE
DESJARDINS
BROSSARD
VERSION ORIGINALE ANGLAISE
POINTE-CLAIRE
LE FAUBOURG
Il devient orphelin. Au début d'un voyage. Le voyage de la vie.
THE BEAR
EN VERSION FRANÇAISE
L'OURS
DRUMMONDVILLE
JOLIETTE
VERSION ORIGINALE ANGLAISE
ASTRE
Le réalisateur de "A Nightmare on Elm Street" et "The Serpent and The Rainbow" nous revient.
Le 2 octobre, à 6 h 45, Horace Pinker, tueur invétéré, a été mis à mort. Il est maintenant déchaîné.
UN FILM DE WES CRAVEN
SHOCKER
FINI LES GENTILLESSES
PLACE ALEXIS-NIHON
CARREFOUR LAVAL
BROSSARD
BONAVENTURE
ASTRE
JUMEAUX
v.f. de: TWINS
LONGUEUIL
OMEGA
MAIL MAXI CENTRE 647-1122
Tous les soirs 7:15-9:15 sam dim 1:00-3:05 5:10-7:15-9:15
ST-JÉRÔME
Cinéma REX
327 ST-GEORGES 436-2282
Tous les soirs 9:20 sam dim 13:45 5:00-9:20
Un ex-marine devenu flic. Il est à lui seul un bataillon de justiciers.
LORENZO LAMAS
L'indomptable
POUR LUI L'AMÉRIQUE N'EST QU'UNE JUNGLE
version française de: SNAKE EATER
VERSAILLES
PLACE VERSAILLES
Tous les soirs 7:40-9:45
COUCHE TARD ven sam 11:50
GAGNANT DE 10 GÉNIES
incluant:
MEILLEUR FILM
MEILLEUR ACTEUR — Jeremy Irons
MEILLEUR RÉALISATEUR — David Cronenberg
Maintenant à l'affiche!
DAVID CRONENBERG
DEAD RINGERS
VERSION O. ANGLAISE
ASTRAL FILMS
PALACE
Tous les soirs 6:30-9:00
COUCHE TARD ven sam 11:30
UN FILM DE ROBERT VAN ACKEREN
LE PIÈGE DE VÉNUS
CINEMA PLUS présente
UN FILM DE JEAN PIERRE MOCKY
LES SAISONS DU PLAISIR

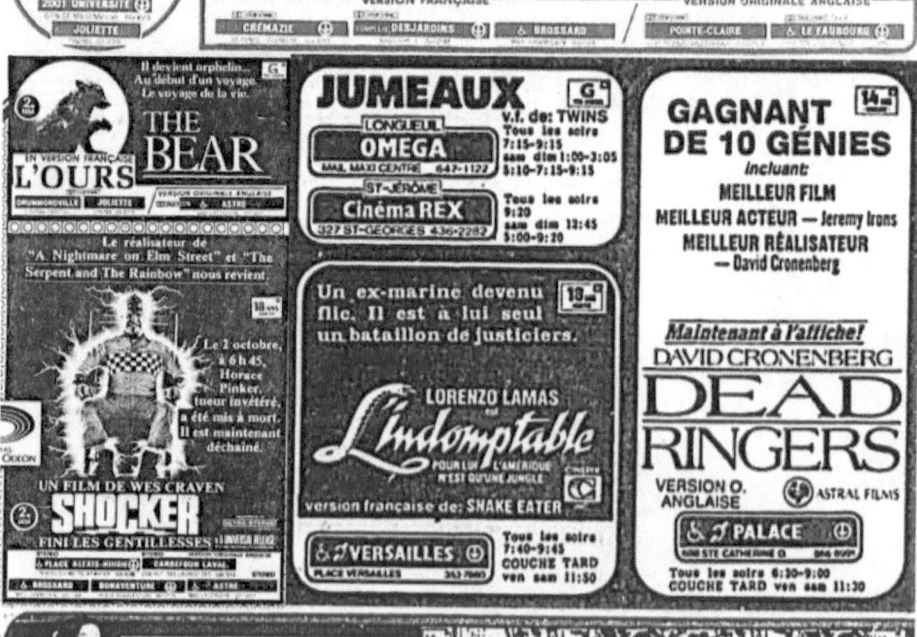

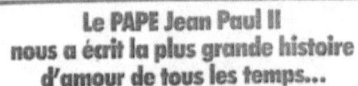

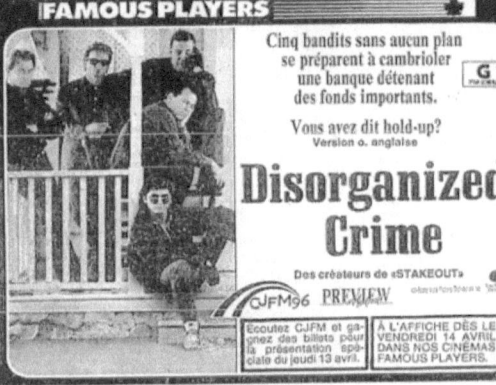

Délinquante! Provocante! Séduisante!
Suzie a deux choix...
l'école de réforme ou une famille adoptive
AIMEZ-MOI
«Un film à la fois tendre et violent, à l'image de Suzie.»
Version française de "LOVE ME"
Un film de Kay Pollak
À L'AFFICHE DÈS LE VENDREDI 10 NOVEMBRE DANS UN CINÉMA FAMOUS PLAYERS PRÈS DE CHEZ VOUS.

«Pour le suspense... impossible de trouver mieux.»
— G. Pevere, CTV-CANADA AM
«Hypnotisant... brillant... DEAD CALM... une version où JAWS prend une forme humaine.»
— R. Groen, GLOBE & MAIL
«Un film qui vous rivera à votre siège, un scénario qui se déroule le long d'une lame de rasoir.»
— M. Shindler, L.A. TIMES
DEAD CALM
UN VOYAGE AU COEUR DE LA PEUR
PALACE
VERSION O./ANGLAISE
LAVAL
DORVAL
VERSAILLES

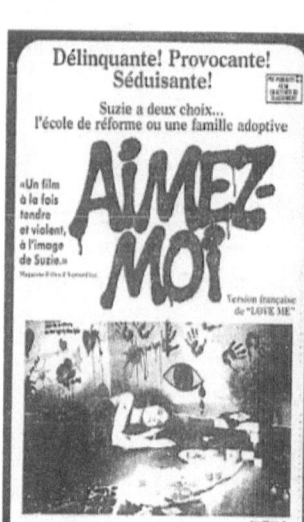

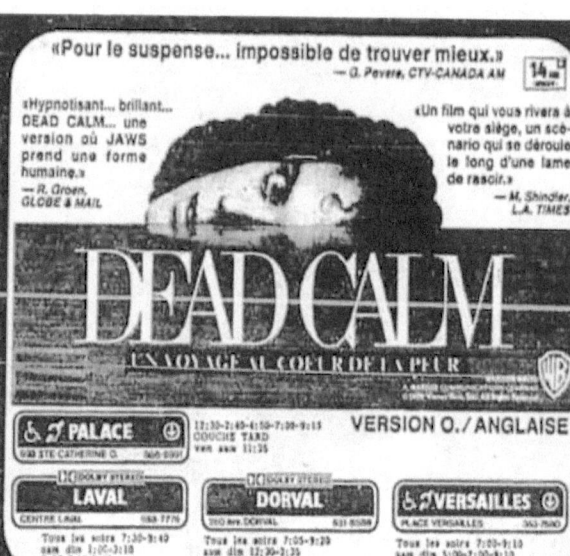

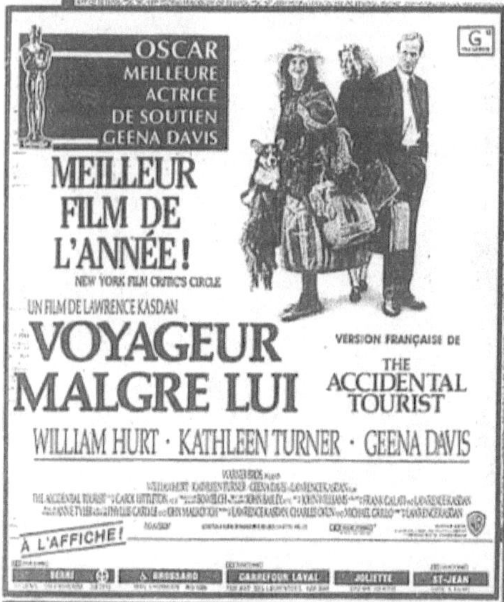
OSCAR
MEILLEURE ACTRICE DE SOUTIEN
GEENA DAVIS
MEILLEUR FILM DE L'ANNÉE!
NEW YORK FILM CRITIC'S CIRCLE
UN FILM DE LAWRENCE KASDAN
VOYAGEUR MALGRE LUI
VERSION FRANÇAISE DE
THE ACCIDENTAL TOURIST
WILLIAM HURT · KATHLEEN TURNER · GEENA DAVIS
À L'AFFICHE!
CARREFOUR LAVAL
JOLIETTE
ST-JEAN

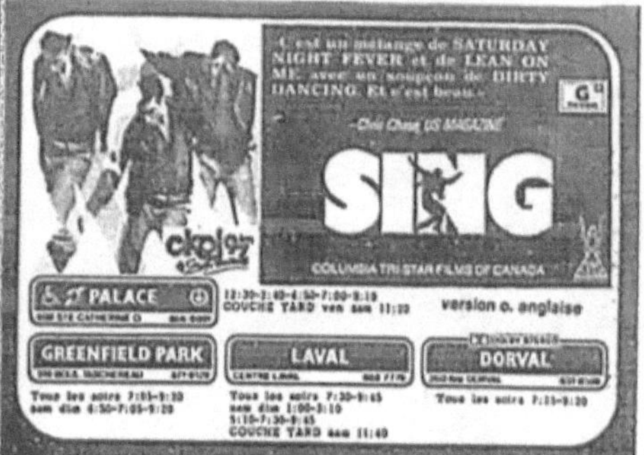
C'est un mélange de SATURDAY NIGHT FEVER et de LEAN ON ME, avec un soupçon de DIRTY DANCING. Et c'est beau.
SING
COLUMBIA TRI-STAR FILMS OF CANADA
PALACE
version o. anglaise
GREENFIELD PARK
LAVAL
DORVAL

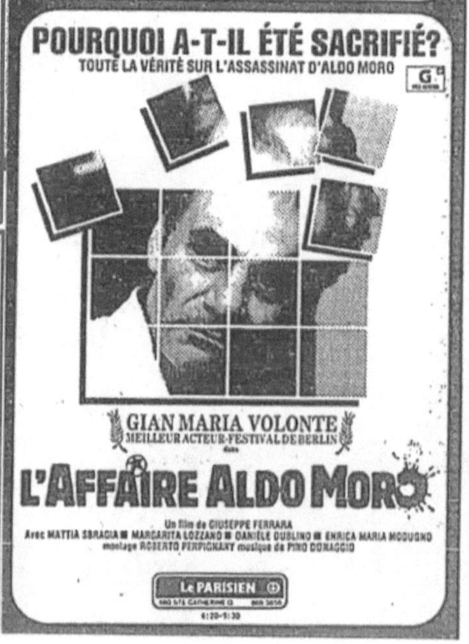
POURQUOI A-T-IL ÉTÉ SACRIFIÉ?
TOUTE LA VÉRITÉ SUR L'ASSASSINAT D'ALDO MORO
GIAN MARIA VOLONTE
MEILLEUR ACTEUR FESTIVAL DE BERLIN
L'AFFAIRE ALDO MORO
Un film de GIUSEPPE FERRARA
LE PARISIEN

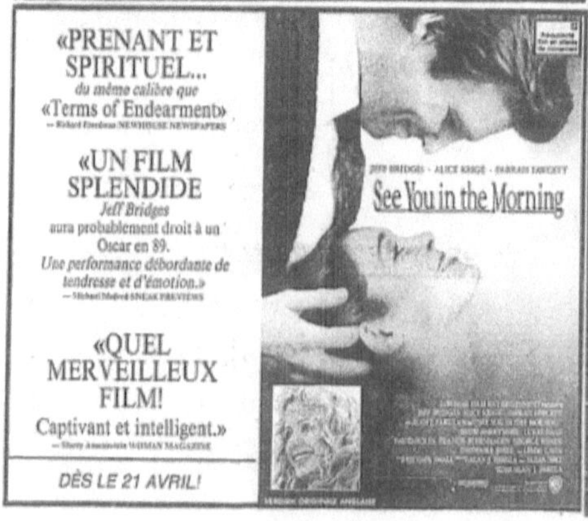
«PRENANT ET SPIRITUEL...
du même calibre que «Terms of Endearment»
«UN FILM SPLENDIDE
Jeff Bridges aura probablement droit à un Oscar en 89.
Une performance débordante de tendresse et d'émotion.»
«QUEL MERVEILLEUX FILM!
Captivant et intelligent.»
DÈS LE 21 AVRIL!
JEFF BRIDGES · ALICE KRIGE · FARRAH FAWCETT
See You in the Morning

«UN FILM CAPTIVANT... André Dussollier mérite à lui seul, le déplacement. Il est tout simplement superbe.»
— H. Roberge, LA PRESSE
«Un personnage au destin tout à fait passionnant.»
— H. Lafuste, LE DEVOIR
ANDRÉ DUSSOLLIER (3 HOMMES ET UN COUFFIN)
VALÉRIE KAPRISKY (FEMMES PUBLIQUES)
THIERRY FREMONT (LES NOCES BARBARES)
MON AMI LE TRAITRE
un film de JOSE GIOVANNI
adaptation de JOSE GIOVANNI • ALPHONSE BOUDARD et CLAUDE SAUTET
Le PARISIEN
1:20–4:10
6:50–9:25
MAIS QUI EST HARRY CRUMB?
VERSION FRANÇAISE
COLUMBIA TRI-STAR FILMS OF CANADA
LAVAL
VERSAILLES
LONGUEUIL OMEGA
Tous les soirs 7:00–9:10 sam dim 5:10–7:00–9:10 COUCHE TARD sam 11:10
Tous les soirs 7:00–9:00 sam dim 1:00–3:00 5:00–7:00–9:00 COUCHE TARD ven sam 11:00
Tous les soirs 9:30 sam dim 5:30–7:30–9:30
PRÉSENTATION SPÉCIALE 2 POUR 1 CE SOIR À 19 h 30 AUX CINÉMAS PARISIEN et VERSAILLES
PRIX SPÉCIAL DU JURY
FESTIVAL DU FILM FANTASTIQUE D'AVORIAZ
«UN FILM SUPERBE, SPEEDÉ, TORRENTIEL, AU MONTAGE FOU FURIEUX. VOUS N'AVEZ JAMAIS VU ÇA.» ACTUEL
UN FILM DE CHING SIU TUNG
Histoires de fantômes Chinois
EN VERSION FRANÇAISE
LES FILMS DU CRÉPUSCULE INTERNATIONAL
Notre film RAINMAN v.f. suivra au PARISIEN et L'AGENT FAIT LA FARCE au VERSAILLES
ELLE SERA TOUJOURS LA PETITE FILLE À SON PAPA, MAIS...
le charme a supplanté sa maladresse. Les garçons perdent la tête, vous devenez cinglé et... elle est déchaînée.
À L'AFFICHE!
TONY DANZA
SHE'S OUT OF CONTROL
VERSION ORIGINALE ANGLAISE
COUPONS REFUSÉS
PLACE ALEXIS-NIHON
POINTE-CLAIRE
ASTRE
LA MOUCHE II
TEL PERE, TEL FILS
THE FLY II EN VERSION FRANÇAISE
CENTRE-VILLE 2001 UNIVERSITÉ
CARREFOUR LAVAL
PARADIS
LONGUEUIL
VALLEYFIELD
PRÉSENTATION SPÉCIALE 2 POUR 1 CE SOIR AUX CINÉMAS LOEWS ET CINÉMA V!
Sally FIELD
Dolly PARTON
Shirley MacLAINE
Daryl HANNAH
Olympia DUKAKIS
Julia ROBERTS
EN PROGRAMME RÉGULIER DÈS LE VENDREDI 17 NOVEMBRE
Steel Magnolias
version o. anglaise
COLUMBIA TRI-STAR FILMS OF CANADA
PREVIEW
Lisa J.
Centre GERLINDA
Pinkerton
CE SOIR À 19 h 15 AU:
LOEWS
Notre programme régulier: Look who's talking suivra à 21 h 25
CE SOIR À 19 h 15 AU:
CINÉMA V
Notre programme régulier: LOOK WHO'S TALKING suivra à 21 h 40
Écoutez CJAD pour gagner des billets pour la présentation spéciale de mercredi 15 novembre.
MELODY ANDERSON
PETER BOYLE
DONNA DIXON
JOHN CANDY
JOE FLAHERTY
EUGENE LEVY
TIM MATHESON
BROOKE SHIELDS
THE SMOTHERS BROTHERS
VIVRE, C'EST DÉPASSER LA LIMITE!
SPEED ZONE
Une comédie qui défie la loi et abolit les frontières
VERSION ORIGINALE ANGLAISE
COUPONS REFUSÉS
ORION
PLACE ALEXIS-NIHON
CARREFOUR LAVAL

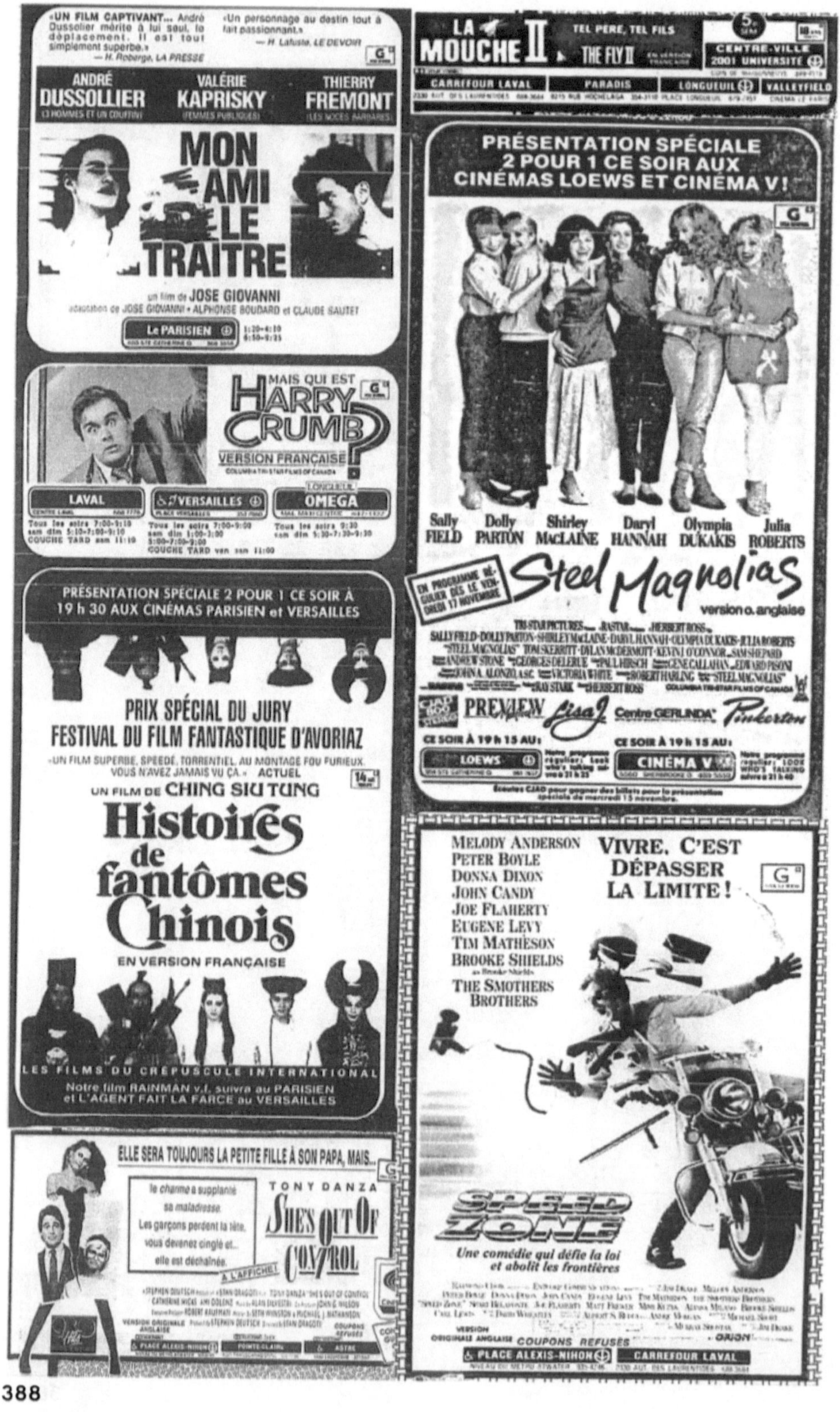

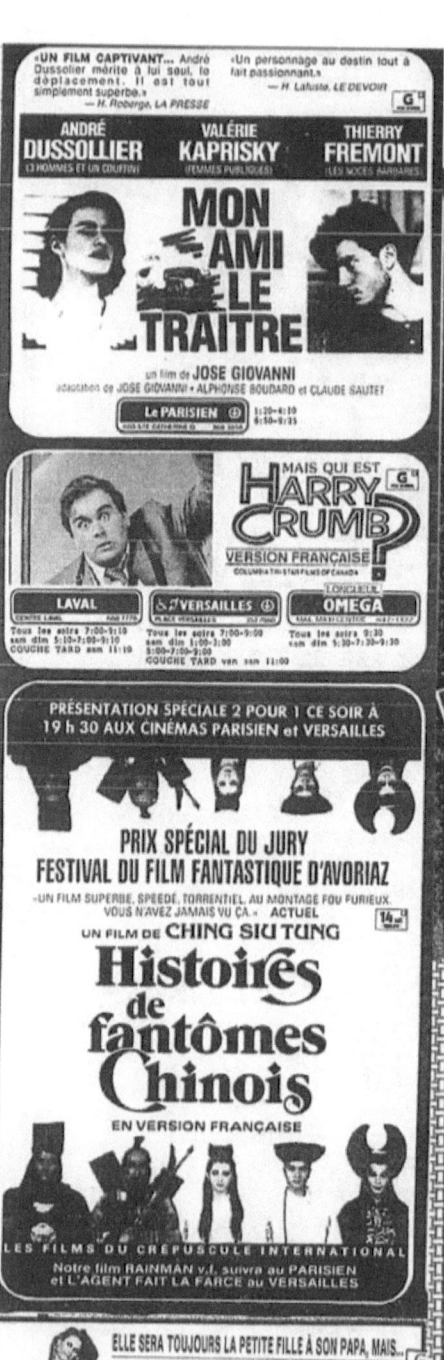

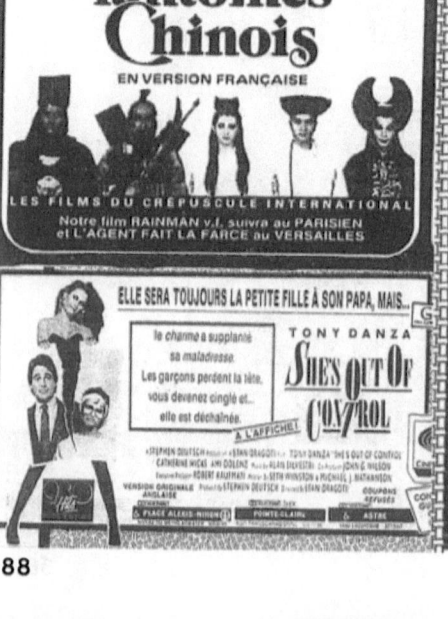

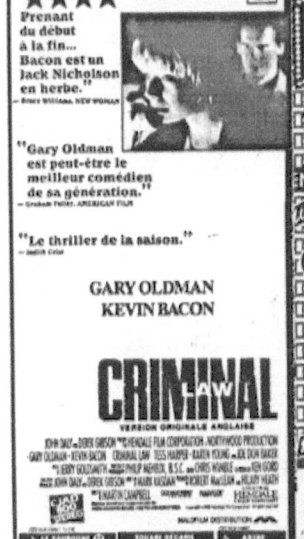

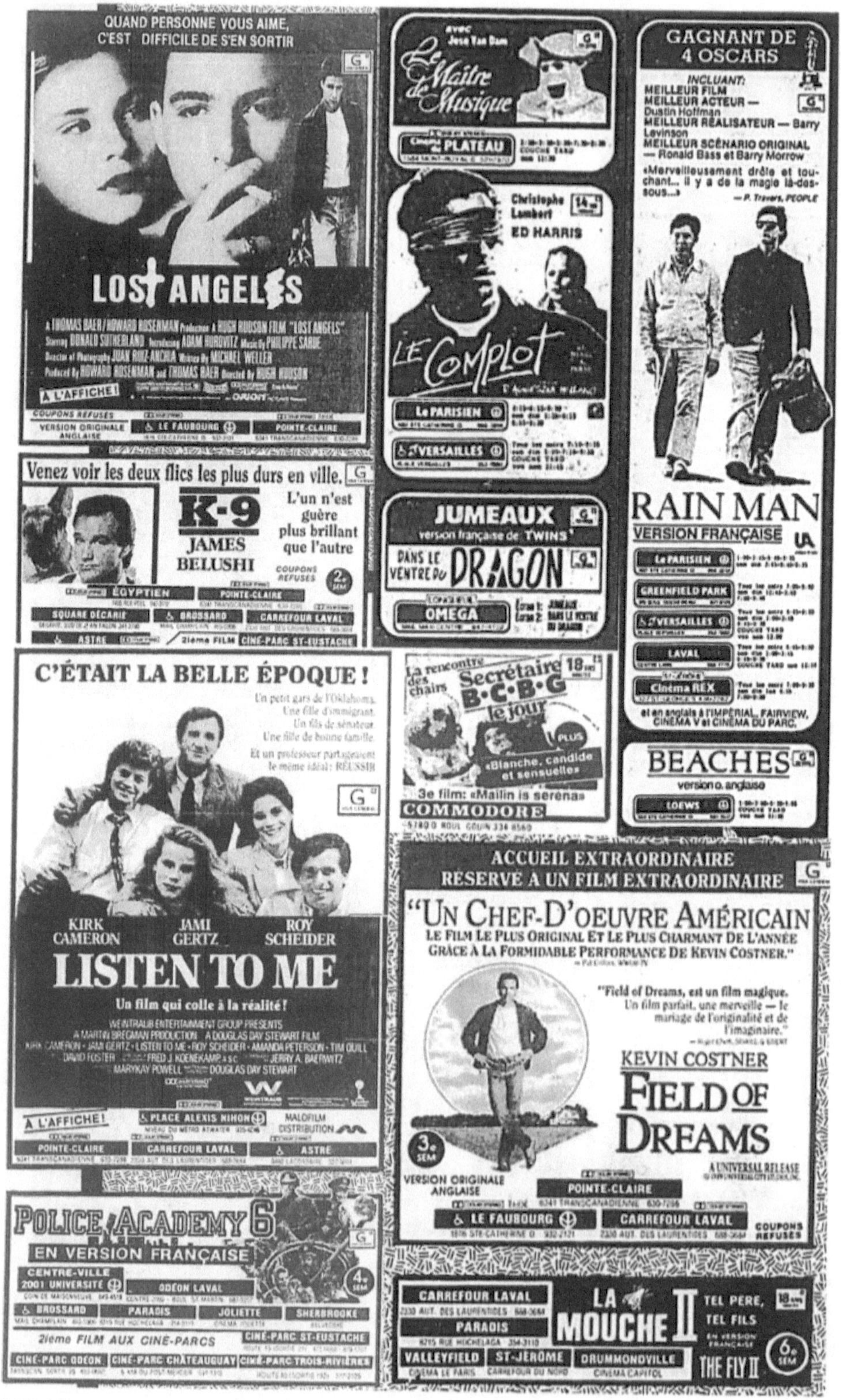
QUAND PERSONNE VOUS AIME, C'EST DIFFICILE DE S'EN SORTIR
LOST ANGELS
À L'AFFICHE!
COUPONS REFUSÉS
VERSION ORIGINALE ANGLAISE
LE FAUBOURG
POINTE-CLAIRE
Le Maître de Musique
PLATEAU
Christophe Lambert
ED HARRIS
LE COMPLOT
Le PARISIEN
VERSAILLES
GAGNANT DE 4 OSCARS
INCLUANT:
MEILLEUR FILM
MEILLEUR ACTEUR — Dustin Hoffman
MEILLEUR RÉALISATEUR — Barry Levinson
MEILLEUR SCÉNARIO ORIGINAL — Ronald Bass et Barry Morrow
«Merveilleusement drôle et touchant... il y a de la magie là-dessous...»
— P. Travers, PEOPLE
RAIN MAN
VERSION FRANÇAISE
Le PARISIEN
GREENFIELD PARK
VERSAILLES
LAVAL
Cinéma REX
et en anglais à l'IMPÉRIAL, FAIRVIEW, CINÉMA V et CINÉMA DU PARC.
Venez voir les deux flics les plus durs en ville.
K-9
JAMES BELUSHI
L'un n'est guère plus brillant que l'autre
COUPONS REFUSÉS
ÉGYPTIEN
POINTE-CLAIRE
SQUARE DÉCARIE
BROSSARD
CARREFOUR LAVAL
ASTRE
2ième FILM
CINÉ-PARC ST-EUSTACHE
JUMEAUX
version française de 'TWINS'
DANS LE VENTRE DU DRAGON
OMEGA
C'ÉTAIT LA BELLE ÉPOQUE!
Un petit gars de l'Oklahoma.
Une fille d'immigrant.
Un fils de sénateur.
Une fille de bonne famille.
Et un professeur partageaient le même idéal: RÉUSSIR
KIRK CAMERON
JAMI GERTZ
ROY SCHEIDER
LISTEN TO ME
Un film qui colle à la réalité!
À L'AFFICHE!
PLACE ALEXIS NIHON
MALOFILM DISTRIBUTION
POINTE-CLAIRE
CARREFOUR LAVAL
ASTRE
La rencontre des chairs
Secrétaire B.C.B.G le jour
PLUS
«Blanche, candide et sensuelle»
3e film: «Mailin is serena»
COMMODORE
BEACHES
version o. anglaise
LOEWS
ACCUEIL EXTRAORDINAIRE RESERVÉ À UN FILM EXTRAORDINAIRE
"UN CHEF-D'OEUVRE AMÉRICAIN
LE FILM LE PLUS ORIGINAL ET LE PLUS CHARMANT DE L'ANNÉE GRÂCE À LA FORMIDABLE PERFORMANCE DE KEVIN COSTNER."
"Field of Dreams, est un film magique. Un film parfait, une merveille — le mariage de l'originalité et de l'imaginaire."
KEVIN COSTNER
FIELD OF DREAMS
A UNIVERSAL RELEASE
3e SEM
VERSION ORIGINALE ANGLAISE
POINTE-CLAIRE
LE FAUBOURG
CARREFOUR LAVAL
COUPONS REFUSÉS
POLICE ACADEMY 6
EN VERSION FRANÇAISE
CENTRE-VILLE 2001 UNIVERSITÉ
ODÉON LAVAL
BROSSARD
PARADIS
JOLIETTE
SHERBROOKE
2ième FILM AUX CINÉ-PARCS
CINÉ-PARC ST-EUSTACHE
CINÉ-PARC ODÉON
CINÉ-PARC CHÂTEAUGUAY
CINÉ-PARC TROIS-RIVIÈRES
CARREFOUR LAVAL
PARADIS
VALLEYFIELD
ST-JÉRÔME
DRUMMONDVILLE
LA MOUCHE II
TEL PÈRE, TEL FILS
EN VERSION FRANÇAISE
THE FLY II
6e SEM

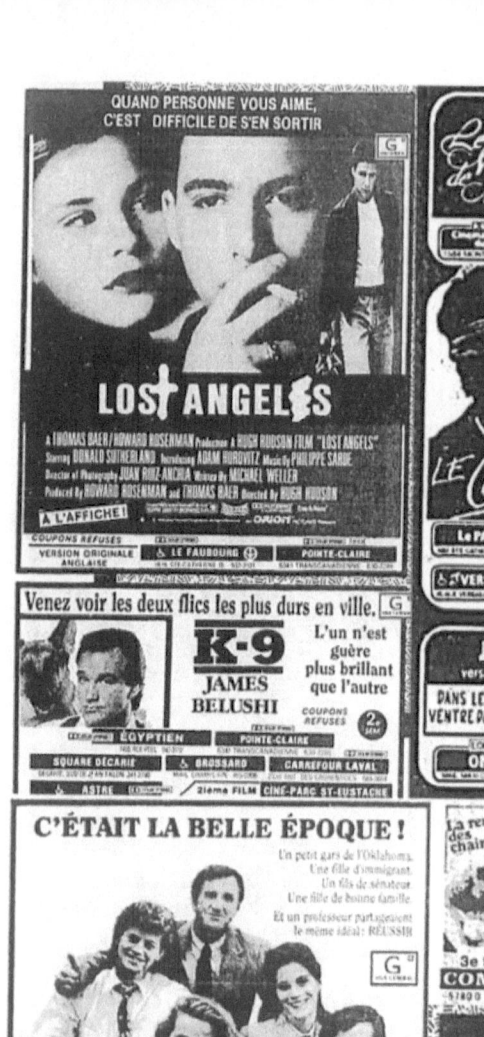

UNE PRÉSENTATION EXCLUSIVE!
(pour un temps limité)
Le plus grand film de tous les temps est de retour dans une toute nouvelle splendeur!
"GONE WITH THE WIND"
CLARK GABLE
VIVIEN LEIGH
LESLIE HOWARD OLIVIA de HAVILLAND
Maintenant à l'affiche!
IMPÉRIAL
Présentation spéciale avec intermission

"Humoristique, souvent profond, et toujours bien réalisé." — L.A. WEEKLY
"Un divertissement surprenant et joyeux. Les plaisirs du film s'accumulent, "FÉLIX" est finalement si agréable..." — NEW YORK TIMES
"Comme "MEN", "FÉLIX" jette un regard amusé et amusant sur l'homme-animal..." — L.A. TIMES
Une comédie MORDANTE sur les HOMMES ... faite par des "FEMMES"!
AVEC ULRICH TUKUR DANS
FÉLIX
MARGARETHE VON TROTTA
DÈS LE 19 MAI

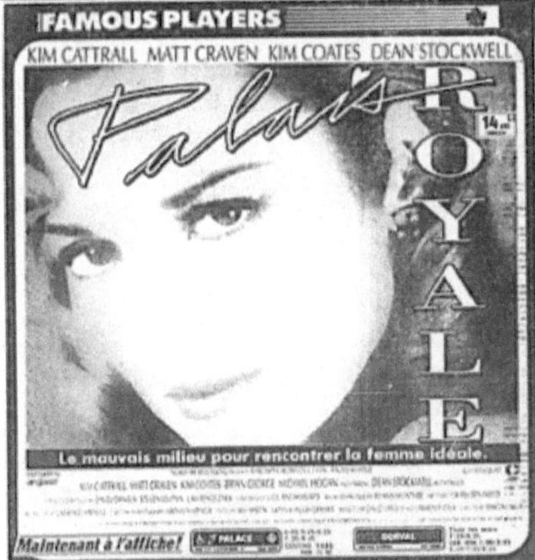
FAMOUS PLAYERS
KIM CATTRALL MATT CRAVEN KIM COATES DEAN STOCKWELL
Palais Royale
Le mauvais milieu pour rencontrer la femme idéale.
Maintenant à l'affiche!
PALACE
DORVAL

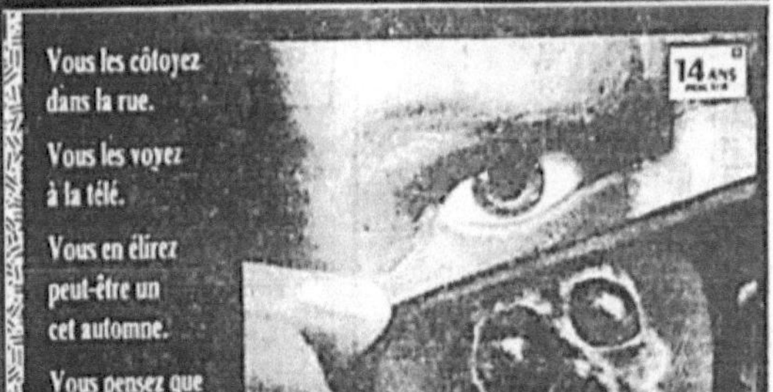
Vous les côtoyez dans la rue.
Vous les voyez à la télé.
Vous en élirez peut-être un cet automne.
Vous pensez que ce sont des gens comme vous.
Vous avez tort.
Tout à fait tort!
14 ANS
JOHN CARPENTER INVASION LOS ANGELES
VERSION FRANÇAISE DE 'THEY LIVE'
A UNIVERSAL RELEASE
À L'AFFICHE!
BERRI
ODÉON LAVAL
PARADIS
2ième FILM AUX CINÉ-PARCS
LONGUEUIL
CINÉ-PARC LAVAL
CINÉ-PARC ST-HILAIRE

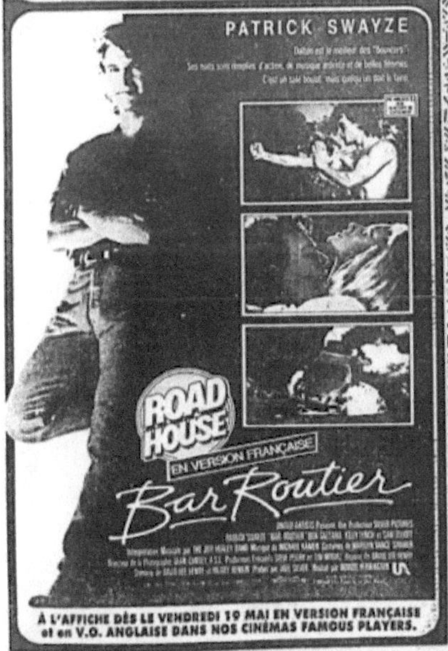
PATRICK SWAYZE
ROAD HOUSE
EN VERSION FRANÇAISE
Bar Routier
À L'AFFICHE DÈS LE VENDREDI 19 MAI EN VERSION FRANÇAISE et en V.O. ANGLAISE DANS NOS CINÉMAS FAMOUS PLAYERS.

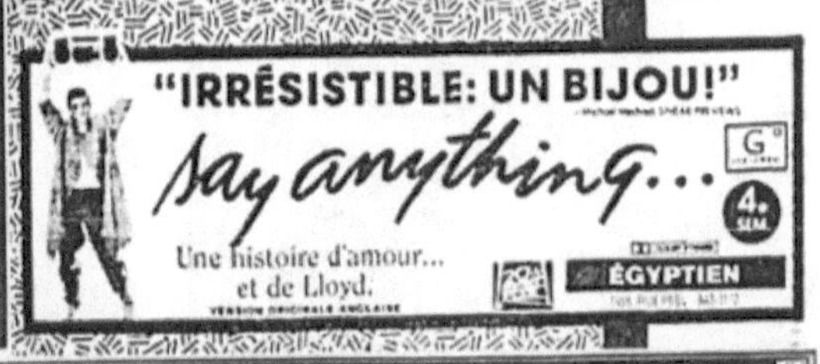
"IRRÉSISTIBLE: UN BIJOU!"
Say anything...
Une histoire d'amour... et de Lloyd.
VERSION ORIGINALE ANGLAISE
4e SEM.
ÉGYPTIEN

«Une réussite complète et un exemple de cinéma à la fois populaire et intelligent.»
DANS LE VENTRE DU DRAGON
Le nouveau film de Yves Simoneau
CINÉMAS CINEPLEX ODEON
DEPARDIEU
CINÉMA PLUS présente
CAMILLE CLAUDEL
ADJANI
UN FILM DE BRUNO NUYTTEN

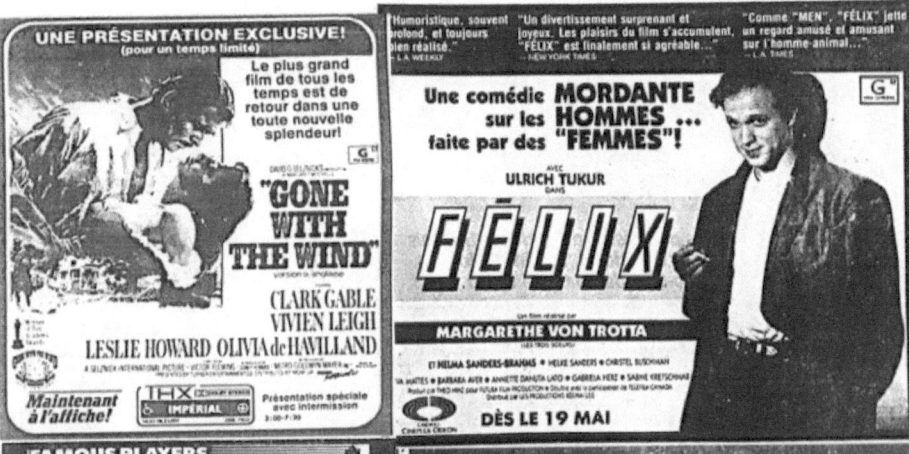

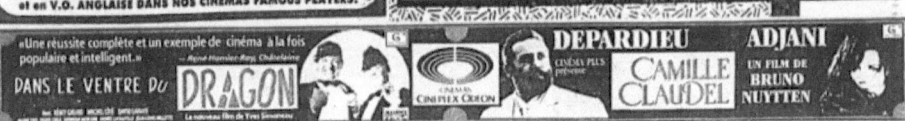

UNE PRÉSENTATION EN
70MM
DOLBY STEREO 6 PISTES
IMAGINEZ QUAND LE PÈRE S'EN MÊLE...
INDIANA JONES and the LAST CRUSADE
À L'AFFICHE DÈS LE MERCREDI 24 MAI
IMPÉRIAL
LAVAL
DORVAL
CINÉMA V
GREENFIELD PARK
CINÉMA DU PARC
VERSAILLES
cinéma PINE
Écoutez CKOI et CJAD pour vous mériter des billets pour la présentation spéciale du 23 mai.

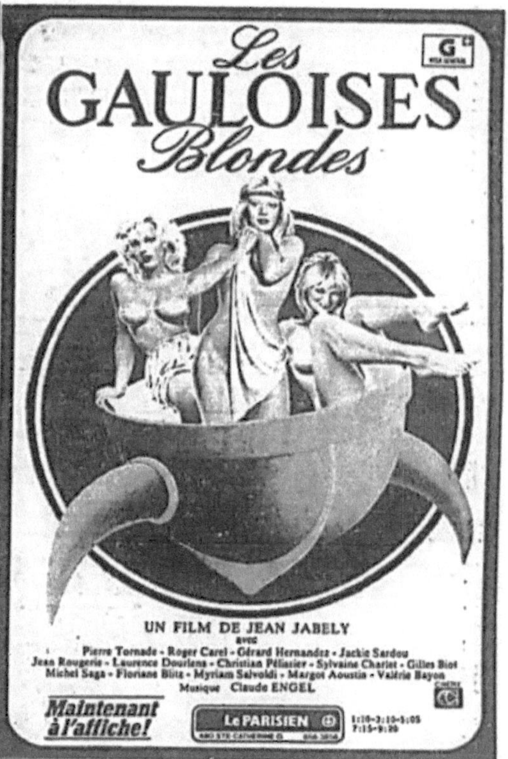
Les GAULOISES Blondes
UN FILM DE JEAN JABELY
avec
Pierre Tornade - Roger Carel - Gérard Hernandez - Jackie Sardou
Jean Rougerie - Laurence Dourlens - Christian Pélissier - Sylvaine Charlet - Gilles Biot
Michel Saga - Floriane Blitz - Myriam Salvoldi - Margot Aoustin - Valérie Bayon
Musique Claude ENGEL
Maintenant à l'affiche!
Le PARISIEN

LE TRIOMPHE D'ADJANI!
5 CÉSARS
ADJANI
DEPARDIEU
CAMILLE CLAUDEL
EN VERSION FRANÇAISE
DAUPHIN
V.O. AVEC SOUS-TITRES ANGLAIS
CENTRE-VILLE
2001 UNIVERSITÉ

Un film fascinant...
Une musique ensorcelante
BAGDAD CAFE
CENTRE-VILLE
2001 UNIVERSITÉ

LA COMÉDIE DE L'ANNÉE!
LE COMBAT DU SIÈCLE!
BAD GUYS
«2 FLICS POURRIS»
CINÉ-PARC LAVAL
SOREL

Les aventures du BARON de MUNCHAUSEN
EN VERSION FRANÇAISE
VERSION ORIGINALE ANGLAISE
JOLIETTE
ÉGYPTIEN

JOHN CARPENTER
INVASION LOS ANGELES
BERRI
LONGUEUIL
PARADIS
CINÉ-PARC LAVAL

PALME D'OR
CANNES 1988
OSCAR
MEILLEUR FILM ÉTRANGER
PELLE LE CONQUÉRANT
CENTRE-VILLE
2001 UNIVERSITÉ

GENE WILDER • RICHARD PRYOR
AU MEURTRE!
L'aveugle n'a rien vu. Le sourd n'a rien entendu. Rien n'empêche qu'on les recherche.
v.o.anglaise
SEE NO EVIL, HEAR NO EVIL
La comédie mourante de l'été
COLUMBIA TRI-STAR FILMS OF CANADA
Maintenant à l'affiche!
LOEWS
CINÉMA V
CINÉMA DU PARC
LAVAL
DORVAL
VERSAILLES

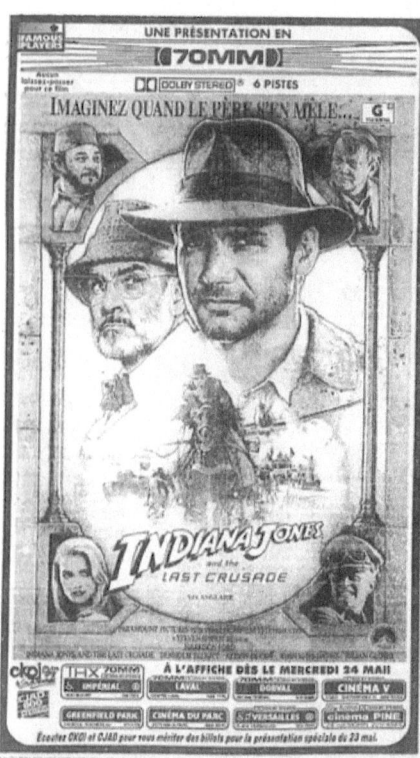

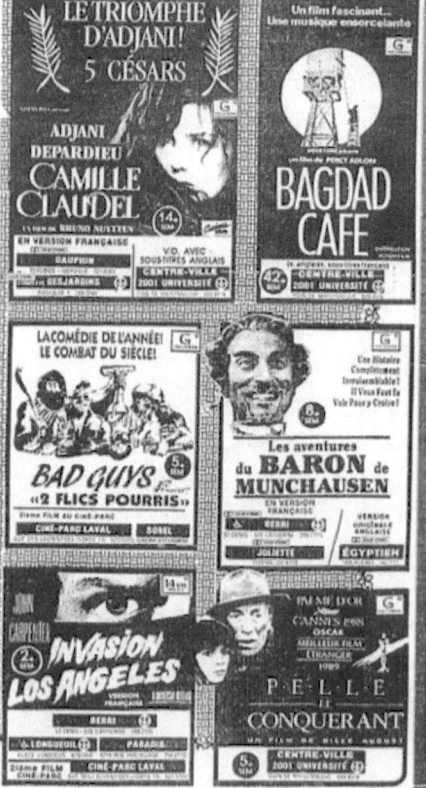

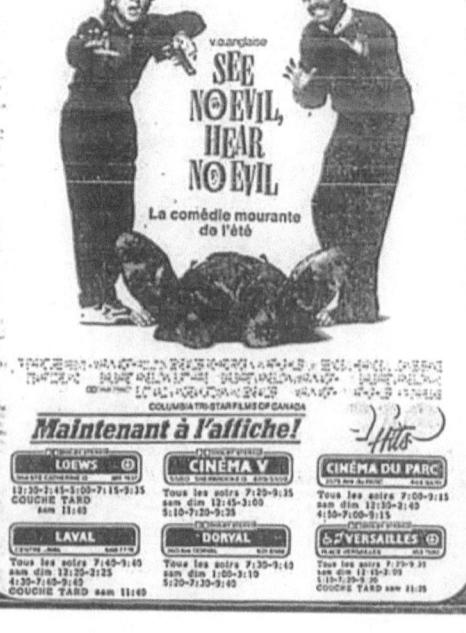

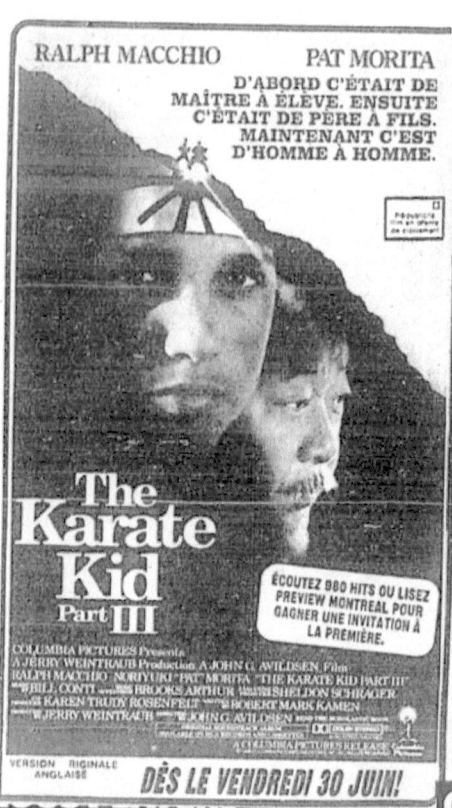

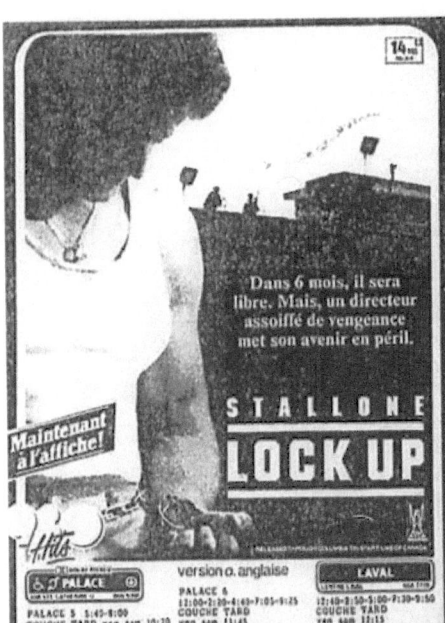

0-9

10 to midnight 202
1984. . . . . 209, 214, 216
2 at once 305
2 flics pourris 387, 392
200,000 dollars en cavale 154
2001 l'odyssée de l'espace 23
2010 l'année du premier contact 193, 219
2019 après la chute de New York 199
3 amigos 263, 289
3 filles à la recherche du plaisir 293
3 lycéennes à Paris 213
3 réservistes en Java 41
3 shades of flesh 81, 82
3 tigresses déchaînées 9
37.2 296
48 hrs. 127, 159
5 gâchettes d'or 20, 23
7 fantastiques 53, 79
9 1/2 Weeks. 256, 258, 265, 272
9 deaths of the ninja 225

A

À 16 ans dans l'enfer d'Amsterdam 218
À armes égales 197
À bout de course 274
À coups de crosse 264
À double tranchant 253
A dry white season 368, 382
À fleur de peau 237, 255
À gauche en sortant de l'ascenseur . . . 354, 359
A handful of dust 353
À l'anglaise 342
À l'est de Berlin 31
À l'intérieur d'un couvent 34
À la poursuite du diamant vert 187, 198, 264
À mort l'arbitre 179
A nightmare on Elm street 215
A nightmare on Elm street 2
Freddy's revenge 235
A nightmare on Elm street 3
Dream warriors 292, 295, 297
A nightmare on Elm street 4
The dream master 349, 352
À nous les belles danoises 23, 82
À nous les garçons 232
A prayer for the dying 329

A time of destiny 336
A view to a kill 225
Above the law 334, 338, 355
Absence of malice 92, 95
Abuse 172
AC/DC let there be rock 108
Accroche coeur 336
Accroche-toi j'arrive 76
Act of vengeance 282
Action Jackson 330
Adios California 68
Adolescentes brûlantes 142
Adolescentes devant le plaisir 25
Adolescentes libertines 121, 147, 148
Adolescentes trop curieuses 128, 155
Adorables créatures nocturnes 117
Adventures in babysitting 309, 320
After hours 246, 275
Against all odds 171
Agence de plaisir 104
Ah! Ouigne in hin in! 326
AIDS 265
Aigle de fer 267
Aimez-moi 386
Airplane 2 the sequel 134
Airport '80 Concorde 12, 20
Albator 10, 20
Aldo et junior 258
Alexandra 178
Alice chez les satyres 36
Alice douce Alice 14
Alien nation 355, 357
Aliens 276, 281
Aliens le retour 286, 295, 300
All about Annette 157
All american girls 2 203
All nighter 299
Allan Quaterman 270
Alligators 68
Alter ego 359, 375
Altered states 51
Amadeus 188, 207, 254
Amandine belle à croquer 49
Amazonia la jungle blanche 282
American ninja 241
American ninja 2 - The confrontation 300
American warrior 2 308
American way 318

Amityville 2	148, 167, 122
Amityville 3D	162
Amityville	21, 47, 63, 73, 79
Amour	154
Amour et fringales	121
Amour passionnée	173
Amour, désir et extase	120
Amours extra-terrestres	88, 134
Amuse-gueule	209
An american werewolf in London	83
An officer and a gentleman	127
Androïde	248, 254, 275
Angel	218, 227
Angel heart	292
Angela et ses amies	267
Anita la nymphette	106
Anna brûlante de désir	78, 92, 159
Anna obsessed	81
Anne Trister	272
Annie	115, 146
Anthropophage	140
Aphrodite	256
Apocalypse now	37
Appel à la justice	361
Appelez-moi Bruce	187
Appelez-moi... docteur	25
Aprentissage à l'école	50
April fool's day	258, 263, 277
Ardente et infidèle Émilia	167
Ardeurs à la plage	258
Aria	353
Arizona junior	305
Arlequin	117
Arrête de ramer t'es sur le sable	33, 65, 70
Arrête je n'en peux plus	91, 137, 150
Arthur	98, 166
Arthur on the rocks 2	343, 344, 345
Asphalte	96
Assassination	288, 290
Assaut	18
Assaut sur la ville	35
Association de malfaiteurs	311
Astérix et la surprise de César	230, 250, 255
Atlantic City	98
Attaque à mains nues	110
Attention bandits	334
Attention une femme peut en cacher une autre	201
Attention les dégâts	210
Au boulot... Jerry!	69, 80
Au mi-temps de l'âge	65
Au pays de l'érotisme	55
Au revoir les enfants	331
Au-delà de la gloire	138, 139
Autant en emporte le vent	23
Avalanche express	25
Avenging force	283
Aventures en Californie	21
Aventures érotiques en Thaïlande	33, 66
Aventures extra-conjugales	154, 156, 157

B

B comme bonne à tout faire	88
Babylon Pink	154, 155
Bachelor party	181
Back to school	275
Back to the future	231
Back to the future 2	375
Bad guys	387, 392
Bagdad café	346, 376, 382, 389, 392, 400
Baiser au soleil	217, 223, 255
Baiser macabre	103, 113
Ball game	190
Ballade sur un divan	326
Banana Joe	150
Banco	304
Band of the hand	258
Bar routier	391, 394
Barbares	222
Barfly	322
Barnabé au service de ces dames	233
Baron vampire	25
Barracuda	75
Bat 21	356
Batman	397
Batteries not included	323
Battle beyond the stars	50
Baxter	387
Beaches	390, 395
Beat street	179
Beetlejuice	334, 338, 350
Belles, blondes et bronzées	109, 123, 138, 166, 169

Bel ami. 52
Ben 18
Beneath the valley of
the ultra vixens 35
Berlin blues 398
Bermudes Triangle de l'enfer. 9, 19, 20, 47
Bernard et Bianca 381
Bête mais discipliné. 31
Betelgeuse. 350
Betrayed 351
Beverly Hills cop 192, 225
Beverly Hills cop 2. . . . . 303, 312
Beyond the walls 225
Beyond your wildest dreams 105, 106
Bien au chaud 293
Big 347
Big business 341
Big shots 318
Bill & Ted's excellent adventure. 373, 380
Biloxi blues 332, 336
Bino Fabule 368
Bird 357
Bird now. 369
Black garters 267
Black lace panties 319
Black rain. 367
Black widow. 287
Blade runner 114, 127
Blanche, candide
et sensuelle 203, 224, 254, 390
Blaze. 367
Blazing zippers 49
Bleue est la mer,
blanche est la mort 123
Blind date. 309
Blind fear 371
Blonde fire 58
Blonde velvet. 101
Blondes have more fun 197
Blondie l'ensorcelleuse 81, 96
Blood beach. 80
Blood relations. 361
Blood simple 225
Blowdry 73
Blue jean cop. 353
Blue thunder 148
Blue velvet. 283, 296, 307, 311
Body double. 192, 216, 247
Body girls. 223
Body heat 51, 91
Bolides Hurlants 39, 42
Bon chic bon genre, avide
de plaisirs 224, 354
Bonheur d'occasion. 166
Bonnie & Clyde 88
Born in east L.A. 315
Born winner 198
Bouches expertes 173, 237
Bourgeoise en quête de sensations 266
Bourgeoise et pute 173
Bourgeoise insatisfaite 267
Bourgeoises mais perverses 353
Brainstorm. 163
Brazil 248, 251, 264
Break 255
Break dance and smurf 183
Breakin' 176
Brigade anti-racket 137
Brigade anti-viol. 109
Brigade mondaine 79
Brillantine. 127, 141
Brimstone & Treacle 120, 158
Broadcast news. 326, 343
Bronco Billy 43
Broute minou 313
Brouteuses infernales 91
Brubaker 67
Bruce contre-attaque 88
Burglar 296
Burlexxx 333
Burning snow 173

C

C'est l'apocalypse 19, 138
C'est surtout pas de l'amour 86
C'était demain 11
Ça fait du bien 151
Ça plane les filles 47, 56, 72
Ça va faire mal 157
Cache cache érotique 52, 65
Cactus Jack. 112
Caddyshack II 347
Caligula 51, 83
Caligula et Messaline 122, 128, 130
132, 141, 159

Caligula the true story	257
Call me	340
Camille Claudel	391, 392
Camp érotique	16, 49
Candice Candy	109
Candide et érotique	55
Cannibal ferox	214, 219
Cannonball run 2	183, 187, 189
Capitaine Advenger	146
Captive	297
Care bears the movie	220
Careful	190, 191
Caresses inavouables	171
Caresses indélicates	135, 181
Carmen	221
Carnage	168
Carnal highways	101
Casanova	68, 109, 111
Cascadeurs en péril	111
Casse-cou en liberté	174, 216
Casual sex	336
Casualties of war	403
Cat people	106
Cat's eye	220, 225
Cavale érotique	23, 26
Caveman	67
Cayenne palace	373, 376
Ce soir on s'éclate	95
Ceinture noire	177, 189
Cerveau mécanique	319
Cette malicieuse Martine	52, 55
CFCF 12 - 3D Television	115
Chair pour Frankenstein 3D	135, 147
Chaleurs profondes	32
Chambre avec vue	288
Chambres d'amis très particulières	157, 160
Chances are	379
Chanteur de rêves	65
Chasse à mort	93, 104
Chasseuses d'étalon	308
Château des plaisirs	216, 220, 240
Chattes ravageuses	130
Chauffeur à gages	7
Check-up à la suédoise	70, 93, 117
Cheech and Chong still smokin'	151
Chérie j'ai réduit les enfants	397
Chez Porky	97
Chez Porky 2	152

Chicanos chasseur de têtes	121, 145
Child's play	358
Children of the corn	176
Chouans!	371
Christine	126, 186
Christmas vacation	400
Cinema Paradiso	389, 402
City of the walking dead	176, 177
Clarisse	34
Clean and sober	353
Cléopâtre la panthère du kung fu	73, 79
Clinique pour soins très spéciaux	96, 99
Cloak and dagger	187
Clockwork orange	97, 192
Club de rencontres	327
Cobra	267, 272, 275
Cocaine	344
Cocktail	348, 352, 358, 366
Cocktail spécial	94, 97
Cocoon	238, 247, 275
Cocoon 2	363
Code name: Emerald	231
Code of silence	223
Coed fever	106
Coeur circuit	278, 279
Coeur circuit 2	345, 354
Coeur de champion	20
Cold feet	394
Collégiennes émancipées	58
Colors	335, 340
Combat à finir	394
Come under my spell	117
Comédie!	352
Comin' at ya!	96
Coming to America	344
Commando	241, 246, 255, 258
Commando de choc Zèbre	69
Commando Léopard	310
Commando spécial	278
Comment draguer tous les mecs	230
Comment faire l'amour avec un nègre	378
Comment se débarrasser de son patron	80
Conan le barbare	110, 121
Conan le destructeur	188
Conan the barbarian	105, 163
Conan the destroyer	186
Condorman	82
Confession d'une folle d'amour	42

Confessions compromettantes	99, 101, 119
Confessions d'une petite fille	157
Confessions de deux femmes ardentes	147, 148
Confessions érotiques	81, 104
Confessions intimes d'une petite fille	116
Confidences d'une jeune mariée	103
Conquêtes de vacances	275
Contamination	91
Contes pervers	89
Contrainte par le corps	377
Contre toute attente	186
Convoi	19
Cookie	403
Cordelia	27, 31
Corps à corps	23
Corps à corps érotique	261
Corps à vidange	333
Corps et âme	145, 146
Corruption	231
Cosmos 859	266
Count the ways	38
Coup double	298
Couple cherche esclaves sexuels	40, 50
Couple débutant cherche couple initié	198, 200
Couples ardents	231, 250, 261
Couples complices	27
Couples en flammes	254
Couples enflammés	246
Couples pour partouzes	303
Coups pour coups	108, 145
Courage, fuyons!	24
Cours pratiques pour jeunes filles	103
Cours privé	299
Crazy love	366, 369
Créature	275
Creepshow	122, 127, 196
Creepshow 2	303
Crimes of passion	194, 208
Criminal law	389
Critical condition	287
Critters	260, 263
Critters 2	335
Crocodile Les mâchoires de l'épouvante	6, 10, 97
Crocodile Dundee	282, 287, 291, 297, 301, 308, 311, 315
Crocodile Dundee 2	338, 352
Croisière pour couples plein d'ardeur	52, 54, 86, 101, 109, 117
Crossing Delancey	360
Crossroads	262
Cry freedom	326
Cuissardes	133, 155
Cujo	126, 166, 187, 217, 241
Cul et chemise	162
Cupidon chez les toubibs	149
Curse of the pink panther	161
Cyborg	394
Cyclone	41

D

D.A.R.Y.L.	229
D.O.A.	332
Dakota Harris	283
Dallas school girls	254, 265
Dames de compagnie	78, 92
Damien	21, 86
Dangereusement vôtre	240
Dangerous liaisons	371, 376, 381, 383, 384
Dans le ventre du dragon	374, 390, 391
Danse lascive	328, 336, 339
Dar l'invincible	144, 154, 168, 174
Das boot	100
Daughters of anomaly	73
De guerre lasse...	368, 370
Dead bang	380, 389
Dead calm	386, 389
Dead heat	337
Dead poets society	393
Dead ringers	354, 384
Deadly Blessing	83
Deadly friend	291
Death before dishonor	291, 292
Death hunt	66
Death ship	13
Death wish 2	99
Death wish 3	243
Deathtrap	96
Debbie does Dallas	63, 67
Debbie does Dallas 2	261
Deep star six	367, 369, 372
Delicious	129

Delta force	273
Demon	7
Demons	281
Dépannage en tout genre	271
Dépucelage	106, 109, 111, 154, 160
Derrière le miroir sans tain	132
Des collégiennes dans la nuit	90
Des femmes pour le bloc 9	57
Des filles à tout faire	109, 111, 113, 127
Des gens comme les autres	93, 127, 130
Des nerfs d'acier	76
Descente aux enfers	298
Desirella	22
Désirs et passions	9, 33, 49, 66, 71
Desperately seeking Susan	217, 221
Destructor	235
Détournement de mineurs	198, 200, 219
Détraqués	252
Deux	373
Deux enfoirés à St-Tropez	265, 269
Deux filles au tapis	119
Deux fils de pute	368, 370
Deux fois vingt ans	159
Deux heures moins le quart avant Jésus-Christ	152
Deux oiseaux rares	198
Deux soeurs diaboliques	73, 82
Deux suédoises à Paris	23, 26
Deux super cowboys	79, 80
Deux super dingues	93
Deux super flics!	39
Déviation mortelle	118
Devoirs de vacances	104
Diable! Vois-tu ce que j'entends?	395
Die hard	345, 346, 350, 357, 359
Dieu pardonne, moi pas!	158
Dirty dancing	315, 328, 336, 339, 342
Dirty rotten scoundrels	368
Disorganized crime	385, 389
Disponible pour tout	181
Distant thunder	359, 360
Diva	145
Doctor Detroit	163
Dolly l'initiatrice	130
Dorothea	42
Double exposure of Holly	40, 92
Double gang en folie	268
Double impasse	294, 334
Dr Christina of Sweden	38
Dracula	98
Dracula exotica	157
Dracula sucks	11, 28
Dracula vs. Frankenstein	18
Dragonslayer	76
Dream a little dream	376
Dreamscape	186, 230
Dressed to kill	8, 49
Droit de cuissage	106
Drôle d'embrouille	6
Drôles d'espions	264, 270
Duma le guépard	402
Dumbo l'éléphant volant	138, 159
Dune	195, 206, 218, 234
Dutch treat	51
Dynasty	115

E

E.T. l'extra-terrestre	110, 112, 129, 134, 144, 145, 146
Échanges amoureux	109, 111
Échanges de femmes pour le weekend	289
Échanges érotiques	52, 54, 78, 86, 101, 109
Échec au gang	197
Éclatement	110
École de l'amour	114
École privée	185
Eddie et les cruisers 2	400
Éducation sexuelle à domicile	160
Effroi	104
Eight men out	353
El condor	162
El pistolero	187
Elle	19, 21, 159
Elles aiment ça	213, 216
Elles font tout	22, 66, 82
Elles prennent du plaisir	172
Elsa la louve de Stilberg	14, 24
Elvis Gratton le film	242, 260, 277
Emanuelle à Cannes	306, 353
Emanuelle prisonnière des cannibales	37, 74

Embrasse-moi je te quitte 169
Emilienne. 22
Emmanuelle. 18
Emmanuelle 4 169
Emmanuelle 5 363
Emmanuelle et les collégiennes 53
Emmanuelle noire 2. 180
Emmanuelle prisonnière des cannibales. . . . 188
Émotions sexuelles 255
Encore une fois 168
Enemy. 258, 263
Enemy mine. 211, 246, 249, 256
Enfer mécanique 39, 41
Enjeux de la mort. 350
Enlève ton slip 24
Enquêtes érotiques sur
les jeunes filles 189, 219
Enter the ninja 106
Entre deux plages 374
Épouvante sur New York 160, 163, 178, 197
Équipe de rêve 395
Ernest goes to camp 301, 307
Erotic holiday. 314
Escapades d'un soir 314, 320
Escape from New York 77
Escroc, macho et gigolo 177
Estelle et Flora. 14, 39, 49
Estivantes pour hommes seuls 88, 167
Estomac en péril 397
Et dieu créa les hommes. 128, 172
Et la tendresse, bordel! 22, 163
Et vive la liberté 104
Et vogue le navire 175
Été chaleureux. 88
Être ou ne pas être 172
Étreintes déchaînées. 23
European vacation. 236, 241
Every which way she can 137
Evil dead 152
Evil dead 2
Dead by dawn 304, 307, 311, 316
Exercices érotiques 95
Exigences très spéciales 356
Explorers 232
Expose me lovely 15, 26
Exposed. 113, 147
Exterminator 2. 263
Extreme close-up. 119

Eye of the needle. 77
Eye of the tiger 287
Eyes of a stranger 89

F

F/X. 248, 272
Fais gaffe à Lagaffe! 95
Fais vite avant que
ma femme revienne! 249
Fais-moi plaisir 117, 127, 154
Fanny Hill. 155, 171
Fantaisies des sens. 167, 199
Fantaisies érotiques 128
Fantasia. 225
Fantasme. 8, 19, 41, 78
                                    146, 189, 210
Fantasmes intimes 212, 220
Fantasmes très spéciaux. 263
Fantastica 70
Fantasy world 54, 86
Farewell to the king 377
Fast cars fast women 179
Fatal attraction. 314
Faut pas pousser. 111, 130
Faut se faire la malle 147
Faut trouver le joint 10, 23, 36
                                        49, 51, 55
Fauteuil pour deux. 213
Faux témoin. 302
Felix. 391
Femmes au bord de la crise de nerfs 363
Femmes en cage. 23, 34, 282
Femmes pudiques. 253
Femmes seules pour un dragueur. 145
Ferris Bueller's day off. 255, 279
Fessées intimes. 261, 267
Feux de passion 227
Field of dreams 390
Fierro l'été des secrets 396, 402
Fievel et le nouveau monde 286
Fighting back. 108
Filles à tout faire 154
Filles traquées. 101, 119
Fire storm 207
Fire with me. 264
Firefox 126
Firestarter 177

Fireworks woman	34
First blood	123, 127
Fitzcarraldo	132
Flash Gordon	47, 49, 79
Flashdance	142, 181
Flesh and lace 2	361
Flesh Gordon	87
Flesh pond	303, 305, 308, 375
Fleshburn	226
Fleshdance	203
Fletch lives	381
Florence	255
Flossie	109
Flowers in the attic	321
Folles parties campagnardes	58
Fondu au noir	141
Foolin' around	19
Footloose	170, 173, 222, 275
For the love of pleasure	203
Force de frappe	178, 219
Force: 5	118
Forced vengeance	116
Foreplay	170
Fort Apache	65
Four play	154
Frances	136
Frank et moi	226, 231
Frankenstein 2000	305, 308
Frankenstein 90	208
Frankenstein junior	74
Frantic	331, 343
Frayeurs	52, 99
Freddy 3 Les griffes du cauchemar	307, 311, 318
Freddy 5 l'héritier du rêve	401
Frénésies amoureuses de Catherine	172, 176
Fréquence meurtrière	358
Friday the 13th	18, 32, 33
Friday the 13th 2	65
Friday the 13th 3D	118
Friday the 13th 4 Le chapitre final	175
Friday the 13th 5 A new beginning	217, 220
Friday the 13th 6 Jason lives	279, 280
Friday the 13th 7 The new blood	337, 338, 342
Friday the 13th 8 Jason takes Manhattan	398, 402
Fright night	235, 239
Frissons	6, 8, 10
Fritz le chat	68
From the hip	294
Frustration	58
Fucking Fernand	328
Full metal jacket	311, 315, 316
Funny farm	342
Fureur de vaincre	15, 26
Furia sexuelle	46
Furie	27
Furyo	174

G

Gabrielle	11
Galaxina	72
Gamines émancipées	116, 130
Garçonnières très spéciales	141
Gare à vous les filles!	185
Gay-racula	193
Gelés ben dur	121, 147
Génération perdue	328
Ghost story	78, 92, 93, 95
Ghostbusters	182, 202, 206, 209
Ghostbusters 2	395, 400
Ghoulies	210
Gigolo américain	159
Ginger and Fred	263
Gloria	59
Godiva girls	101, 231
Goldorak	23
Gone with the wind	391
Good girl bad girl	356
Good morning Vietnam	327, 353
Gorgo	34, 40
Gorilla at large 3D	115
Gorilles dans la brume	377, 384
Gorky park	168
Gotcha!	223
Gothic	294, 299
Gourmandes de plaisirs	190, 223, 255
Gouvernante française	82
Graffitti américain	27
Grande ouverture Cinéplex 2001 University	64
Grease	115, 127
Gremlins	181, 194, 206, 207, 213, 216, 217, 221, 227

Great balls of fire	397
Greta la tortionnaire	11, 39, 41
Guerre et passion	13
Gwendoline	221, 230
Gymkata	220

H

Hairspray	326
Half the action	116
Halloween 2	60
Halloween 3 Season of the witch	121, 155, 159, 160, 180
Halloween 4	354, 357
Halloween 5	375
Halloween La nuit des masques	55
Hangar 18	61
Happy birthday	112, 130
Happy birthday to me	54
Harlem nights	368
Harold et Maude	10
Harry et les Hendersons	306
Haunted honeymoon	277
Haute sécurité	403
Haute surveillance	197
Heartbreak hotel	352
Heavenly desire	70
Heavy metal	83
Helga fille d'esclave	11, 39, 41
Hell night	92
Hellraiser	322, 340, 341
Henri	290
Her alibi	370, 375, 378
Héros d'apocalypse	88, 121
Hide in plain sight	35
High spirits	360
Highlander	256, 259, 270
Histoire d'O chapitre 2	216
Histoires à mourir debout	196
Histoires de fantômes chinois	388
History of the world part 1	306
Hold up	243
Honeymoon paradise	299
Hoosiers	290
Horreur dans la ville	130
Horror kid	224
Hot & Sensuous	150
Hot cookies	78
Hot dog the movie	203
Hot dreams	183
Hot legs	88, 135
Hot lips	254
Hot lunch	91
Hot pursuit	300
Hot target	268
Hot to trot	351
Hôtel de passes	206
House	259, 262, 267, 278, 281
House of 1001 pleasures	289
House of the long shadows	199
House of wax 3D	107
How I got into college	393
Howard the duck	279, 286, 295
Hulk revient	41, 49
Hurlements	104, 110, 156
Hurlements d'extase	183

I

I love you	290
I sent a letter to my love	64
I want you	173
Il était une fois un homosexuel	213
Il y a toujours de l'espoir	128
Ilsa gardienne du harem des rois du pétrole	52, 54, 187, 190, 236
Ilsa la louve des SS	11, 39, 41, 52, 54, 187, 190, 236
Imagine John Lennon	354
In the pink	268
In the shadow of Kilimanjaro	280
Indecent exposure	89
Indiana Jones and the last crusade	392
Indiana Jones and the temple of Doom	180, 198
Indiana Jones et la dernière croisade	400
Indiana Jones et le temple maudit	188, 213, 216, 221, 247
Inferno 3D	115
Infirmières dévouées	68
Infirmières pour couples érotiques	145, 150
Infirmières serviables	127
Infirmières très spéciales	166
Initiation au collège	49, 71
Inlassables compagnons de plaisirs	197

Innerspace 315, 322
Innocence impudique 206
Innocent 368
Insatiable 89, 115, 172
Insatiable 2 237
Inside Ursula 23
Interlude of lust 289
International velvet 35
Intimate lessons 167
Invaders from Mars 271, 274
Invasion Los Angeles 391, 392, 395
Invasion U.S.A. 242, 263
Invitation au voyage 139
Iron eagle 251
Iron eagle 2 360
Istamboul Mission impossible 25
It's alive! 13
Itinéraire d'un enfant gâté 361

J

J'ai vécu deux fois 178, 197
J'aurai ta peau 159
Jack le magnifique 57
Jack'n Jill 30
Jail bait 56
Jamais plus jamais 131, 169, 187, 241
James Bande 00sexe 255, 303
Jason le mort-vivant 302
Jaune revolver 367
Jaws 3D 155, 157, 162, 163, 166
Jaws 4 . . . . 314, 316
Je brûle de partout 166
Je fais l'amour comme ça me plait 68
Je me fais du cinéma 169
Je suis le seigneur du château 383
Je t'offre mon corps 254, 293
Je vais craquer! 49
Je veux tout 176, 179
Jeu d'enfant 373
Jeu de guerre 216, 255
Jeune proie pour mauvais garçons 172
Jeunes bourgeoises 306
Jeunes danoises au pair 166, 237
Jeunes filles à vendre 138, 171, 179
Jeunes filles sans voiles 58
Jeux à trois 53
Jeux amoureux chez la comtesse 295, 307

Jeux d'amour au collège 33
Jeux d'amour en ascenseur 353
Jeux de corps 89, 154, 156
Jeux de guerre 186, 196
Jeux de nymphomane 143, 168
Jeux de voisin 262, 271
Jeux dévorants 63, 65, 96
Jeux érotiques de jeunes infirmières 128
Jeux gallants 168
Jeux intimes pour jeunes filles 171
Jezebel 175
Jimbuck Les hommes de main 6
Jouir jusqu'au délire 105
Jouissances asiatiques 247
Jouissances profondes 190, 224
Jouissances sur canapé 247
Journal d'une hôtesse de l'air 46
Journal intime d'une jeune fille 217
Joy 169, 180
Joy, Anna et le plaisir 167
Julia and Julia 330
Juliette et ses amours 259, 261
Jumeaux 366, 376, 385, 395
Junior 240
Justice pour tous 27
Justine 22
Justine et Juliette 82, 109

K

K-9 . . . . 390, 396, 400
Kagemusha l'ombre du guerrier 55
Kamikaze 293
Kenny 339, 342
Kermesse du sexe 49, 53, 63
Kickboxer 403
King Kong 6, 10
King Kong Lives 250
King Kong revient 34, 40
Knightriders 67
Kramer contre Kramer 19, 93, 95, 99
Krull 159, 171, 186
Kun fu 33
Kung fu master 329

L

L'affaire Aldo Moro 386

L'affaire coffin 70
L'africain 199
L'agence de la peur. 69, 121
L'agent fait la farce 370, 378, 389
L'amant de Lady Chatterley. 128
L'amérique interdite. 209, 216, 266, 344
L'amie mortelle 291
L'amour aux sports d'hiver. 99, 118
L'amour c'est quoi au juste 64
L'amour en plein air. 219, 286
L'ange de la vengeance 219, 247
L'ange gardien. 352
L'animal. 35
L'année du dragon. 266
L'anti-gang. 95
L'apprentie sorcière. 23
L'arbalète. 258
L'argent de la banque 98
L'arme à l'oeil. 119
L'arme absolue 126, 383, 384
L'as des as 133, 159, 174
L'ascenseur. 329
L'assistant fait des ravages. 36
L'au-delà 207, 212, 213
L'aube rouge 211
L'avocat du diable 72
L'école en délire 103
L'éducatrice. 105
L'effroyable créature 150, 154, 180
L'emmurée vivante 52, 53, 65
L'empire contre-attaque. 43, 77, 81, 161
L'empire des sens 154
L'empire du soleil. 329
L'emprise des cannibales 128, 144, 178
L'emprise des ténèbres 333
L'enchaîné 304
L'enfant du diable 52, 69
L'enfant lumière. 46, 71
L'enfant sacré du Tibet 294, 301, 315
L'enfer de la violence. 193
L'enfer des femmes 16
L'enfer des zombies 6, 43, 99
121, 220
L'enfer en 4e vitesse 157
L'enfer pour miss Jones 65
L'enfonceur 279
L'ensorcellée 226
L'épée sauvage 120, 227

L'esclave de l'amour 118
L'esclave du désir 223
L'espion qui m'aimait 18
L'esprit du vent 215
L'état de grâce. 299
L'été endiablé 310
L'été meurtrier 167
L'étincelle. 211
L'étranger Le 8e passager. 7, 21, 27
L'étudiante 376
L'évadé d'Alcatraz 6, 65, 70
L'éventreur de New York 200, 209, 212
L'exécuteur exterminateur. 215, 229
L'explosion du Poseidon 137
L'héritage des Vargas 35
L'histoire d'Olivier 10
L'histoire sans fin. 194, 270
L'homme à femmes 188
L'homme de fer 64
L'homme de la rivière d'argent 161
L'homme de paille 319
L'homme des hautes plaines 270
L'homme éléphant 93, 311
L'homme en colère 22, 35
L'homme étalon 128, 130, 132
L'homme masqué 99
L'homme qui aimait les femmes 24
L'horrible carnage 105
L'horrible invasion 111
L'hôtel de la terreur 224
L'hôtel Kleinkoff 63
L'huissier, casimir séducteur 87, 95, 101
L'île des filles perdues 10
L'île du Docteur Moreau 6, 10
L'île sanglante 122
L'île sur le toît du monde 51
L'impitoyable 22, 52, 69, 79, 93
L'implacable revanche 19, 24
L'incroyable Hulk 13, 39
L'indomptable 379, 384
L'infatiguable Josephine 117
L'initiation amoureuse
de Rosalie 192, 203, 209
L'insoutenable légèreté de l'être 334
L'inter espace 315
L'invasion des insectes 200, 227
L'invincible surhomme 9, 97
L'irlandais 329

L'irrésistible hôtesse	95
L'oeil au beurre noir	330
L'oeil du témoin	121
L'oeuvre au noir	351
L'ombre rouge	146
L'opéra de la terreur	173, 186, 215
L'opéra de la terreur 2	316
L'Orange mécanique	10, 88
L'ordinateur meurtrier	233
L'ours	384, 402
L'un dans l'autre	134
L'unique	305
La balade démente	7, 65, 111
La balance	134, 199
La bambina	58
La belle captive	177
La Belle et le Clochard	51
La belle et le vétéran	347
La belle naufragée	338
La boum!	93
La boutique de l'orfèvre	385
La brigade des anges	41, 69, 70
La brute	317
La cadence de l'amour	173, 197, 237
La cadillac rose	394
La cage aux filles	234
La cage aux folles	28, 37, 48, 49, 147
La cage aux folles 2	55, 147
La cage aux folles 3	251
La cassure	263
La chambre de l'évesque	23
La chasse	95
La chèvre	87, 199, 213
La cité des femmes	73, 154
La classe de 1984	130, 166, 169, 85, 218
La clé	253
La clinique de la terreur	14
La compagnie des loups	214, 218
La comtesse perverse	262
La corde raide	216
La corvette rouge	74, 80, 93
La couleur de l'argent	300
La couleur du vent	366
La course de la mort	69, 70
La créature de rêve	270
La créature du marais	163
La dernière balle	7
La dernière femme	65, 68
La dernière maison sur la gauche	13, 27, 33, 41, 130, 170, 197
La dernière maison sur la plage	54
La dérobade	28
La descente aux enfers	138, 180
La féline	122
La femme de la nuit	233
La femme de mes amours	366, 372
La femme de mon pote	175
La femme objet	93, 104, 106
La femme publique	189, 193, 203
La femme qui pleure	24
La femme tatouée	182
La fièvre au corps	100
La fièvre des planches	72
La fièvre du printemps	174, 186
La filature	318
La filière des Charlots	192
La fille à tout faire	183
La fille de quinze ans	389
La fille en or	6, 18
La fille en rouge	211, 216
La fin des tortionnaires	94
La fissure	301
La flûte à six schtroumpfs	255
La foire aux malheurs	268
La folle histoire de l'espace	309, 318
La forêt explosive	257, 301
La fureur du juste	112, 121, 146, 232
La fureur du tigre	75
La galaxie de la terreur	145, 174, 180, 210, 215
La garce	215
La grande aventure de Pee-Wee	327
La grande casse 2	65
La grande giclée	268
La grande jouissance	156
La grenouille et la baleine	349, 357
La guêpe	279
La guerre des abîmes	65, 68
La guerre des étoiles	64, 161
La guerre des otages	78
La guerre des polices	37
La guerre des tuques	189
La guerre du fer	158
La guerre du feu	90, 121, 178
La horde des salopards	33

La hyène intrépide	228
La jungle en folie	151
La lectrice	361, 366
La libération de Samantha	217
La main droite du diable	358
La maison de Jeanne	380
La maison des filles	17, 32, 50, 63
La maison des plaisirs	189
La maison du lac	127, 130
La maison jaune du Mont Pinasse	23
La maison près du cimetière	162, 168, 176, 209, 213
La maitresse légitime	28
La malédiction finale	86, 104
La marginal	196
La marquise assoiffée d'amour	250, 361
La montagne du dieu cannibale	25, 29, 104
La mort au bout de la route	158, 199
La mort au large	107, 142
La mort aux enchères	136
La mouche	295, 300
La mouche 2	382, 388, 390
La nuit bleue	398
La nuit de la mort	128
La nuit de San Lorenzo	134
La nuit des masques	48
La nuit fantastique des morts-vivants	249
La nuit porte jarretelles	236
La nymphe sexy et le professeur	259, 261
La nymphette intrigante	114
La passerelle	362
La passion Béatrice	331
La patrouille du cosmos	150
La petite allumeuse	340
La petite bonne française	212, 271
La petite boutique des horreurs	304
La petite voleuse	374, 387, 397
La poursuite	218
La poursuite la plus folle du monde	140, 145, 146
La poursuite sauvage	53
La première aventure de Sherlock Holmes	253, 264
La prisonnière du château	234, 237
La prof joue et gagne	20, 79
La puce et le grincheux	56, 67
La puritaine	289
La quatrième dimension	170, 187
La quatrième rencontre	19, 20
La recette du plaisir	160
La revanche de Freddy	273, 318
La revanche de Porky	258
La revanche des tronches	320
La revanche du mustang	23
La ronde du plaisir	106
La route des Indes	237
La secte des cannibales	97
La section	401
La séductrice secrète	236
La septième prophétie	353
La séquestrée des SS	96
La soumise	71
La soupe aux choux	62, 93, 111, 121
La terreur des morts-vivants	61
La terreur des zombies	48, 113
La toubib aux grandes manoeuvres	7
La toubib se recycle	69
La trilogy the Fanny: César	338
La trilogy the Fanny: Fanny	338
La trilogy the Fanny: Marius	338
La vallée de la mort	110, 121
La vengeance aux tripes	10
La vengeance des fantômes	110, 159
La vengeance du faucon	184
La vengeance du serpent à plumes	212
La vie clandestine d'une ménagère	93, 111
La vie est un long fleuve tranquille	337
La vie est un roman	174
La vitrine du plaisir	15, 24, 50, 73
Labyrinth	272, 283
Lâchez les bolides	35
Ladies' night	104, 106
Lady Couch	54
Lady Dracula	75
Ladyhawke	233
Lair of the white worm	358
Laura, les ombres de l'été	49
Lawrence of Arabia	121, 379, 383
Le bahut va craquer!	187
Le baiser	358
Le bal del'horreur	80
Le balafré	185
Le bateau	100, 128, 141
Le bateau de la mort	50, 72, 141
Le bateau-phare	294
Le bébé schtroumpf	213

Le bombardier	145, 157
Le bonheur a encore frappé	275
Le bonheur se porte large	346
Le bras de fer	298
Le brouillard	50, 72
Le cadeau	122
Le camion de la mort	147, 154, 174
Le cercle de fer	6
Le champion	10, 20, 72, 121
Le chanteur de jazz	130
Le chasseur	59, 65, 308
Le chasseur de monstres	157, 174
Le chat qui vient de l'espace	69, 70
Le chef se déniaise	143, 231
Le chien enragé	54
Le chinois	75, 146, 187
Le choc des titans	74, 83, 121, 174
Le chou-chou de ces dames	169
Le ciel peut attendre	6, 79
Le cimetière des morts-vivants	178
Le club des plaisirs	199
Le collège en folie	58
Le commando des morts-vivants	7
Le commando des tigres noirs	35
Le complot	382, 390
Le con de la classe	129
Le continent des hommes poissons	6
Le contrat	302
Le corps a ses désirs	156
Le coup du parapluie	69
Le crépuscule des morts-vivants	18, 37, 65, 156
Le cri de la liberté	326
Le cri du hibou	332
Le crystal magique	138, 145
Le défi du Coolangatta	296
Le démon dans l'île	161, 189
Le dernier arrêt du train de nuit	65
Le dernier combat	20
Le dernier empereur	343
Le dernier survivant	188, 267
Le dernier testament	182
Le dévastateur (First blood)	137, 167, 229
Le diable en boîte	68
Le diamant du Nil	256, 259, 264, 275
Le dragon du lac de feu	131
Le droit de cuissage	70
Le droit de tuer	102, 173
Le faiseur d'épouvantes	6, 18, 63
Le fantôme de Milburn	121
Le faucon	183
Le fauve noir du karaté	32
Le festin de babette	366
Le feu dans la peau	58
Le feu de la danse	181, 189
Le flic de Beverly Hills	217, 222, 247
Le flic de Beverly Hills 2	312, 315
Le futur est femme	201
Le gagnant	111
Le gang des BMX	228
Le gardien du futur	290
Le géant du kung fu	63
Le gendarme et les gendarmettes	155
Le gigolo américain	23
Le glaive de la terreur	262
Le grand bleu	347
Le grand débrouillage Super Écran	250
Le grand embouteillage	7
Le guerrier fantôme	317
Le jeu de la mort	15, 26, 48, 50
Le jeu du défi	328, 333, 335
Le jeune bionique	11, 19, 20, 47
Le jeune tigre	270
Le joli coeur	218
Le jouet	237
Le joujou	157
Le journal d'une hôtesse de l'air	79
Le jumeau	213
Le justicier au gardenia	162
Le justicier de Hong Kong	32
Le justicier de minuit	189, 202, 215
Le justicier de New York	260
Le lac des morts-vivants	131, 134
Le lagon bleu	93, 95, 99
Le language des corps	308
Le léopard	226
Le lion sort ses griffes	65
Le livre de la jungle	177, 185
Le locataire	68
Le loup-garou de Londres	98, 121, 142
Le magnifique	33
Le maître d'école	94
Le maître de guerre	293
Le maître de musique	355, 362, 385, 390
Le maître du jeu	252, 266, 275
Le manoir de la terreur	131, 134

Le marquis s'amuse 234
Le masque Halloween 2 . . . . .120, 142
Le massacre à la scie 55
Le massacre des morts-vivants. 68, 105
Le meilleur. 214
Le mensonge. 309
Le miel du diable .323
Le miraculé 342
Le miroir sanglant .90
Le Mississippi brûle 371, 377, 380, 384
Le moment de vérité 208, 278
Le monde est plein
d'hommes mariés 108
Le monde selon Garp 155
Le monstre venu du ciel 98, 105
Le motard téméraire 213
Le mutant. 144
Le mystère de l'île aux monstres. 153
Le nain assoiffé de perversité 361
Le nom de la rose 289, 295
Le pacte. 340, 341
Le palace en délire 190, 219
Le palenquin des larmes 380
Le parrain 103
Le parrain 2 103
Le passager de la pluie 139, 145, 173
Le père Noël est une ordure 184
Le petit diable 395
Le piège de Venus. 378, 384
Le plus secret des agents secrets. 49, 75
Le policier du Bronx. 93
Le pouvoir du mal 240
Le prince des ténèbres 336
Le professionnel 115
Le projet brainstorm. 189
Le putch des mercenaires. 70
Le quart d'heure américain 133
Le ravageur 239
Le renard de Brooklyn 20, 23, 43, 104
Le retour 8, 18, 19, 41, 224
Le retour de l'inspecteur Harry 194
Le retour de Marilyn. 306
Le retour des bidasses en folie 185
Le retour des veuves 64, 82
Le retour du Jedi 156, 169
Le retour du jeune bionique. 80
Le roi des cons 86
Le roi et l'oiseau .130

Le samourai noir .160
Le sang du sorcier. 155, 159, 160, 180
Le secret de la banquise 20
Le secret de mon succès. 306
Le seigneur des anneaux 12, 24
Le sens de la vie .162
Le sexe qui parle 303, 305
Le sherif et les extra-terrestres 46, 69, 70
Le silence qui tue. 87, 93, 121
Le soldat 158
Le solitaire 310
Le souffle de la peur 341
Le téléphone sonne toujours deux fois 235
Le testament d'un poète juif assassiné 326
Le théâtre de la mort 335
Le toubib se recycle. 20
Le train de la terreur 7, 63, 141
Le trésor de la montagne sacrée. 68
Le trésor des quatre couronnes 3D. 191
Le triangle d'or. 138, 139, 219
Le trou noir 77
Le tueur de Hong Kong 177
Le tueur du vendredi 127
Le vampire de ces dames 31, 63
Le vengeur aux poings nus 31
Le verdict 138, 159, 178
Le voilier des passions 268
Le vol du sphinx. .232
Le zombie venu d'ailleurs 109
Lean on me 373
Leathal weapon 293, 296
Legend. 258, 267
Les 12 travaux d'Astérix 30
Les 13 marches de l'angoisse 48, 102
Les 24 heures du 10 57
Les 3 diables 9, 63
Les 40èmes rugissants 139
Les adeptes d'éros 286
Les ailes du désir .344
Les allongées 58
Les amusants jeux de nos voisins 34
Les anges du mal 172, 209
Les anges sont pliés en dieux 280, 290
Les appétits de Natacha 179, 212
Les après-midis d'une bourgeoise 154, 156
Les aventures amoureuses de Mr O . . .104, 112
Les aventures d'un conseiller conjugal 155
Les aventures de Fifi Brindacier 23

Les aventures de Jack Burton............276	Les écolières.......................73, 79
Les aventures du baron Munchausen.........380, 384, 392	Les enfants de l'horreur................224
Les aventures érotiques de Juliette...14, 33, 39	Les enfants du silence................308
Les aventuriers de l'arche perdue..........89, 127, 130, 146	Les évadées du camp d'amour............64
Les aventuriers du bout du monde....154, 159	Les évadés du triangle d'or.............161
Les aventuriers du cobra d'or............184	Les exterminateurs de l'an 3000..180, 186, 215
Les aventuriers du rêve................230	Les farceurs................100, 141, 154, 157, 160, 222
Les aventuriers du timbre perdu..........361, 377, 381, 382	Les farceurs 2......................268
Les baleines du mois d'août............338	Les faucons de la nuit..................73
Les banlieusards....................394	Les feux de la nuit....................342
Les bas de soie noire.................87	Les filles de Grenoble.................128
Les bidasses aux grandes manoeuvres....197	Les filles du tonnerre 3D...............261
Les bois noirs......................403	Les folies d'Élodie....................131
Les bolides s'envolent...............80, 105	Les folles aventures de Picasso.........64
Les branchés à St-Tropez...............181	Les folles étreintes de Jennifer............104, 106, 111, 141
Les branchés du bahut.................225	Les folles étreintes de Julia............121
Les brésiliennes du bois de Boulogne......229	Les forces du mal...................334
Les câlinours.......................255	Les fourgueurs......................50
Les casseurs....................73, 229	Les fous de la moto................79, 104
Les chariots de feu..................132	Les frères Blues..............49, 75, 141
Les Charlots contre Dracula....69, 105, 141	Les frères Mozart....................344
Les Charlots en délire.................40	Les fruits de la passion............81, 136
Les chatouilleuses....................81	Les fugitifs........................286
Les chattes du collège.................32	Les gauloises blondes................392
Les chiens de guerre..................76	Les gens de Dublin..................330
Les clientes................227, 246, 247	Les Goonies...................246, 247
Les compères......................213	Les goules........................275
Les confessions d'un obsédé sexuel.....36	Les goulues........................267
Les cousines accueillantes.............66	Les griffes de la nuit.........243, 281, 318
Les créatures de Kolos.................97	Les guerriers de l'apocalypse............116
Les crocs du diable...................60	Les guerriers de la formule 1........76, 105
Les déchaînés de la route...............9	Les guerriers de la jungle..............268
Les défenseurs sauvages.............128	Les guerriers de la nuit..........23, 51, 55
Les dents de la mer.............16, 25, 43	Les guerriers du Bronx............157, 160
Les dents de la mer 2..........16, 25, 43	Les guerriers du Bronx 2..............193
Les dents de la mer 3.................166	Les hommes préfèrent les grosses....111, 121
Les dépanneuses................258, 307	Les humanoïdes de la mer..........58, 202
Les déportées de la section spéciale......96	Les impurs.........................99
Les désirs amoureux de Mélody..........109	Les inadaptés......................175
Les désirs de Melody..................23	Les incorruptibles...................305
Les diables de la route..............76, 79	Les interdits du monde................274
Les diamants de l'amazone.............301	Les jeunes québécoises................28
Les dieux sont tombés sur la tête....131, 167	Les jeunes secrétaires.................34
Les diplômés du dernier rang....143, 146, 153	Les jours et les nuits de China Blue.....243
Les doigts du diable..........118, 189, 210	Les Lavigueur déménagent.........395, 402
	Les loups de haute mer...............6, 10

Les lunettes d'or	331, 344
Les lycéennes redoublent	53
Les maîtresses de Mr Blais	206, 223
Les mercenaires	9
Les mercenaires de l'espace	76, 80
Les misérables	126
Les monstres du continent perdu	34, 40
Les monteuses	223, 262
Les Morfalous	228
Les motos de la violence	69, 70
Les mutants de la 2e humanité	212, 215, 220
Les mystères du plaisir	101, 104, 112, 116
Les nanas	241
Les noces barbares	316
Les nouveaux tricheurs	381
Les nuits de la pleine lune	202
Les nuits de New York	233
Les nymphomanes	58, 61
Les oies sauvages	79
Les ombres de l'été	128
Les passions de Monique	15, 24, 26
Les petites chéries	65, 70
Les petites culottes de l'hôtesse	183, 220, 231
Les petites filles	92, 150
Les petites garces	40
Les petits slips se déchaînent	151
Les phantasmes d'une infirmière	246
Les pièges de la mer	119, 121
Les plaisirs interdits	341, 343
Les planches avant, les filles après	13
Les Plouffe	80
Les portes de l'enfer	184, 203, 234
Les portes tournantes	348
Les prédateurs	169
Les prédateurs du futur	238
Les princes de la gâchette	359
Les putains aussi	42
Les rescapés	186
Les rescapés du futur	11
Les ripoux	232
Les robinsons dans les rocheuses 2	156
Les robinsons des rocheuses 3	185
Les rois du gag	217
Les rouges	134
Les rues de feu	191
Les rues de mon enfance	387
Les saisons du plaisir	384
Les secrets érotiques d'Emmanuelle	66, 68, 71
Les sorcières d'Eastwick	307
Les souris sèment la terreur	17, 42
Les sous-doués	79
Les sous-doués en vacances	113
Les super flics de Miami	277
Les tueurs de l'éclipse	114, 130
Les uns et les autres	98, 126, 141
Les visiteurs d'un autre monde	69, 70
Les yeux de l'étranger	196
Les yeux du mal	210, 227
Les yeux mécaniques	178, 185
Less than zero	321
Let it ride	401
Let's spend the night together	138
Let's talk sex	353
Lethal weapon	302, 307, 308, 396
Lethal weapon 2	397
Leviathan	379
Levy et Goliath	297
Liaison fatale	342
Liaisons dangereuses	383, 384, 387, 399
Liberté, égalité, choucroute	230
Libertinage à la ferme	233, 262
License to drive	345
Liens de sang	65
Liés par le sang	36
Lifeforce	228
Light of day	290
Lightship	294
Lily l'insatiable	25
Lingeries intimes	82
Listen to me	390
Little orphan Sammy	29
Little shop of horrors	251, 287, 289, 304
Lock up	401, 402, 403
Loin de la terre	95, 127
Lolita	170
Lone Wolf McQuade	141
Lonely guy	186
Long weekend	62, 111
Lost angels	390
Louisiane	189
Love in motel rooms	58
Love secrets	109, 111
Love story	10

Love you 145, 149
Loverboy 389
Loves of Lolita 332
Lucky Luke la balade des Dalton 30
Lucky Luke les Dalton en cavale 169
Lune de sang 140, 197
Lupin 3 79
Lust story 270
Lustful feelings 81

M

Ma femme est une partouzeuse 206
Ma mère me prostitue 203
Mac and me 350
Macbeth 366
Mad Max 33, 43
Mad Max 2 le défi 118
Mad Max
Beyond the thunderdome 230, 241, 264
Madame Claude 2 95
Madame Sousatzka 361
Made in heaven 321
Mais qui est Harry Crumb? 388
Maison pour voyeurs 206
Maîtresse pour couples 73, 79
Major league 383
Making love 98
Making Mr. Right 295
Malarek 377
Malevil 87
Malin la serenas 390
Maman Dolores 17, 42
Man on fire 323
Manhunter 278
Maniaque 249, 258
Mannequin 291, 297, 301, 308
Maraschino cherry 34
Marche à l'ombre 223
Maria Chapdelaine 159
Mariée super experte 209
Marika l'insatiable 138
Marilyn mon amour 247
Marilyn my love 237
Martin 13
Martine l'infirmière à tout faire 137
Martine la masseuse 27, 29, 36, 40, 92
Mary! Mary! 81

Masoch 105
Masquerade 342
Massacre à la scie 156
Massacre au camp d'été 227, 234, 236
Massacres dans
le train fantôme 120, 156
Masseuse experte 156
Masters of the universe 312
Matinées d'un couple voyeur 64
Maximum overdrive 277, 280
McVicar 95
Megaforce 114
Méli-mélo érotique 40, 50
Mère Teresa 303
Mes copains américains 385
Mes deux hommes 292
Mes meilleurs copains 403
Mesrine le film 172
Messaline, impératrice et putain 62
Métal hurlant 86, 93, 102, 147
Metalstorm 126
Météore 73
Metropolis 191
Meurtres à domicile 142
Meurtres à la St-Valentin 117, 127, 191, 201
Meurtres dans l'objectif 341
Meurtres en 3 dimensions 146
Meurtres par ordinateur 320
Mickey et le phoque 402
Midnight run 347, 357
Milan noir 374
Millenium 395
Misbehavin' 22
Missing in action 228
Missing in action 2 243
Mission super-casse 177
Mississippi burning 371, 377
Moi, Christiane F.
Droguée, prostituée 82, 93
Moitié-moitié 389
Moments de la vie d'une femme 143
Mon ami le traître 388
Mon beau village 303
Mon bel amour ma déchirure 312
Mon cher sujet 402
Mon curé chez les nudistes 149
Mon nom est Bull Durham 347
Mon nom est maffioso 74

Mondo flash 343
Mondo New York 361
Mondo strip 71
Monique et Julie 64
Monkey shines 348
Monsieur Maman 169
Monster squad 315
Monstres robot 34, 40
Moon over Parador 353
Moonraker 8, 10, 12, 19, 20, 31
Morons from outer space 269
Morsures 13
Mort d'un commis voyageur 397
Mort un dimanche de pluie 289
Motel hell 9, 41
Motel rouge 60
Mother's day 73
Moto massacre 105, 107, 111, 142
Moving 334
Moving violations 225
Mr. Billion 25
Mrs Soffel 214
Murder one 360
Murder rock 288
Murphy's law 269
Music machine 41
My american cousin 258
My bloody valentine 50
My bodyguard 65
My demon lover 300, 302
My favorite year 133
My stepmother is an alien 360, 371
Mystique 22

N

Naked blonde 167
Naked scents 353
Nanou fils de la jungle 138, 159
Nathalie rescapée de l'enfer 61, 87, 95
Naughty network 113, 171
Ne me laisse pas seul papa 24
Near dark 316
Neige sur Beverly Hills 336
Neiges brûlantes 197
Neon nights 102
Nestor Burma 132
Never cry wolf 168
Never say never again 168
New York 1997 . . . . 83, 104
New York stories 376, 389
Nico 355
Night games 24
Night hawks 66
Night of the creeps 283
Nimitz retour vers l'enfer 7, 18, 56, 138
Ninja 3 - The domination 193, 263
Ninja force 98
Ninja turf 269
No holds barred 394
No man's land 321
No mercy 276, 298
No retreat no surrender 271
No way out 316
Nocturne indien 389
Nom de code: oies sauvages 267
Nosferatu 8, 31, 65
Nostradamus 1999 . . . . 142, 263, 265
Notre homme de la rue Bond 231
Noyade interdite 337, 342
Nuit de noces explosive 160
Nuit docile 339
Nuit inoubliable 117
Nuits chaudes à Bangkok 79
Nuits de cauchemar 59
Nurses of the 407 246

O

Obsédé 362
Obsessions charnelles 13, 27, 33, 41
October silk 141
Octopussy 151, 162, 186
Of unknown origin 155
Off beat 261
Off limits 332, 333
Officier et gentleman 136, 146, 220
Oh! Les petites starlettes 16, 43
Oh! Oh! Satan! 372
On a volé la cuisse de Jupiter 7, 35
On danse, on roule 92
On demande
une secrétaire blonde 181, 209, 236
On m'appelle Malabar 82, 105
On n'est pas sortis de l'auberge 175
On ne meurt que deux fois 252

On s'en fout... Nous on s'aime. 151
On se calme!. 350
Once upon a time in America 178
One more Saturday night 288
One more time. 353
One page of love. 64
One way at a time 21
Opération charnelle. 58
Opération Chimpanzé 308, 311
Opération Dragon 75, 177, 189
Opération Foxbat. 185, 301
Opération jaguar 270
Oriental babysitter. .73
Osterman weekend 210
Oui girls 168, 223
Outland 68
Outlaw ladies. 127, 128
Outrageous animation 363
Outrageous fortune 290
Ouverture Cinéma Égyptien 322
Over the top. 290, 298

P

P'tit con 211, 215, 222
Paiement cash. 311
Pair et impair 39, 159
Palais royal 391
Pale rider. 225
Papa est parti... maman aussi. 379
Papy fait de la résistance 171
Par où t'es rentré, on t'a pas vu sortir!. 222
Paradis 159
Paradis pour tous 129
Parasite 3D 115, 140
Parenthood 399
Parfums d'amour. 183
Paris, Texas. 220, 225
Parole de flic 272
Parting glances 274
Partouzes franco-suédoises 142
Partouzes suédoises. 203
Partouzes très spéciales 240, 250
Passi flora 251
Passions insatisfaites 217
Passions brûlantes 154
Passions flamboyantes 119
Patrick. 16, 78, 224

Patricia, Valeria, Anna
et les autres. 167, 199
Patrouille du cosmos. 6, 10
Patty Hearst. 378
Peach fuzz. 29
Pee Wee's big adventure 241
Peep show. 29
Pelle le conquérant 362, 369, 392
Pénitencier de femmes 182, 197
Pensionnaires très expertes 127
Pensionnat très spécial 261
Péril en la demeure 252
Permis de tuer. 399, 400
Pet sematary 387
Peter Pan. 402
Petit-pied le dinosaure. 363, 371, 377, 381
Petites annonces
très spéciales. 167, 172, 173, 217
Petites chattes bien chaleureuses. 64
Petites histoires intimes. 354
Pétrole! Pétrole!. 91
Phantasm 2. 346
Phantom of the opera 399
Phenomena. 322
Photographe de petite vertu 63
Photos intimes de jeunes actrices. 313, 319
Physical evidence 369
Pied-plat sur le nil 61
Piège de cristal 357, 359
Piège pour un homme seul 186
Piggy's. 212
Piles non comprises 323, 326, 327
Pin. 368, 369
Pink cadillac. 393
Pink Floyd the wall. 117, 141
Pinot simple flic 195
Piranha 2 les tueurs volants 161, 163, 178
Pirate de mes rêves. 146
Pirates 275
Pizza girls 46, 49
Plage en liberté. 34, 174
Plaisirs de femmes 128
Plaisirs jouissance. 319
Plaisirs lucratifs 55
Plaisirs sans frein 117
Plaisirs sur rendez-vous 308
Platinum paradise 98
Platoon 254, 290

Playing with fire	339
Pleasure agency	24
Pleasure cruise	56
Plein sud	129
Plenty	256
Plumber's mate	24
Police academy	172
Police academy 2	225, 227, 237
Police academy 3	259, 261, 269
Police academy 4	296, 301, 308
Police academy 5	332, 334, 336, 343, 345
Police academy 6	378, 385, 390, 394
Police fédérale de Los Angeles	261
Police frontière	110, 121
Poltergeist 2	267, 272, 275
Poltergeist 3	340, 344, 346, 352
Polyester	81
Popeye	46, 110, 175
Porky	97
Porky's revenge	216
Porte-jarretelles et bas de soie noirs	266
Portés disparus	131, 228, 231
Positions danoises	22
Possession	83
Pot problème	153
Poussière d'ange	349
Prancer	399
Pranks	129
Pray for death	262
Predator	306, 334
Prends l'oseille et tire-toi!	54
Prends-moi tout	128
Prends-moi vite... laisse-toi faire	231
Prière pour un tueur	288
Prince of darkness	317
Prince sign the times	322
Priscilla adolescente précoce	94, 97
Prison des femmes en furie	215
Prison girls	100
Prisoner of paradise	94
Prisonnières	381
Prisonnières de la vallée des dinosaures	281
Private school	158
Professeur d'amour	313
PROFS et la culture, bordel	257
Projection intime	231, 267
Projectionniste très occupé	306
Prom night	17
Prom night 2	317
Prophétie	59
Prostitute	112
Prostitution clandestine	22, 106
Prostitution internationale	63, 65
Psycho 2	148, 158
Psychose 3	273
Psychose infernale	313
Pulsions	78, 82, 93
Pulsions cannibales	170
Pumpkinhead	375
Punch line	355
Purple rain	185, 190, 195
Pussycat ranch	26

Q

Q	160, 163
Quand faut y aller, faut y aller	149
Quand les clameurs se sont tues	17, 42
Quand les femmes s'en mêlent	380
Quand les jaunes voient rouge	32
Quand une femme appelle	113
Quartier de femmes	209
Quelle chaleur	36
Quelle nuit de galère	276
Quelque part dans le temps	75
Querelle	146, 154
Quest for fire	90
Qui chante là-bas?	154
Qui veut la peau de Roger Rabbit?	357, 358, 366, 375, 389
Quiet cool	298

R

RAD	262
Radio days	288, 295, 308
Rage	6, 8, 10
Rage au coeur	66
Raiders of the lost ark	76, 77
Rain man	362, 374, 379, 390, 399
Raising Arizona	299, 301
Rambo	229

Rambo 2 la mission	224, 237, 247
Rambo 3	341, 346
Randonnée pour un tueur	340
Raspoutine le roi de l'amour	147, 148
Raw deal	271, 275, 302
Razorback	235
Re-animator	303
Real men	320
Red dawn	211
Red heat	346
Red Sonja	230, 275
Reflections	25
Réincarnations	110, 119, 146
Remo	252
Rendez-moi ma peau!	121, 141
Rendez-vous à trois	92
Rendez-vous des plaisirs	231, 259, 261
Renegade	346, 349
Renegades	394
Rent-a-cop	356
Resurrection	75
Retour en force	62
Retour vers le futur	246, 253, 258, 270, 275, 278
Return of the Jedi	220, 259
Return of the living dead part 2	328
Return to Oz	229
Revenge of the nerds	190
Revenge of the nerds 2	310, 320
Revenge of the ninja	163
Rêveries érotiques	73
Rêves de sexe	303
Rêves des jeunes filles volages	116
Rêves intimes	114
Rêves passion	49
Révolte au pénitentier de filles	249
Rien ne vaut la première fois	306
Rien qu'un jeu	170
Rien que pour vos yeux	95, 121
Ring of desire	78
Rive droite rive gauche	221
River's edge	309
Roar	278, 283
Robocop	314
Rock brillantine	151
Rock'n'roll	65, 111
Rockshow	175
Rocky 2	20, 27, 72
Rocky 3	107, 129, 134, 146
Rocky 4	242, 247, 253, 254
Romuald & Juliette	368
Rooftops	379
Rosa la rose	288
Rose et Line	26
Rouge baiser	257
Roulettes	97
Rue barbare	188
Runaway	195, 208, 236
Runaway train	260, 274, 275
Running scared	280
Rush Le guerrier du futur	232
Ruthless people	272, 283

S

S.O.S. diamants verts	233
S.O.S. fantômes	202, 206, 209, 213
S.O.S. fantômes 2	400
S.O.S. mesdemoiselles	89
Sacré balade pour les gros bras	10, 31
Sadie	134, 179
Saigon, l'enfer pour deux flics	333, 334
Salaam Bombay	366
Sale temps pour un flic	243
Salome's last dance	343
Salon de massages privés	203
Salut l'ami, adieu le trésor!	112, 119, 162
Samourai noir	174
Sans issue	266
Sans pitié	298
Sans retour	219
Santo contre les momies	17, 42
Santo vs. Dracula	18
Satisfaction	326, 342
Satisfaction à la française	219
Satisfaction sur commande	247
Satisfactions	356
Saturn 3	38, 102
Saute-moi dessus	31
Savage streets	220, 225
Saxo	366
Say anything	387, 391
Scandal	393, 400, 402
Scandale	102
Scanners	60, 78, 83, 104, 110
Scarface	135

Title	Page
Schoolgirls escapades.	34
Scorchy	54
Scorpion	301
Scrabble d'amour	111, 156
Screen test	299, 302
Sea of love.	375
Second voyage de noces	262
Secrétaire BCBG de jour.	390
Secrétariat privé	130
See no evil, hear no evil	392, 394
See you in the morning	386, 389
Sensual fire	113
Sentence diabolique	220
Sept femmes pour un sadique.	36
Série noire.	226
Sex adventure	42
Sex wish	51
Sex world.	25
Sex, lies and videotape	367
Sexations.	150
Sexe avec un sourire.	136
Sexe en vacances	375
Sexual heights.	141
Shakedown	335, 353
Shanghai surprise	279
She-devil.	367
She's out of control	388
Sheena	212
Sheherazade.	217, 220
Shirley Valentine	368
Shocker.	384
Short circuit	264, 278
Si tu vas à Rio... tu meurs	368
Sid & Nancy.	286
Siesta.	327
Signs of life	396
Silent rage	101, 130
Silver bullet	240
Sing.	382, 386
Sister sister	329
Six swedish girls on the campus	104, 106
Sizzle sizzle.	54
Skate town USA	19
Skin deep.	373, 374, 381
Slap shot	27, 141
Slaughter in San Francisco	167
Sleepaway camp	191
Sleepy head.	58
Smartie in pants.	56
Soeur meurtrière	47
Soeur mortelle.	113
Solarbabies	262, 288
Soleil de nuit	258, 259, 266
Some girls	352
Some kind of wonderful.	293
Something wicked this way comes	146
Son corps est un chantage	267
Sophie's choice	136
SOS danger uranium.	25
Souvenirs érotiques.	22, 58
Space camp.	270
Spaceballs.	322
Spacehunter 3D.	148
Spécial magnum	7
Spécial police	261
Speed zone	388
Sphinx.	169
Spies like us	270
Spirale.	337
Splash.	173
Stage fright	335
Stand by me	280
Star 80.	189
Star Trek - The motion picture.	30
Star Trek 2 La colère de Khan.	133, 150, 114
Star Trek 3 The search for Spock	179, 222
Star Trek 4 The voyage home	254, 326
Star Trek 5 The final frontier	393
Star wars.	259, 306
Starfighter	236
Starlight hotel.	359
Starman.	195, 224, 236
Stay as you are	64
Staying alive	147, 181, 189
Stealing home	356
Steel magnolias.	388
Steele justice.	300
Stick.	221, 238
Stoker ace	153
Stormy Monday.	395
Strange girl in love.	56
Street trash	333
Streets of fire.	178, 186
Stress	188
Stryker.	190, 210
Subway	238, 252

Sudden impact.	168, 194
Suédoises au pensionnat	103, 117
Suicidez-moi docteur	61
Summer heat	305
Summer in heat	94
Summer of Laura	116
Summer school	63, 67
Supergirl	196, 207, 214
Superman	146
Superman 2	79, 105, 146
Superman 3	152, 160
Superman 4	313, 322, 328
Suprêmes plaisirs	231
Surprise party	187
Survivance	120, 174, 227
Suspect	333, 335, 342
Suspect dangereux	333
Suspiria	68, 74
Suzanne	53, 65, 68
Swedish erotic	150
Sweet cakes	212
Sweet liberty	268, 271
Sweet sweet freedom	66
Sweet young foxes	246, 303
Swing shift	174

T

T'as jamais vu ça	172
Taboo	115
Taboo american-style	286
Tabou	172
Tabou le péché capital	135
Tag	265
Tais-toi quand tu parles	119
Take me	53, 55
Take my body	247
Tales from the crypt	15, 28
Talk naughty to me	87
Talk radio	369, 371
Tangos	252
Tank	173
Tap	374
Tap dance	378
Taps	92
Tarentules, le cargo de la mort	198, 203, 220, 222
Target	260
Taxi girls	33
Teachers	190
Teen wolf	241
Teen wolf too	320
Teenage sex kitten	34
Teenage supergirls	29
Teenager	38
Téléterreur	306
Télévision payante Premier Choix	132
Tendre et malicieuse Christina	99
Tendres passions	186
Ténèbres	130, 180
Tentacules	47
Tequila sunrise	367, 373, 374, 389
Terminal choice	308
Terreur à l'école	114
Terreur à l'hôpital central	123, 146, 156
Terreur dans la nuit	14
Terreur express	102, 106
Terreur sur la ligne	18
Territoire ennemi	351
Terry Fox le coureur de l'espoir	149
Tess	63
Têtes à claques	127
The 'burbs	373, 376, 394
The 4th man	207
The abyss	395
The accidental tourist	366, 372, 386, 389
The accused	357, 361
The Amityville horror	8
The awakening	21
The bear	384, 402
The beast within	99
The beastmaster	122
The believers	307, 311
The big easy	314
The bite	29
The black hole	31
The black stallion returns	137
The blob	349, 354
The blonde	89, 130
The boogey man	21, 49
The border	93
The bounty	177
The boy in blue	248
The bride	237, 239
The Bronx	65
The brother from another planet	200

Title	Pages
The burning	54, 168
The cannonball run	76, 77
The changeling	13, 24
The chocolate war	385
The clan of the cave bear	248
The Coca Cola kid	234
The color purple	263
The Corsican brothers	185
The dancers	217
The dark crystal	126
The dead pool	350
The dead zone	130
The delta force	256, 259
The doctor and the devils	243
The dogs of war	50
The dream team	385, 389, 395
The driver	25
The ecstasy girls	81
The electric horseman	7
The elephant man	12, 41
The empire strikes back	259, 306
The exterminator	50
The final conflict	59
The final countdown	21
The final sin	29
The first turn-on	251
The fly	279
The fly 2	370, 377, 388, 390
The fog	17, 38
The fourth protocol	315
The funhouse	56
The gate	301
The getting of wisedom	64
The girls of Mr X	52
The golden child	294
The hand	73
The hidden	319
The hitcher	254
The house on Carroll street	331
The howling	71
The hunger	144, 146
The jade pussycat	40
The jerk	38
The jewel of the Nile	207, 246
The karate kid	208
The karate kid 2	274
The karate kid 3	398, 400
The keep	166, 168
The key	192
The killing fields	225
The kiss	355
The land before time	359
The last dragon	218
The last starfighter	184
The little drummer girl	199
The lost boys	313
The love couch	70
The man who saw tomorrow	89
The man with two brains	151
The Manhattan project	273, 275
The master and Ms. Johnson	70
The meaning of life	137
The metal years	378
The mighty Quinn	387, 389
The Milagro Beanfield war	336
The miss nude america contest	135
The mission	274, 297, 308
The money pit	268
The Muppets take Manhattan	184
The naked gun	370
The navigator	385, 395
The neverending story	187
The opening of Misty Beethoven	51, 113
The Osterman weekend	140
The outsiders	141
The package	403
The perils of Gwendoline	209
The Philadelphia experiment	201
The playmates	67
The postman always rings twice	59
The power	250
The presidio	340
The princess bride	318
The prowler	92
The psychiatrist	66
The pussycat ranch	15
The quiet earth	259, 262, 263, 267
The razor's edge	202
The rescue	348
The return of the Jedi	149
The return of the living dead	237, 239
The road warrior	110
The rocky horror picture show	74
The running man	321, 328, 333
The secret dreams of Mona Q	92, 94
The secret of my success	297

Title	Page
The seduction of Cindy	175
The senator's daughter	101
The sender	123
The sensuous detective	58
The serpent and the rainbow	326, 333
The seventh sign	353
The sexpert	29
The shining	17, 32, 71
The shooting party	274
The sicilian	317
The slumber party massacre	242
The star chamber	162
The stick	352
The sting 2	133
The stuntman	68
The sure thing	218
The tale of Tiffany Lust	64, 82
The Terminator	190
The Texas chainsaw massacre	180
The Texas chainsaw massacre 2	282
The thing	115
The ultimate pleasure	132
The unholy	335
The war of the roses	367
The watcher in the woods	71
The widespread scandals of Lydia Lace	217
The witches of Eastwick	307, 315, 322
The wizard	382
The woman in red	186
The wrong guys	339
The year my voice broke	387, 389
The young like it hot	217
The young masseuses	25, 38
The younger the prettier	215
The zero boys	281
Théâtre de sang	59
They live	356, 359, 391, 392
Thief of hearts	182
Things are tough all over	118
Things change	366
This is Spinal Tap	176
Three fugitives	368, 381
Three ripening cherries	64, 82
Tickled pink	266
Tiger Joe	239
Time after time	31
Tin men	295, 302
Tintin et le temple du soleil	23
Tintin et les oranges bleues	24
Tir groupé	143, 162
Titillation	169
Toby	256, 277
Tom Horn	43
Tomboy	225
Tonnerre	186, 236
Tonnerre de feu	153, 161
Tootsie	159
Top gun	266, 286, 295
Top secret!	180, 185
Toquée	326
Torch song trilogy	377, 384
Touareg le guerrier du désert	186
Toubib ne coupez pas	68
Tough enough	138
Tournage privé	212, 220
Tout à la fois	52, 65
Tout à son service	25
Tout le monde en rêve	133
Tout mais pas ça	132
Toutes les couleurs du vice	34
Toxic le ravageur	282
Track 29	372
Trafic d'étudiantes	286
Train d'enfer	256
Train of dreams	335
Train station pick-up	34
Tramp	145
Transes mortelles	218, 219, 222
Transformers the movie	278
Traquée	336, 342
Treasure of the four crowns 3D	144
Très doué même sans uniforme	255
Trick or treat	246
Triple seduction	176
Tron	157, 159, 185
Troop Beverly Hills	383
Trop belle pour toi!	402
Tropic of desire	86, 88
Trouble en double	348
Trouble in mind	271, 274
True believers	377
Tu ne fais pas le poids sherif	56, 67, 146
Tu ne penses qu'à ça	143
Tu ne tueras point	366
Tucker	349

Tuer n'est pas jouer............312, 316, 318
Tueur de Hong Kong..................189
Turner and Hooch....................399
Twilight zone the movie.............153
Twilite Pink........................150
Twins....................360, 366, 376
Twist again à Moscou................291
Two of a kind..................168, 203

U

U2 rattle and hum...................359
UHF.................................399
Un amour interdit...................168
Un après l'autre....................150
Un chien dans un jeu de quilles.....156
Un cocktail explosif..................7
Un cosmonaute chez le roi Arthur.....77
Un cowboy dans la ville..............79
Un défi pour survivre................98
Un dramma borghese...................64
Un drôle de flic....................103
Un espion de trop...............31, 138
Un été brûlant......................116
Un fils pour l'été...................95
Un flic hors-la-loi..................10
Un harem très spécial................36
Un homme à ma taille................236
Un homme, une femme
et un enfant.......................186
Un justicier dans la ville 2...117, 167
Un merveilleux aphrodisiaque........169
Un pensionnat très spécial 3D...166, 169
Uncle Buck..........................402
Undulations..........................89
Une autre femme.............370, 380
Une blonde enflammée........171, 183
Une épouse à tout faire......137, 150
Une étoile est née..................65
Une gamine de l'âge victorien......117
Une jeune veuve en extase..........253
Une joyeuse partie.................261
Une maison très fréquentée.....55, 63
Une maîtresse dans les bras,
une femme sur le dos...............14
Une mariée super experte...........192
Une photographe très spéciale.......88
Une semaine de vacances.............71

Une sentence diabolique........193, 201
Unfaithfully yours..................196
Up the creek........................174
Urban cowgirls......................335

V

V - The hot one......................47
Vague de chaleur..............227, 234
Vamp................................274
Vampire, vous avez dit vampire?...253, 267
Vampire's kiss......................402
Vaudou aux Caraïbes..................62
Velvet tongue....................53, 55
Vendredi 13 chapitre 7,
Un nouveau défi..............345, 346
Vendredi 13 - Chapitre final...191, 193, 201
Vengeance................94, 99, 168
Venin................90, 146, 220
Vent de Galerne 1793................398
Véronique l'audacieuse hôtesse......303
Véronique nique nique...............217
Vibes...............................350
Vice squad...........................92
Victor Victories...............148, 149
Videodrome....................134, 221
Viens faire l'amour Charlotte........58
Viens sur mon bateau................266
Virgin dreams.......................223
Virginia ouverte aux passions....12, 31
Virginités à prendre...........137, 150
Vixens les superbes renardes....23, 36
Volunteers....................237, 239
Voyage dans l'au-delà................23
Voyageur malgré lui.................386
Voyantes érotiques..................106
Voyeuses.............................31

W

Wall street.............323, 330, 334
Wanda Whips Wall street.............128
Wanted dead or alive................286
Wargames......................147, 152
Week-end de terreur...........274, 277
Weekend at Bernie's...........397, 400
Weekend cowgirls....................319
Weird science.......................270

West side story 121
When Harry met Sally 396, 400
Where the boys are 196
Where the river runs black 283
Who framed Roger Rabbit 343, 359
Who is Harry Crumb? 371
Who's that girl 313
Wild pleasures 30
Wild wild nurses 263, 268
Willow 336, 349, 352
Witchboard 293
Without a clue 356
Witness 212, 225
Wolfen 77
Women at play 254
Working girl 363, 380
Working girls 311

X

Xanadu 79, 141
Xtro 260

Y

Y a-t-il enfin un pilote dans l'avion? 148
Y a-t-il quelqu'un pour
tuer ma femme? 247
Y a-t-il un pilote dans l'avion? 49, 79, 110
Yentl 187
Yor the hunter from the future 162
Young Einstein 401
Young Frankenstein 306
Young guns 350, 356, 359
Young Sherlock Holmes 253
Young, wild and wonderful 82
Youngblood 250, 266

Z

Zapped! 176
Ziggy Stardust 175
Zoltan le chien de dracula 25
Zone rouge 291
Zorro 35
Zorro the gay blade 80

CINÉTRASH PARADE LES '80s

par Sv Bell

Publicités cinéma
dans les journaux du Québec